에도시대 서민 풍속사
-시와문화 신서 02

에도시대 서민 풍속사
-시와문화 신서 02

김 영 모

시와문화

■책머리에

근대 일본 민중의 생생한 생활사

    1999년에 저자는 『일본을 움직인 사건과 인물』이라는 소책자를 내어 에도시대 이후 태평양전쟁 말엽에 이르기까지 일본사에 떠오른 중요사건과 인물들의 행적에 관해 주마간산 격이나마 개략적인 소개를 함으로써 일본사 탐방의 첫 단추를 연 바 있다. 그 후로도 필자는 일본사 속의 민중들의 생활사를 속살까지 파헤쳐 보고 싶은 충동심에 빠져 지내왔는데, 이것저것 자료를 탐색하는 과정에서 다음 14편의 '서민생활사' 내지 '풍속사' 이야기를 캐낼 수 있었으므로 『에도시대 서민 풍속사』라고 제한 소책자를 꾸며보기로 하였다. 그러니까 필자에게는 17년 만에 다시 묶어내는 일본사 탐방시리즈 제2탄이 되는 셈이다.
    그러한 취지에서 본서의 집필 의도는 일본의 제도사나 정치사를 기술하기보다는, 그 뒤편에 가려져 있는 역사와 풍속을 중심으로 일본 역사와 문화의 내면을 심도있게 탐구하려는 데 있다. 일반적인 역사서에서는 자칫 배제되고 소홀해지기 쉬운 일본 민중의 생활사를, 특히 시대적으로 근현대사와 맞닿아 있는 에도(江戶)시대(1603~1867) 민중들의 삶의 모습을 구체적으로 분석 소개하려는 데 있다.
    놀랍게도 이 시대 일본인들의 삶은 조선시대 중기 이후의 우리 서민들의 피폐한 삶의 모습과 그 궤적을 같이하고 있음을 알 수 있다. 봉건적 질서 속 두 나라 민중들의 피폐한 삶의 모습을 오늘의 시점에서 천착해 보는 일은 매우 흥미있는 작업이다.

역사는 연속선상에 있으며 과거와 현재와의 대화이다. 그에 따라 과거사, 특히 아직도 현대 일본인들의 숨결이 맞닿아 있는 에도시대의 서민생활을 심층적으로 분석해 보는 일은 현대 일본인들의 삶의 형태와 본질을 꿰뚫어 보고 나아가 후세대 일본인들의 미래상을 밑그림 그려보는 일과 직결될 것이기 때문이다.

그러한 저작 의도하에서 본서에서는 우리가 지금까지 배워 온 일본의 제도사나, 제대로 검증되지 못한 흥미 본위의 야사류가 보여주지 못하는 민중들의 생생한 생활사를 촘촘한 검증망과 휘황한 조명등을 들이대어 그려보고자 하였다.

「일본의 화장실 문화」와 「쓰레기는 골칫거리, 분뇨는 인기상품」에서는 에도시대 대도시 서민들이 상시 배출해 내는 엄청난 양의 생활쓰레기와 분뇨의 유용한 처리 방식[리사이클]을 상세하게 고찰하였다. 특히 변소와 관련된 고문헌상의 기록을 통해 그 시원형(始源型)을 더듬고, 개량 진보 과정의 상세한 일화들을 소개하고자 하였다. 특히 인분뇨의 비료 전용(肥料轉用)의 구체적 과정도 상세히 고찰하였다. 「상설 우편·통신제도가 가동되다 - 비각(飛脚)을 통해서」와 「옛적의 일본인들은 어떻게 시간을 재었을까」에서는 인간생활의 원초적 핵심적 도구이며 수단인 교통 통신 운송의 제도적 관행적 운행 과정과, 또 시각 측정의 지혜와 시계 제작 기술의 수용 발전 과정, 그리고 일본 고유의 시계 와도께이(和時計)의 발명과 실생활에의 응용 모습 등을 고찰하였다.

「에도시대 사람들은 어떤 병에 시달렸던가」, 「서민들의 목숨을 구한 명약들」, 「에도시대의 의사와 병원들」에서는 에도시대 사람들의 대표적 질병(전래병·외래병·전염병·고질병 등)과 치료 방식, 의사 제도, 제약 및 판매 시스템, 주술적 치병 풍습, 민간요법, 그리고 선진적 서양의술의 도입 전파 등의 역사적 과정과 일화 등을 고찰하였다. 의약술이야말로 이 시대 사람들에게는 의식주 문제에 앞선 인간생활의 우선적 보편적 해결 과제였으므로 특별히 3개의 항목으로 나누어 상세히 고찰하였다.

「매사냥; 지배층에는 유렵(遊獵), 서민들에게는 고통」에서는 역사적으로 상무정신 함양과 신체단련 군사훈련 과목으로 장려되어 왔던 매사냥이, 봉건시대 장군가나 권력자, 부유층 호사가들의 사치성 유렵으로 전락, 그 과정에서 말할 수 없는 물적 심적 고통과 재산상의 불이익을 감수해야 했던 수렵구역 원주민들의 고통스러운 일상을 고찰하였다.

「'인민학대령'(?)으로 변질된 '生類憐愍令(동물애호령)'」에서는 인간들의 무자비한 학대로부터 동물을 보호한다는 순수한 동기에서 시작된 5대 장군 도꾸가와 쯔나요시 치세하 '정권의 생명을 건 국책운동'인 동물애호운동이 시행과정에서 점차 타성화 권위주의화하면서 인민들에게 말할 수 없는 고통을 안겨준 사실(史實)과 흥미로운 일화들을 고찰하였다. 전제적 통치자의 결벽성 염결성 편집성이 낳은 기발한 정책 구상과 시행상의 착오와 오류가 낳은 엄청난 국력 손실과 시간 낭비의 교훈을 잘 보여주는 사례이기 때문이다.

그밖에 에도시대 사람들의 성풍속을 고찰한 「에도시대의 공창과 사창」, 250년 동안 90번의 대화재를 겪었던 일보 최대도시 에도(도꾜의 전신)의 도시 화재의 역사와 참상을 고찰한 「에도(江戶) 250년사는 화마와의 전쟁사」, 에도시대 서민 자제들의 서당 교육의 유래와 교육과정을 소개한 「에도시대 서민 교육기관 데라꼬야(寺子屋)」, 일본판 일지매로 통하는 괴도 네즈미고로 지로끼치 전설의 진위를 고찰한 「일본판 일지매(一枝梅)의 탄생」, 1,500명의 사상자를 낸 대형 교각 붕괴 사건을 고찰한 「에이따이교(永代橋) 붕괴 대참사」 등을 통해 에도시대의 사회상과 서민생활사 풍속사를 들여다보고자 하였다.

루스 베네딕트 여사가 그녀의 저서 『국화와 칼』에서, 일본인의 전통과 내면에 대한 분석을 통해 태평양전쟁의 심층적 원인을 도출해 내려고 했듯이, 필자는 이론적 접근만이 아닌 일본의 고전적과 유습(遺習)에 대한 구체적인 사례 등을 탐구하고 재구성하는 방식으로 일본인의 내면을 심도있게 탐구하고자 하였다.

  강호제현의 일독과 편달을 기대하며 서문에 갈음하고자 한다.

2016년 정월

저자 識

| 차   례 |

책머리에 _ 4

매사냥
- 지배층에게는 유렵(遊獵), 서민들에게는 고통

신석기 시대 때부터 시작된 매사냥 _ 14
백제로부터 전래된 매사냥술 _ 16
매사냥을 즐긴 천황과 대신들 _ 18
도꾸가와가(德川家)의 매사냥 _ 20
수렵지구 농민들이 겪은 고통 _ 25

에이따이교(永代橋) 붕괴 대참사
-축제 인파로 내려앉아 1,500명의 사상자를 내다

1807년, 무리한 신시가지 조성이 참사 부르다 _ 28
통제 없는 막부 권력이 초래한 민중의 죽음 _ 31

에도시대 서민 교육기관 데라꼬야(寺子屋)

에도시대 농민들의 지식 수준은? _ 36
절에서 시작된 데라꼬야 _ 37

남녀공학, 복식수업을 한 데라꼬야 _ 40
실용교육과 교양교육을 동시에 _ 43
입학 · 수업 · 졸업 _ 44
실비에 가까운 월사금과 운영비 _ 47
동마다 마을마다 들어선 데라꼬야 _ 48

'인민학대령'(?)으로 변질된 '生類憐愍令(동물애호령)'

도꾸가와 막부 최대의 실정(失政), 동물애호령 _ 52
개와 고양이를 묶어놓지 말라! _ 54
막부와 동물들이 인간을 괴롭히는 '동물애호령' _ 55
나가노촌(中野村)에 16만평 규모의 개 사육장 건설 _ 56
뱀장어와 미꾸라지도 판매 금지 _ 57
관상어(觀賞魚)인 금붕어도 규제 대상으로 _ 58
응장(鷹匠)직도 폐지하고 동명(洞名)도 바꾸고 _ 59
개, 고양이의 교통사고 막기 위해 우마차에 감시인을 _ 60
쯔나요시 사망과 함께 동물애호령 즉각 폐지 _ 62

에도시대의 분뇨는 '금값'이었다
-쓰레기는 골칫거리, 분뇨는 인기상품

17세기 후반에 100만 돌파한 에도(江戶) 인구 _ 66
쓰레기는 에이따이도(永代島)에 갖다 버려라! _ 68
하수(下水) 관리에도 철저를 기한 에도정봉행소 _ 71
분뇨는 에도 근교 농민들의 소중한 비료원(肥料源) _ 73

에도(江戶) 250년사는 화마와의 전쟁사

천년 동안 400번이나 큰불이 난 고도 교또(京都) _ 84
250년 동안 90번이나 큰불 난 일본 제1의 도시 에도(江戶) _ 85
에도 3화(火), 에도 4화(火) _ 86
10만명의 사망자 낸 최악의 화재 메이레끼 대화 _ 87
화재 현장 탈출한 오란다 상관장과 사망한 유학자 하야시 _ 89
사망자 위령을 위해 혼죠(本所)에 에꼬잉(回向院) 건립 _ 91
막부, 대화재 때마다 수시로 새로운 방화대책 수립 _ 92
체계적인 소방조직들 _ 95
소방 현장에서 사망자까지 낸 집단 패싸움 _ 99
화재로 덕본(?) 사람, 피본(?) 사람 _ 102

에도시대의 공창(公娼)과 사창(私娼)
- 구루와(廓)와 오까바쇼(岡場所)

사회질서 유지 위해 공창을 허가하다 _ 108
일본 삼곽(三廓)의 성립 _ 109
외국인을 주로 상대한 나가사끼(長崎)의 마루야마(丸山) 유곽 _ 116
요시와라 나들이에는 어떤 절차와 비용이 필요하였는가? _ 118
법외(法外) 사창과 역참(驛站) 주변 메시모리온나(飯盛女)들 _ 121
양갓집 규수도 홍등가로 _ 123
명기들과 교분 맺은 유명인사들 _ 125
맺지 못할 사랑 비관, 동반자살 꾀한 연인들 _ 130
스님과 맹인들도 유곽의 단골손님 _ 133

일본판 일지매(一枝梅)의 탄생
- 괴도 네즈미고조 지로끼치(鼠小僧次郎吉)

서민의 고통을 덜어준 의도들 _ 140
유전 무죄 무전 유죄의 세태 _ 143

에도시대의 전래병과 외래병
- 에도시대 사람들은 어떤 병에 시달렸던가

피부병과 기생충으로 고생한 서민들 _ 150
소아병·노인병·안질·각기·소화기병 _ 152
도시의 재앙이 된 전염병들 _ 153
천연두는 곰보 팔자, 마진은 죽을 팔자 _ 154
수입병 콜레라와 인플루엔자 _ 159
중국과 류큐에서 전래된 매독 _ 161

에도시대의 의사와 병원

낯익은 풍경이 된 왕진 행차 _ 166
신분 뛰어넘는 출세 수단이 된 의사 되기 _ 168

서민들의 목숨 구한 명약

압도적으로 많은 위장약 _ 176
서민 치료를 위해 고약이 등장하다 _ 178

일본의 화장실 문화
- 뒷간 풍속도

잇따른 변소 터 발굴 _ 188
헤이안시대 사람들의 변소는 큰길거리 _ 191
에도시대의 변소 _ 194
노상방뇨와 공중변소 _ 195
수세식 변소와 분뇨 처리 _ 198

상설 우편 · 통신제도가 가동되다
- 비각(飛脚)을 통해서

하루에 400리 길을 달린 비각 _ 202
에도시대는 상업비각의 전성기 _ 203
귀금속과 현금 운송까지 해준 마찌비각 _ 207

옛날 일본인들은 어떻게 시간을 재었을까?

시계가 없던 시절의 시간 측정 _ 214
일본 최초의 물시계는 660년에 만든 누각(漏刻) _ 215
일본식 기계시계 와도께이(和時計) _ 217

■찾아보기 /221

매사냥
-지배층에게는 유렵(遊獵), 서민들에게는 고통

1. 신석기 시대 때부터 시작된 매사냥

매를 길들여 산야에 풀어놓아 조수(鳥獸)를 잡는 매사냥(鷹狩). 이 매사냥의 역사는 꽤 일러, 인류가 가축을 사육하기 시작한 신석기시대까지 거슬러 올라간다. 또 그 지리적 분포도 꽤 넓어 거의 전세계에 걸쳐 있다 할 정도이다. 특히 그 발상지에 관해서는 다원설(多元說)과 중근동지방 발생설의 두 가지가 있는데, 중근동지방 발생·전파설이 보다 유력하다.

매사냥은 시야(視野)와 말의 이용과 관련하여 산악지대보다는 지세가 평탄한 구릉이나 들판이 적합하므로, 일찍부터 아

▶카자흐스탄 공화국에서 널리 행해진 검둥수리매를 매잡이새로 한 사냥 모습.

시아에서는 몽골·시베리아·동부 중국·투르키스탄(Turkestan)·인도 등의 광대한 평야지대에서 기원전 1000년대부터 발달하였으며, 귀족계급이나 전문 수렵꾼들에 의해 기술의 향상과 축적이 이루어져 왔다.

매사냥은 상층 지배계층, 특히 군왕들의 지극한 관심과 후원에 의해 국가적 차원에서 지도 육성되기도 하였는데, 그러한 사례는 동서양의 통치자들의 사적(史跡)에서 많이 발견되고 있다.

페르시아의 왕들은 인접한 투르키스탄의 매사냥꾼들로부터 기술 지도를 받는 한편, 이 매사냥을 궁정의식의 하나로까지 정착시켰는데, 지금도 이란에서는 실제의 사냥 외에 의식(儀式)으로서의 매사냥이 계속되어 오고 있다 한다. 몽골제국의 창설자 징기스칸은 과연 세계 정벌의 영웅답게 매사냥을 군인 최고의 덕목과 훈련과목으로까지 편성하였는데, 광대한 초원에서 말을 달리며 매사냥(훈련)을 했을 당시의 몽골 병정들의 모습이 충분

히 상상된다. 마르코 폴로는 "시바의 왕 밑에는 1만명의 매사냥꾼으로 편성된 군대가 있어 그들이 사냥한 조수로 전 국민의 식량을 조달했다"는 좀 과장되어 보이는 견문담을 기록하고 있는데, 이는 그만큼 당시의 통치자들이 매사냥을 국방과 산업상의 관심권 안에 두고 대규모로 지도·육성했음을 전해주는 기록이라고도 할 것이다.

중국에서는 동북지방(만주)의 원주민들로부터 배운 매사냥 기술이 한민족 사이에 널리 퍼져 한(漢)·당(唐) 시대에 성행하였으며 원나라는 이를 국기(國技)로까지 육성 발전시켰으며, 요(遼)나라의 천조제(天祚帝)는 매사냥에 빠져 나라를 망하게 했다고까지 전해지고 있다.

우리나라에서도 1세기경 중국 동부의 연해주(沿海州)의 숙신인(肅愼人)들로부터 매사냥술을 배워 고구려를 중심으로 성행하였는데, 이 사냥술은 후일 4세기경 백제를 통하여 일본에까지 전파된다. 또 역대 왕조에서는 중국의 왕실에 조공품으로 잘 훈련된 사냥매를 진상하여 양국 사이의 우의를 다지는 '매(鷹)외교'가 유행하기도 하였다.

한편 매사냥술은 남서쪽으로도 퍼져나가 인도·이란·이집트 등의 고대 문명권에도 유입되었으며 그리스 로마에서도 매사냥이 성행하였다. 그 후 매사냥은 중세 유럽의 여러 나라를 휩쓸어 성직자들이 이를 포교의 방편으로 삼기도 하였으며, 여러 왕국의 지배자나 귀족, 기사(騎士)들 사이에서 성행하여, 호엔슈타우렌 왕가의 프리드리히2세는 매사냥술을 집대성한 저술을 남기기까지 하였다. 15세기 프랑스의 샤를 8세 시대에는 우수한 매 가격이 고급 명마(名馬) 한 마리 값과 맞먹을 정도로 귀중히 여겨졌다.

그러나 이후 화약의 발달로 매사냥의 열기는 점차 수그러드는데 오늘날에는 취미와 신체 단련의 한 방편으로 명맥을 유지하고 있는 실정이며, 다만 각국에서도 민속문화의 보존 개발 차원에서 매사냥술을 부활·보존하자는 운동이 일고 있을 정도이다.

2. 백제로부터 전래된 매 사냥술

 사냥에 동원되는 일본 매는 저광수리(大鷹)·뿔매(熊鷹) 등이 있다. 저광수리와 뿔매가 날아오는 가을철이 되면, 저광수리는 비둘기를 미끼로 유인하여 포응망(捕鷹網)으로 잡고, 뿔매는 끈끈이를 바른 나뭇가지를 후림새 옆에 덫으로 세워놓고 잡는데, 뿔매는 어린 새끼 때 잡는다.
 이렇게 잡은 매는 발톱과 부리의 예리한 부위를 칼로 자르고 두 다리를 무두질한 연한 가죽을 씌운 끈으로 묶은 다음 길들이기에 들어간다. 매의 훈련은 장기간에 걸쳐 세심한 주의를 기울여 가며 진행되는데, 처음에는 사육장에서 배를 곯려 사람에게 순응케 하는 훈련부터 시킨다. 그런 다음에 등불이라든지 움직이는 말·수레 등 외계의 상황에의 적응 훈련을 시킨 뒤에 서서히 수렵 현장에 내보내게 되는 것이다.
 이들 사냥매가 주로 잡는 것은 꿩을 비롯한 기러기, 오리, 해오라기 등의 조류와 산토끼 등의 들짐승인데, 때에 따라서는 사냥개와의 합동작전으로 사슴, 멧돼지 등을 잡기도 한다. 이들 사냥매는 사냥감의 종류나 위치, 또 그날의 일기나 풍향에 따라 그 비상과 하강 착륙 공격법 등을 상황에 맞춰 자유자재로 구사해 가며 사냥을 하는데, 물론 이들은 전문 사냥꾼들의 조종이나 호각에 의한 유도에 따라 움직이도록 훈련되어 있다. 사냥감의 발견이나 몰이에는 몰이꾼과 응견(鷹犬)이 동원된다.

▶육곡병풍(六曲屛風) 중의 매사냥도. 위쪽 산비탈과 아래쪽 평지에서는 무사와 몰이꾼들이 보인다.

이들 사냥에 동원된 매에게는 간식이나 포상의 의미로 붙잡힌 조수의 심장을 꺼내어 던져주기도 하는데, 붙잡힌 사냥감의 몸체를 손상시키지 않기 위해 미리 준비해 둔 육편(肉片)을 대신 먹이기도 한다. 이것이 고래로 발달을 거듭하며 연면히 이어져 내려온 일본식 매사냥법의 전형이다. 물론 시대나 지역, 가문에 따라 각각 섬세하게 구별되는 독특한 격식의 유파가 생겨났음은 물론이다.

▶5, 6세기경 일본에서 찰흙으로 만들어 무덤 주위에 묻었던 매부리 인형. 군마현 출토 중요 문화재. 높이 74.5cm.

그런데 일본 고래의 이 매사냥법이 3세기 말경 조선반도의 백제(百濟)로부터 전래된 사실을 아는 사람은 별로 없을 것이다. 이와 관련한 첫 기사가 『일본서기(日本書紀)』 '닌또꾸천황(仁德天皇; 재위 A.D. 317~?, 제16대 천황) 43년 (359년) 9월조'에 나와 있다. 이 시기는 소위 일본역사상 징구황후(神功皇后)의 신라 정벌을 계기로 중국대륙의 문물이 조선반도를 거쳐 일본에 들어오면서 일본의 사회 풍속 사상 전반에 걸쳐 급속한 변화가 이루어진 시기라는 것인데, 『일본서기』의 기록에 의하면 그러한 틈새를 타고 매사냥술이 백제로부터 전해진 것이 된다.

『일본서기』의 기사에 의하면, 닌또꾸천황 43년 가을 9월 초하룻날, 요사미노미야께(依網屯倉) 지방의 매사냥꾼 아히꼬란 자가 예전에 보지 못한 색다른 새라고 하면서 자기가 그물로 사로잡은 새를 즉시 천황에게 헌상한다. 그러자 천황은 백제의 도래(渡來) 왕족인 주군(酒君)을 불러 이 새를 보여주며 하문을 한바, 주군으로부터 "이런 모습의 새는 백제에도 많이 있으며, 잘 길들이면 사람을 잘 따르고 빠른 속도로 날아 뭇 새(諸鳥)를 잘 잡아들입니다. 백제에서는 이 새를 구지매(俱知鷹)라고 부릅니다"라고 봉

답한다.
  이에 천황은 그 새를 주군에게 건네주면서 잘 길들이도록 분부한다. 주군은 훈련을 끝낸 뒤, 그 새의 다리에 부드럽게 무두질한 가죽끈(韋の緒; 나메시가와노오)을 동여매고 꼬리에는 조그만 방울을 달아매어 팔꿈치 위에 앉힌 뒤 천황께 보여드린다. 이에 천황은 곧 바로 모즈노 지방으로 사냥을 나가는데, 무수히 날아오르는 암꿩의 무리 속에 매를 풀어놓자 순식간에 수십 마리를 잡아 물고 오므로 천황이 크게 기뻐하며, 매사냥 업무를 관장할 다까가이베(鷹飼部)를 설치토록 한다. 또 이에 의해 매 사육 훈련지로 지정된 곳을 다까가이무라(鷹甘邑)라고 불렀다. 이상이 『일본서기』에 나오는 일본 최초의 방응(放鷹) 관련 기사이다.
  이 기사에 나오는 주군이라는 자는 백제왕의 왕손인데, 일본 파견군의 주장(主將)인 수꾸네에게 무례한 행동을 하였다 하여 백제왕에 의해 철쇄(鐵鎖)로 묶여 일본으로 인질 비슷하게 보내진 자인데, 공교롭게도 이 주군에 의해 일본 매의 실체가 밝혀지고, 또 백제식의 매 사육 훈련법이 전해져 일본의 수렵기술에 신기축을 연 것으로 된다.

3. 매사냥을 즐긴 천황과 대신들

  닌또꾸천황 이후의 역대 천황들도 수렵을 몹시 좋아하게 되는데, 그러한 추세에 따라 율령제시대(7세기 중엽~10세기)에 들어오면 조정에서도 병부성(兵部省) 산하에 주응사(主鷹司)를 설치하여 '鷹犬調鍊' 업무를 관장케 하는 등 정부 차원에서 매사냥을 지원 육성하게 된다. 이 주응사는 뒤에 민부성(民部省)으로 이관되어 방응사(放鷹司)라는 명칭으로 확대 개편된다. 그 뒤 한때는 불교 전래의 영향도 있고 하여 수차례에 걸친 수렵 금지령이 내려져 매사냥도 주춤하게 되나 나라(奈良; 710~784)·헤이안(平安; 794~1185)시대에 다시 전성기를 맞이하게 된다.

제52대 사가(嵯峨) 천황(재위 809~823)은 매사냥을 몹시 좋아하였는데 그는 의식, 전례에 관심이 깊은 탓도 있고 하여 『신수응경(新修鷹經)』을 편찬, 매사냥을 '군주의 오락'으로 규정케 하고 있다.

닌묘(仁明; 제54대; 재위 833~850), 요세이(陽成; 제57대; 재위 876~884), 꼬오고(光孝; 제58대; 재위 884~887), 우다(宇多; 제59대; 887~897), 다이고(제60대; 897~930) 등 헤이안시대의 역대 천황들은 태평시대의 통치자들답게 부자 대대 내림으로 매사냥을 좋아하여, 키타노(北野), 카타노(交野), 우다노(宇多野) 등 교토와 오사카 등지의 황실령을 천황의 수렵장으로 지정한다.

또 『源氏物語』의 「藤裏葉卷」에도 "장인소(藏人所) 관할의 키타노에서 사냥을 하시다"라는 기사가 나와 있듯이 조정에서는 궁중의 서무 담당 부서인 장인소 산하에 응사(鷹司)라는 직제를 신설하고 있다. 또 꼬오고 천황 때에는 근위부의 관리와 장인소의 직원에게 매와 엽견을 딸려 지방에 내려 보내 들새를 잡아오게 하였는데, 이들을 엽사(獵使)라 불렀다. 이들 엽사들은 정월의 대신가 향연에도 견사(犬飼)들과 함께 초청되어가 술과 안주를 대접받을 만큼 우대를 받았는데, 이들은 정식 사냥복 차림에 왼손에는 매를 앉히고 오른손에는 꿩을 매단 나뭇가지를 들고 나타나 엽사로서의 위용을 과시하기도 하였다.

이 시대에는 천황 이외에 친왕이나 대신들도 즐겨 매사냥을 하였는데, 사가천황의 황자이며 정신(廷臣)인 미나모또노 도오루(源融; 822~895)가 야마토(大和)의 우다노에서 사냥을 했다는 기록이 『삼대실록(三代實錄)』에 나온다. 또 『今昔物語』에는, 귀인들의 별장지이며 유락지인 우지(宇治)에 사는 민부경 후지와라노 따다부미(藤原忠文; 873~947)가 다이고 천황의 황자인 식부경(式部卿) 시게아끼라(重明) 친왕에게 수렵용 매를 선사하였는데, 그 매가 끝내 친왕을 따르지 않으므로 평소에 매를 사랑해 온 원주인 따다부미 곁으로 되돌려 보냈다는 흥미로운 기사가 실려 있다.

4. 도꾸가와가(德川家)의 매사냥

도요또미 히데요시(豊臣秀吉; 1536~1598) 사후 천하의 실권을 장악하고 또 정이대장군(征夷大將軍)에 임명되어 에도 막부를 창시한 사실상의 일본 국왕 도꾸가와 이에야스(1542~1616)와 후대의 장군들이 매사냥을 매우 좋아했음은 널리 알려진 사실이다.

도꾸가와 이에야스는 가는 곳마다, 또 시간이 허락하는 대로 매사냥을 하고 있는데 특히 세끼가바라(關ケ原)전투 이후에는 에도의 근접지인 지금의 사이다마(埼玉)현 각지에서 연례행사처럼 자주 매사냥을 하고 있다. 그는 게이죠(慶長) 17년(1612년)에는 사냥에서 잡은 학을 궁중에 헌상하기도 한다. 이에야스가 이처럼 매사냥을 좋아한 데는 단순한 오락 취미를 넘어 심신단련과 군사훈련의 목적, 더 나아가서는 영내 순시를 통한 토속과 민정의 파악이라고 하는 다분히 정치적인 목적과 배려도 있었음은 물론이다. 산야를 달리며 정국 구상에 몰두했을 수도 있다. 그래서 사냥이 길어질 것에 대비하여 사이다마현의 고시가야(越谷)나 고노수(鴻の巣)에는 장군 일행이 숙박할 대규모의, 호화시설을 갖춘 별저를 짓기도 하였다. 최근 에도시대 초기에 도꾸가와 장군가가 매사냥을 즐겼던 막부 직할 수렵장들에 지었던 숙박시설 터가 60여 곳 발굴되어 당시의 모습을 전해주고 있다.(《讀賣新聞》, 1993년 8월 27일자). 장군가의 매사냥에는 항상 100여 명의 종자가 수행하였으므로 이러한 대규모의 시설이 필요했을 것이다.

이에야스의 매사냥과 관련하여서는 많은 일화가 있다. 수렵꾼이나 막부 직속의 조류 보호인들이 거만하게 굴어 현지의 농민들이 몹시 위화감을 느낀다는 청원이 들어오자 "좀 위세를 부리게 해두는 편이 좋다. 농민들이 저들과 같은 하치들에게까지 두려운 마음을 갖는다면 그 위의 상급 관리들에 대해서는 더욱 외경심을 품어 행여라도 나라에 반항하려는 마음은 갖지 못할 것이다"며 묵살했다는 이야기는 유명하다.

또 정치적 계략에 매사냥을 이용했다는 이야기도 있다. 이에야스는 세끼가바라 전투가 끝난 다음 해, 굴지의 전국대명(戰國大名)이며 센다이번의 창시자인 다떼 마사무네(伊達政宗; 1567~1636)에게 사이다마현 구끼촌 일대를 전용 수렵지로 허용해 주었는데, 이 또한 마사무네의 동향을 관찰하려는(유력한 지방 봉건영주의 동향을 파악하려는?) 계략적 차원의 선심성 배려였을 것이라는 해석이 유력하다. 마사무네는 막부 창설 전후의 이에야스의 훌륭한 협력자이면서도 굴지의 전국대명이었으므로, 만만히 볼 수 없는 가상적(?)이었던 것만은 분명하다.

이처럼 매사냥에 몰두한 이에야스이고 보니, 그의 죽음도 매사냥꾼답게 슴뿌(駿府) 부근에서 수렵중에 얻은 병이 원인이 되어서였다고 한다. 따라서 그의 몰후 유해를 닛꼬(日光)로 운구할 때는 나무로 만든 12마리의 목각 모형의 매를 행렬에 참가시켜 고인의 명복을 빌었는데, 이것이 또 후일의 전례가 되었다고도 한다. 가와고에(川越)의 도쇼구(東照宮)는 이에야스의 유구를 구노잔(久能山)에서 닛꼬로 옮겨 개장할 때, 천태종의 대찰인 기따잉(喜多院)의 뎅까이(天海) 승정(1536~1643)이 이곳에서 공양을 한 인연으로 깡에이(寬永;1624~1644) 연간에 건립된 신사인데, 이 신사에는 어용화가이며 장벽화(障壁畵)에 뛰어난 까노 딴유(1602~1674)가 그린 응회도(鷹繪圖) 12면이 지금도 보존되어 있다. 이 응회도는 이와쓰끼 성주(城主) 아베 시게쓰구(阿部重次)가 매사냥을 좋아했던 이에야스의 명복을 빌어 깡에이 14년(1637년)에 그려 봉헌한 것이다.

제2대 장군 히데따다(秀忠; 1579~1632)는 이에야스의 3남으로, 막부 창업기에 이에야스를 도와 도꾸가와 정권 성립에 큰 공을 세웠는데, 무장답지 않게 그다지 매사냥을 좋아하지 않았다. 그러나 이에야스의 훈계와 권유도 있고 하여 마지못해 매년 막부의 공식행사로서 매사냥대회를 열기는 하였으나, 수렵장도 거의 사이다마현 남동부의 고시가야(越谷) 일대로 한정하였을 뿐 이에야스처럼 온 현역을 돌아다니는 일은 없었다.

제3대 장군 이에미쓰(家光; 1604~1651)는 조부 이에야스를 닮아 매사냥과 멧돼지사냥을 좋아해 15세 때부터 사이따마현 현내 각지를 돌아다니며 사냥을 하였다. 이에미쓰 치세에 막부는 패자로서의 지위를 확보, 정권의 안정을 누리는데, 그 여세에 힘입어 전용 수렵장까지 지정하고 나온다(깡에이 5년). 에도 주변 100리 이내는 막부와 도꾸가와 장군가의 일가인 고상께(御三家)의 공동수렵장으로 하고, 도요시마군(豊島郡)·아다찌(足立)군 남부·사이따마군·가쓰시카(葛飾)군 일대는 막부 전용의 수렵장, 아다찌군 중부로부터 사이따마군에 이르는 지역은 기슈가(紀州家)의 수렵장, 니이자(新座)군·이루마(入間)군 남부·다마(多摩)군 동부 일대는 오와리가(尾張家)의 수렵장으로 각각 지정한다.

장군 전용의 수렵장에는 막부로부터 감시인이 파견되어 수렵장의 순찰을 통해 조수의 사렵(私獵)을 막았는데, 후기에는 현지의 유력 농민 가운데서 감시역을 임명하였다. 당시의 감시역의 한 가문이었던 시마다가(島田家)의 가전 자료에 의하면, 감시역은 막부로부터 녹미(祿米)를 지급받고, 평소에 수렵지 안을 감시하는 한편 막부 전속의 매부리들이 연습을 할 때는 안내역을 맡으며 매부리와 자신들의 숙박지 안내를 각 촌에 명령하기도 한다.

또 각종의 건축토목공사, 흥행, 화재 등 들새와 짐승들이 놀라 달아나게 할 만한 사건과 행위들에 대해서는 사례를 수집하여 일일이 보고서를 작성하

▶일본의 마지막 매부리. 매부리의 신호로 하늘로 날아올랐던 사냥매가 사냥감을 단숨에 낚아채어 살점을 깊숙이 찌르는 품이 생생하다.

는 등 상당한 주민 단속 권한을 갖고 있었다.

오와리번과 기슈번에서도 수렵지 내의 유력 농민을 감시역으로 임명하여 수렵장을 관리하도록 하였다. 이 감시역들은 막부나 소속 번(藩)으로부터 좀 파격적이라 할 만한 우대를 받았다. 그만큼 수렵장 관리에 고위층들이 공을 들였다는 이야기가 된다. 사이따마현 우라와(浦和) 지방의 한 유력 농부는 기슈번의 초대 번주 도꾸가와 요리노부(德川賴宣; 1602~1671)로부터 수렵장 감시역으로 임명을 받았는데, 그는 번주로부터 명장(名匠) 사다무네(貞宗)가 만든 명검과 가문이 새겨진 예복을 하사받고 또 해마다 정기적으로 녹미를 지급받는 등 번주의 측근 가신에 준하는 대우를 받았다. 대지주가의 세도 있는 마름격이었다 할까.

이에미쓰 대까지 전성을 누렸던 매사냥도 제4대 장군 이에쓰나(家綱; 1641~1680) 시대에는 약간 쇠퇴하여 그저 의례적으로 가끔 에도 주변의 한정된 구역에서 소규모로 실시하는 정도였다. 그럼에도 불구하고 수렵장의 관리와 단속은 여전히 엄격하여, 엔뽀(延寶) 6년(1678년)에는 오미야(大宮) 히가와(氷川)신사의 신주 히가와 나이끼(氷川內記)가 기슈가의 전용 수렵장 구역 안에서 새를 잡았다는 이유로 추방형을 당하기도 하였다. 새 몇 마리 잡은 것이 문제가 아니라 도꾸가와가의 권위가 훼손당했다고 본 당국자들이 일벌백계의 엄포용 견책의 의지를 내외에 과시하기 위해 그런 엄한 벌을 내린 것으로 보아야 할 것이다.

그 후 제5대 쓰나요시(綱吉; 1646~1709) 장군 치세에는 저 유명한 〈동물애호령〉(1687년 발포)의 취지에 좇아 겐록(元祿) 9년(1696년) 막부가 매사냥을 금지하면서 감시인 제도를 폐지하였을 뿐만 아니라 수렵장마저 폐쇄시켜 버리고 만다. 그러다가 제8대장군 요시무네(吉宗; 1684~1751) 시대에 매사냥은 다시 부활하여 예전처럼 막부의 장려하에 전성을 누리게 된다. 잘 알려진 바와 같이 요시무네장군은 집권 30년 동안 근검과 상무정신을 모토로 막정 전반에 걸친 개혁을 단행, 장군 전제체제의 강화를 도모하

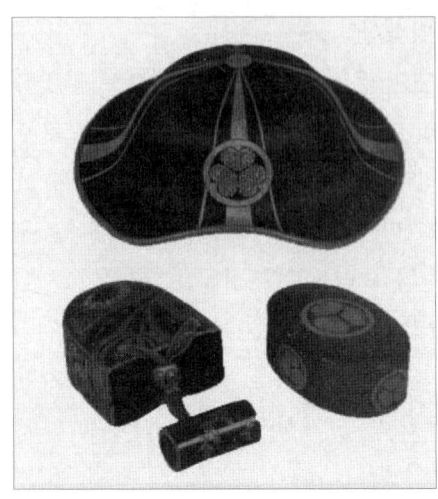

▶무예에 능했던 8대 장군 도꾸가와 요시무네(德川吉宗; 1684~1751)가 여름 매사냥에 사용했던 전립과 사냥매의 먹이통.

는 한편 인재의 등용, 재정 개혁, 신전 개발을 통한 부국강병 정책으로 막부 지배체제의 재강화에 성공, 막부 중흥의 영주(英主)로 추앙받는 사람이다. 요시무네 역시 상무정신 배양을 위해 매사냥을 부활, 장려하였음에 틀림없다. 이후 요시무네는 매년 도다(戶田) 부근에서 수렵대회를 열어 매사냥을 하곤 하였다. 그가 지금의 가와구찌시 시마네(島根)에서 매사냥을 하던 중, 근처 서당의 선생 한 사람이 학동들에게 '鷹場制禁'을 교수하는 장면을 목격하고 이를 가상히 여겨 금일봉을 하사하고 있는데, 이로 미루어 요시무네의 경우도 매사냥을 통한 민정파악을 시도하고 있었음을 알 수 있다.

요시무네 시대 이후는 매사냥이 거의 중단되고, 다만 전통 보존이나 관리 차원에서 응사(鷹師)들이 수렵지구 내의 촌락을 순회하며 매의 훈련이나 수렵장 관리를 하는 정도에 그치고 만다. 이처럼 도꾸가와 시대의 매사냥은 장군가의 장려와 지원에 힘입어 무사들의 심신단련과 상무정신 배양에 많은 공헌을 하였으며 국기 차원에서 관리되었다. 그러던 매사냥도 메이지유신 이후에는 완전히 쇠퇴하여 지금은 전통 보존 차원에서 궁내청에 응사(鷹師)와 응장(鷹匠) 제도를 남기고 있을 뿐이다.

5. 수렵지구 농민들이 겪은 고통

일본의 매사냥은 이처럼 에도시대에 들어온 후 이에야스 자신이 직접 주도하고 참가하였을 뿐만 아니라 많은 장려책을 폈으므로 특히 무사들 사이에 더 한층 번성하게 된다. 무사들 사이에서는 이를 국기나 마찬가지로 여기는 풍조가 만연하게까지 된다.

반면에 상무정신 함양과 민정파악이라는 애초의 목적과는 달리 수렵구역 거주 농민들에게는 말할 수 없는 민폐를 끼치게도 된다. 권력의 보호와 장려를 받는 가운데 관료화 되어버린 제도와 절차가 뜻하지 아니한 폐해를 낳고 만 것이다. 바쁜 농사철임에도 불구하고 농민들은 사냥이 시작되면 몰이꾼이나 잡역부로 동원될 뿐만 아니라, 거주지가 일단 수렵구역으로 지정되면 갖가지 제약과 금제를 받아 농사와 일상생활에 막대한 지장을 초래하고 마는 것이다. 이러한 추세는 제3대 장군 이에미쓰가 에도 주변 50리 이내의 지역을 수렵구역으로 지정한 이후, 동물애호령을 발포, 실시한 5대장군 쓰네요시 시대 한 때를 제외하고, 8대 장군 요시무네 시대에 더욱 확장되어 교호(享保) 원년(1716년)에는 에도 주변 100리 사방으로까지 구역을 확장하므로 더 많은 농민들이 매사냥의 피해자가 되고 만다.

특히 요시무네는 '매장군'이라 불릴 만큼 더욱 철저하게 수렵제도를 정비하여 예전에 없던 까다로운 규칙과 금령을 발하는데, 이번에는 들새의 보호와 수렵구역 내의 도로와 교량의 개설 작업에까지 농민들의 부역을 강요하고 나오게 된다. 요시무네 장군에 의해 매사냥이 부활된 다음해인 교호 2년 7월 5일 막부의 수렵 관련 부서 최고 책임자격인 응장두(鷹匠頭) 도다 카쓰야스(戶田勝康)가 8~9명의 휘하를 거느리고 끼소무라(木曾村) 노쓰다촌(野津田村) 일대를 사전답사 하러 내려오는데, 이때 촌장 이하 거주 농민들이 총출동하여 이들의 사전답사에 잡역꾼으로 동원된다. 그리고 그 결과 다음 해 8월 이 지역은 막부의 수렵지역으로 지정되고 만다.

그러자 이 지역 일대는 촌 단위로 조류보호감시소가 설치되어 매일 두 사람씩 인부가 번을 서게 되는데, 그들의 임무는 농민들의 임의적인 수렵 행위를 방지하고 또 수렵장 내의 들새의 안전 번식을 위한 경비를 서는 일이었다. 수렵 당일에는 많은 농민들이 몰이꾼으로 동원되어 손에 손에 대(竹)나무 장대를 들고 들새를 몰아 사냥을 용이하게 도와줄 뿐만 아니라, 또 이들의 식사 수발과 말(馬) 시중까지 들어야 했다. 또 엽사나 고관의 수종인들은 농가마다 분산하여 숙박을 하였는데, 이들의 횡포가 또한 눈뜨고 못 볼 지경이었다. 신발을 신은 채 안방을 드나들기도 하고, 또 사냥에 동원된 매를 신주 모시듯이 다루며 거주민들에게 거만을 떨어 보이기도 하였다. 또 이들을 접대하는 거주민들은 행여 실수나 하지 않을까 조마조마한 심정으로 시중을 들어야 했으니 그 마음고생이 오죽했겠는가.

또 수렵구역 주변에 경작지가 있는 농민들은 허수아비를 세워도 안 되고, 총포류를 사용해서도 안 되고, 어렵(漁獵)까지 금지를 당했다. 이렇게 되고 보니 농사일에 지장을 많이 초래할 뿐만 아니라 자연히 농산물의 피해도 많아질 수밖에.

이처럼 수렵구역 내의 농민들은 지주에 대한 소작미 납부 부담 외에 매사냥 때마다 치러야 하는 잡역의 부담까지 짊어져야 했으니, 장군가나 무사들의 '遊戱的' 매사냥이 농민들에게 얼마나 많은 경제적 손실과 정신적 고통을 안겨 주었는가 짐작하기 어렵지 않다. 이 모두 무사 우위의 신분질서에 바탕을 둔 전제적 에도 막부 체제의 봉건적 유습의 하나였음은 물론이다.

에이따이교(永代橋) 붕괴 대참사
-축제 인파로 내려앉아 1,500명의 사상자를 내다

1. 1807년, 무리한 신시가지 조성이 참사 부르다

1994년 10월 21일, 다리 중간부의 상판이 내려앉아 꽃다운 나이의 어린 여중생을 포함, 32명의 인명을 앗아간 성수대교 붕괴사고는 아직도 우리의 기억에 생생하다. 붕괴 원인에 대해 그때 당국자와 시민들은 서로 부실시공과 안전관리 소홀을 주장하며 책임을 전가하기도 하고 분노의 심정을 토로하기도 했던 기억을 우리는 가지고 있다.

이 사고가 있은 후 한강대교를 걸어서 건널 기회가 있었던 필자는, 도대체 한강철교와 한강인도교는 몇 살을 먹었는데 이처럼 튼튼하게 사고 한 번 없이 그 많은 사람과 차량들을 건네주는지, 또 앞으로 얼마나 오랜 기간을 버틸 수 있을는지, 기공식 표지판을 읽어보니(구교의 경우), 너비 18.1~20.3m, 길이 840.9m의 이 한강 인도교는 1936년에 완공되었으므로 이미 예순살의 나이를 먹은 환갑 노인이었다. 믿기지 않았다. 이런 사실을 발견한 필자는 1970년대 이후 들어서기 시작한 여러 한강교들 – 서쪽의 행주대교에서 최동부의 강동대교에 이르는 18기의 다리(2000년말 현재)들 – 중 사고 당시 기껏 스무 살밖에 안 된 성수대교가 환갑 노인인 한강 인도교도 무색하게 힘없이 폭삭 내려앉고 만 사실에 다시 한번 분노하고 말았었다.

부실시공이라는 원죄와 관리부주의라는 안전 불감증이 빚어내는 이런 대형사고는 그러나 다리에 한한 일은 결코 아니다. 축구경기장에서 소나기를 만난 관람객들이 먼저 빠져 나가려고 밀치고 닥치고 하다가 압사하거나(5,60년대의 부산 구덕운동장과 광주공설운동장 압사사건), 올림픽 귀환선수들을 구경하다가 밀고 밀리는 통에 육교 난간이 부러져 내려앉아 수많은 부상자를 낸 1970년대의 용산 육교 난간 붕괴사건, 502명의 사망자와 903명의 부상자를 낸 1995년 6월 29일의 삼풍백화점 붕괴 참사… 등등. 이런 사고들은 모두 시공부실과 안전관리 부주의가 복합적으로 작용

▶노후화로 붕괴된 에이따이교(永代橋). 1807년 제례일에 쇄도한 군중의 무게를 지탱하지 못하고 정오 무렵 무너져 수많은 사상자를 냈다.

하여 순식간에 발생한 인재(人災)라는 공통성을 갖고 있고, 또 그래서 시민들의 분노는 더욱 클 수밖에 없었던 것이다. 철저시공과 안전관리 원칙만 지켜졌더라면 얼마든지 방지할 수 있는 사고였기 때문이다.

에도시대의 일본에도 성수대교 붕괴사고와 같은 대형 교량 붕괴사건이 있었다. 1,500명의 사상자를 낸 1807년의 에도 스미다가와(隅田川) 에이따이교(永代橋)의 교각붕괴로 인한 상판 침하사고가 바로 그것이다. 성수대교 사건과 닮은 점이 너무나도 많은 에이따이교 붕괴사건, 그 전말은 이렇다.

1603년에 도꾸가와 이에야스가 에도에 막부를 세워 사실상의 도읍을 삼은 이후, 역대 장군들은 군사적 방어와 신시가지 조성을 목적으로 수많은 해자와 인공하천을 뚫어 대소의 교량을 가설하였는데, 그 수는 대략 500개나 되었다. 그러나 대부분은 옛날 우리나라 청계천의 수표교나 광통교 정도 길이밖에 안 되는, 혹은 그보다 짧은 중소 규모급의 것이고 서울의 한강 비슷한 규모와 구실을 갖춘 스미다가와의 다리들과는 비교가 안 되었다.

스미다가와. 파리의 세느강이나 런던의 테임즈강, 워싱턴의 포토맥강, 그리고 우리의 한강처럼 수도(大江戶)의 시가를 둘로 가르고 있었던 스미다가와. 스미다가와는 찌찌부(秩父)산지에서 발원하여 남동쪽으로 흘러내

▶료고꾸바시(兩國橋)의 모형도와 배치도. 도꾜도 스미다구 스미다가와(隅田川) 하류에 놓인 나무다리로, 1659년에 가설되었다.

리다가 에도(도꾜) 동부지역을 거쳐 에도만(도꾜만)으로 흘러 들어갔던 아라가와(荒川; 전장 169km)의 최하류부의 명칭으로 길이 25km에 이르렀다. 지금은 상류로부터 시라히게교(白鬚橋)·사꾸라교(櫻橋)·고또또이교(言問橋)·아즈마교(吾妻橋)·고마가따교(駒形橋)·우마야교·구라마에교(藏前橋)·료고꾸교(兩國橋)·싱오교(新大橋)·교수교(淸洲橋)·에이따이교(永代橋) 등의 다리가 놓여 있으나, 에도시대에는 겨우 다섯 개의 목교 - 건설순으로 센쥬대교(千住大橋; 1594년)·료고꾸교(1659년)·싱오교(1693년)·에이따이교(1698년)·아즈마교(1774년) - 밖에 없었다.

　스미다가와는 상류가 아라가와(荒川)로 불릴 만큼 물살이 세고 빨랐으므로 조금만 비가 많이 와도 다리가 곧잘 유실되곤 하였다. 이에 골치를 썩인 막부와 에도시 당국자들은, 특히 유실의 폐해가 컸던 에이따이교에 관해 한때 폐교를 검토한 적도 있었으나 주민들로부터의 존속 요청도 있고 하여 다리세 징수를 인정해 주면서 다리의 보수와 유지 관리를 사실상 주민들에게 맡겨 놓고 있었다. 이러한 역사와 유래를 갖는 스미다가와는 쇼와(昭和) 시대에 수직으로 쌓아올렸던 제방이 완만한 경사로 바뀌어 사람들이 오르내릴 수 있는 산책로가 되어 있고 강변과 수상에서는 벚꽃 축제와 보트 관광 등 다양한 행사가 개최되는 등 시민들의 발걸음이 잦은 살아 숨쉬고 정취있는 에도시대 그 모습의 강으로 바뀌어 있다.

이러한 스미다가와의 한 다리-에이따이교에서 에도시대 최대의 인재에 의한 인명참사가 일어난 것이다. 문제의 다리 에이따이교. 현재의 다리는 바로 위쪽의 교수교와 함께 1923년의 간또 대진재(關東大震災) 후에 현대식 공법으로 재건한 내진내화(耐震耐火)용 다리이지만, 최초의 것은 1698년에 후까가와나루(深川船場)터에 세운 것으로 당시의 5대장군 쓰나요시(綱吉; 1646~1709)의 50회 탄신일을 축하하는 의미로 '에이따이(永代; 永世의 의미)'라는 이름을 붙였다 한다. 이 다리는 또 47인의 의혈에 넘친 아꼬의사(赤穗義士)들이 주군의 원수 끼라 요시나가(吉良義央; 1641~1702)의 목을 베고 물러갈 때 건넌 퇴각로로도 유명하다. 에도시대에는 에도시가의 대화재 때마다 불이 번져 타 내려앉기도 하고 홍수나 태풍으로 다리의 전부 혹은 일부가 떠내려 가기도 하여 여러 차례 폐교의 위기에 직면하기도 하였으나 주민들의 간청으로 존속시켜 왔던 것이다. 아니나 다를까 구름이 잦으면 비가 쏟아진다는 격으로 그러한 사고위험성을 안아 온 이 다리에 드디어 미증유의 재앙이 들이닥친 것이다.

2. 통제 없는 막부 권력이 초래한 민중의 죽음

운명의 그날, 1807년(文化 4년) 8월 19일. 이날 15일부터 비 때문에 몇 차례 연기되어 온 후까가와 하찌망 신사(八幡神社)의 여름철 대제가 마침내 열린 것이다. 12년 전의 대제 때 참관객들 사이에 벌어진 패싸움으로 오랫동안 중단되어 있었던, 고대하고 고대하던 대제의 부활이었다. 그 때문에 이날은 니혼바시(日本橋)나 혼죠(本所)로부터도 신연(神輦; 제례 때 신위를 모시고 가는 가마)과 축하 꽃수레 행렬이 나올 것이라는 소문에 에도 시내는 물론 근교의 농촌으로부터도 수많은 참관객과 구경꾼들이 몰려들었다.

오전 10시경, 에이따이교 다리 밑을 주빈격인 장군가의 사람들 - 당시의 11대 장군 이에나리(家齋; 1773~1841)의 실부(實父) 히또쓰바시 하루사다(1751~1827) 일행을 포함한 - 이 탄 배가 대제 참예를 위해 막 통과한 뒤, 그때까지 금지되어 있던 다리의 통행이 금지해제 되자 양쪽 다리 입구에 모여 서 있던 운집한 군중들이 환성을 지르며 다리 한 가운데로 몰려들어 다리 위는 순식간에 수많은 인파로 가득차 버리고 만다.

그때 갑자기 다리 중간부의 교각의 도리가 부러지면서 상판이 5m 길이쯤 무너져 내려앉은 것이다. 갑작스레 밀어닥친 인파의 충격과 무게를 지탱하지 못했던 것이다. 마침 그 자리에 도달해 있었던 사람들이 모두 다리 아래 강물 위로 굴러 떨어져 내려갔음은 물론이다. 그런데 참극이 더욱 커진 것은 앞쪽에서 그런 참사가 일어난 줄을 꿈에도 모르는 뒤쪽 사람들이 꾸역꾸역 앞으로만 밀려든 때문이다. 축제 기분에 들뜬 참관객들의 흥분한 군중심리를 누가 쉽게 통제할 수 있었겠는가? 뒤쪽에서 몰려온 인파에 밀린 사람들이 연쇄적으로 강으로 떨어질 수밖에. 마치 6·25 당시 한강교 폭파 때 북한강파출소와 중지도에 공병 경계부대와 헌병대가 배치되어 교통을 통제하고 있었음에도 불구하고 이들의 통제 신호를 무시한 채 뒤차에 밀려 앞만 보고 달릴 수밖에 없었던 수많은 차량과 피난민들이 파편과 폭음에 사상하거나 강물로 떨어져 수중고혼이 된 것과 똑같은 아수라의 장면이 연출된 것이다.

그때 사고 현장 부근의 경비를 맡고 있던 남정봉행소(南町奉行所; 한강 관할 용산경찰서나 노량진경찰서쯤 되는 관청)의 순찰 경비담당 하급 무사들이 지휘도를 빼들어 머리 위로 흔들면서 '정지! 정지!' 하고 저지하였기 때문에 간신히 군중의 전진은 멎었던 것이다. 요즘처럼 핸드마이크도 없이 수신호로만 통제해야 했으니 얼마나 제지가 어려웠겠는가?

당국자들은 즉시 관용선(官用船)과 하류의 어촌 쓰쿠다지마(佃島)의 어선 150척을 동원하여 긴급구조에 나섰으나 목숨을 건진 사람은 겨우 수백 명, 결국 밝혀진 바로는 사망 및 행방불명자 무려 1,500명에 이르렀던 것이다.

오늘의 토목건설 기술이나 규모로 보면, 200여 년 전의 어느 한 날, 강폭 195m의 한강 다리 4분의 1 길이밖에 안 되는 구식 나무다리에서 일어난, 호랑이 담배 먹던 시절의 하찮은 사고 하나쯤으로 웃어넘길 수 있을지 모르나 얻을 수 있는 교훈은 결코 그렇게 간단한 것일 수는 없다.

시대의 상이에 따른 토목(과학) 기술의 상대적 발달 차(差)에만 그 탓을 돌릴 수 없는 그 무엇 – 에이따이교나 성수대교 붕괴 참사는 분명 일부 시공 부실과 안전관리(군중 통제) 불철저가 주원인인 '인재'였다는 경고 메시지를 다시 한 번 우리에게 보여주고 있는 것이다.

에도시대 서민 교육기관
데라꼬야(寺子屋)

1. 에도시대 농민들의 지식 수준은?

에도시대의 농민들은 얼마나 유식하였을까? 일본사를 읽어가다 보면 가끔 이러한 궁금증에 부딪칠 때가 많다. 흔히 조선시대 하층 서민들의 비참했던 생활상이나 1960년대까지의 우리 농어촌의 높은 문맹률과 견주어 에도시대 농민들은 모두 문맹이고 문자 하나 제대로 해독하지 못했을 것으로 추단한다면 그것은 큰 오산이다. 에도시대 촌민들의 상당수는, 적어도 생활에 필요한 만큼의 기초지식 – 쓰기와 셈 정도의 지식 – 은 익히고 있었음을 현재도 각 현립 도서관에 남아있는 당시의 촌락 관련 향토문서인 '지까다(地方) 문서'는 보여주고 있다.

그러한 문서 가운데는 농민들이 매월 몇 차례에 걸쳐 우리의 면사무소 격인 쇼야(庄屋)에 나가 제출했던 민원서류가 가장 많다.

"멧돼지가 나타나 우리 밭을 망쳐 놓았습니다."

"…월 …일 내린 큰비로 전답이 완전히 매몰되어 버렸습니다."

이렇게 문서로 신고해 놓지 않으면 나중에 자연재해로 인한 농작물 피해를 연말의 연공(年貢) 감면 혜택에서 보상을 받지 못했던 것이다.

또 농민들이 집을 새로 짓거나 개축과 수리를 할 때에도 "여기저기 지붕에서 물이 새므로 개수를 해야겠는데, 3일 정도 걸리겠습니다"라고 개축 신고서를 제출해야 했던 것이다.

이는 모두 농민들이 어느 정도 실생활에 필요한 문자 정도는 해독하고 있었기 때문에 가능한 일이었다. 또 이러한 신고서 중에는 다른 농민이나 면사무소 관리들의 대필에 의존한 문맹 농민들의 신고서도 있었겠지만, 이 또한 이웃에 대필해 줄만한 문자해독력을 가진 농민들이 있었기에 가능했을 것이다. 더구나 목숨을 걸고 싸워야 했던 농민반란 햐꾸쇼잇끼(百姓 一揆) 때의 청원서는 관변인사나 식자 계층 사람들로부터의 대필도 불가능하였을 뿐만 아니라 서명은 자필로 하지 않으면 안 되었으니 농민들이 완전 까막눈만은 아니었던 셈이다. '일상생활에 필요한' 만큼의 문자나 셈은 익히고 있었다는 이야기이다.

도시의 상공인층도 마찬가지였다. 상거래와 장부 정리에 기초 산술과 문자 해독은 필수조건 아닌가? 견습시절이라면 글자를 몰라도 주먹구구식으로도 통하였겠지만, 점차 단계가 올라가 중간관리층인 떼다이(手代; 지배인과 사환의 중간)나 지배인격인 반또(番頭)에 이르면 그야말로 '면장도 알아야 해먹는' 직역이므로 더 이상 무식으로는 통할 수 없었던 것이다.

또 어부들이나 공장 직인들도 마찬가지였으니, 선주는 업무일지인 아미모또죠(網元帳)를 작성하고 어부들은 매일 어획고를 기록해야 했으며, 목수들도 치수를 재거나 먹선을 그어야 했는데, 이러한 일이 모두 글자를 모르고서는 불가능한 일이었다. 이 모든 사실은 에도시대 일본 서민들의 문자 보급률이 예상외로 매우 높았음을 증명해 주고 있다.

그러면 에도시대 서민들은 어떻게 문자를 익혀 셈도 하고 장부도 기재하고 민원서류도 작성할 수 있었을까? 그것은 일부 부자상전(父子相傳)이나 직인사회의 '비법전수' 식의 개인적·가문적 차원의 지식전수 절차나 통로에 의존하기도 하였으나, 보다 많은 경우 에도시대의 대표적 서민 교육기관인 데라꼬야(寺子屋)의 '서당교육'을 통해서였다.

2. 절에서 시작된 데라꼬야

메이지유신 이후 신학제의 반포로 서구식 보통교육이 실시되기 이전까지, 에도시대 전 기간을 통하여 일반 서민 자제들의 초등교육을 담당했던 데라꼬야. 그러나 그 기원은 멀리 중세 사찰의 세속교육으로까지 거슬러 올라간다.

일찍이 헤이안(平安) 시대의 진언종(眞言宗)의 개조인 꾸가이(空海; 774~835) 대사가 덴쵸(天長) 5년(828년)경 교토에 슈게이슈찌잉(綜藝種智院)¹⁾이라는 사립(寺立) 보통교육기관을 설립하여 근방의 서민 자제들에게 불교와 유교의 교리와 의식을 가르친 적이 있으나, 교육 내용이나 교수 절차 모두 특기할 만한 것 없이 20년 남짓 존속하다가 대사의 사후 곧 쇠망하고 만다. 주로 유교와 불교의 경전 공부를 통한 지육과 덕육의 배양이 교육목적이었다. 서민 상대의 '세속교육' 기관으로서의 데라꼬야의 기원과 관련지어 보기에는 조금 무리가 따른다는 견해도 있다.

그러던 것이 가마꾸라(鎌倉)시대(1192~1333)에 승려들이 절 부근의 아동들을 불러모아 무식을 면할 정도의 읽기와 쓰기 공부를 시키게 되고, 이후 사원들이 점차 서민의 자제들에게 초등교육을 실시하는 일이 빈번해지고 마침내 무로마찌(室町) 시대(1338~1573)에 들어오자 아동들이 사찰 부속의 서당에 다니는 일이 일상화·보편화되기 시작한다. 서민의 지위향상과 신불교(新佛敎)의 보급이 이 사찰교육을 성행 촉진시킨 것인데, 여기서는 출신이나 계급의 차별없이 초보적인 읽기와 쓰기 학습이 실시되어, 이것을 후일의 데라꼬야의 발상의 기원으로 보기도 한다. 이때의 생도들을 데라꼬(寺子), 입학하는 일을 데라꼬이리(寺子入り)라 하였다.

이후 무로마찌 시대로부터 모모야마(桃山; 1568~1600) 시대에 걸친 전국쟁란기(戰國爭亂期) 전란의 틈바구니 속에서도 데라꼬야는 그침없이 그 세를 확장해 간다. 서민들의 일상생활에 필요한 '학문' 아닌 '실용지식' 습득에의 향학열이 불러온 시대적 추세에 기인한 현상일 것이다.

그러나 데라꼬야가 근세적 규모와 내용의 학교체계를 갖추고 전국적 규모의 서민교육기관으로 번창하게 된 것은 에도시대 이후의 일이다. 원래 에도시대에는 공립학교로, 중앙에는 쇼헤이자까 학문소(昌平坂學問所)와 지방에는 각 번이 설립한 항꼬(藩校)가 있어 국민교육을 담당하였는데, 이는 에도시대의 무사들이 중세의 무사들과는 달리 안정된 막번체제하에서 높은 교양이 요구되었기 때문에 그러한 시대적 요구에 부응하여 막부가 학문창달과 무사들의 교양교육 실시를 위해 설립한 것이다. 쇼헤이자까 학문소는 에도시대 공(公)교육의 최고학부로, 막부의 유신(儒臣)이며 주자학의 대가인 하야시 라잔(林羅山; 1583~1657)이 깡에이(寬永) 7년(1630년)에 우에노(上野)에 설립한 막부 직할학교이다. 쇼헤이자까 학문소는 처음에는 기본(旗本; 하따모토)·고께닌(御家人) 등 권세있는 장군가 직속 무사들의 교육과 함께 제번(諸藩)의 우수한 무사들에게 항꼬(藩校)의 교사 양성교육을 시키는 일을 주로 하였으나, 후일 깐세이(寬政) 9년(1797년)의 개혁으로 막신과 그 자제들만 교육시켰다.

교육 내용은 경서(經書)·사서(史書)·작문[詩文]을 위주로 한 교양교육에 치중하였으며, - 에도시대의 고급 무사들이 무예 이외에 기본적으로 문사철(文史哲)에 정통해 있었던 이유도 여기 있다 - 에도 막부의 교학 방침에 따라 주자학을 정통으로 하고, 타(他)학파의 학문은 연구와 교수를 금지하였다. 기능에는 많은 차이가 있으나 격식과 권위에 있어서는 우리나라의 옛날 성균관이나 오늘날의 국립 서울대학교에나 비견될 수 있을지 모르겠다.

또 지방에서는 각 번이 항꼬를 설립·운영하였는데 이는 원래 번 소속 무사들의 자제 교육을 목적으로 한 것이었으나 일부 지방에서는 서민 자제의 입학을 허용하기도 하였다. 교육 내용은 쇼헤이자까 학문소에 준하여 유학을 중심으로 하면서 무예 과목을 추가하는 정도였으나, 에도시대 중기부터는 점차 실학적 경향을 띠기 시작하여 양학을 포함, 산술·의학·천문학·어학·병학을 추가하는 곳도 있었다. 교양·실업 교육 절충형 - 종래의 인문 교양 위주에서 경세치용으로의 일부 전환 - 이었다고도 할 것인데, 이는 모두 시대의 변화에 따른 교과목 개편이었다 할 것이다.

이러한 공립학교와는 달리 데라꼬야는 주로 일반 서민 - 농민, 도시 상

▶여자들의 학습 풍경. 교양을 쌓은 여자들에게는 무가 저택 근무의 길이 열려 있어, 어릴 때부터 서예학숙에서 서예를 비롯한 여러가지 예의범절을 익혔다.

공업자, 직인 등-의 자제들을 대상으로 하여 그들에게 초보적 실용적인 지식과 기예를 가르칠 목적으로 설립된 사적 교육기관으로서 주로 에도시대 중기부터 번성하였다. 데라꼬야가 특히 에도시대 중기 이후에 번성한 것은 그럴만한 시대적 배경을 가지고 있다. 그것은 겐록(元祿; 1688~1704) 시대에 접어들어 막부가 정치적 안정을 이룩함에 따라 학예와 과학이 왕성한 발전을 이룩하고, 또한 상품·화폐경제의 발전을 기반으로 조금씩 자본력을 갖춘 도시 상공인 계급이 대두하고 또한 농촌도 상업화의 물결에 휩쓸리게 됨에 따라, 세력을 신장하게 된 이들 서민계층 사이에 표출된 학문에 대한 관심과 교육 수요에 기인하고 있음은 물론이다. 그러한 서민들의 왕성한 지식욕과 교육적 수요에 부응하여 자주적·자연발생적으로 발생·보급된 교육시설이 에도시대의 서민교육기관인 데라꼬야인 것이다.

3. 남녀공학, 복식수업을 한 데라꼬야

데라꼬야는 보편적으로 20~30명의 학동을 거느린 '1교실 1교사' 체제의 것이 가장 많고, 학동은 6~7세로부터 12~3세에 이르는 남녀 아동들로 구성되었는데 이들 학동들은 데라꼬(寺子) 혹은 후데꼬(筆子) 등으로 불렸다.

이들 학동들은 주로 서간체로 꾸며진 '오라이모노(往來物)'[2]를 교과서로 삼아 습자 연습을 하는 식의 반복적 암기교육을 통하여 생업과 실생활에 필요한 지식과 기예와 도덕을 공부하였다.

데라꼬야의 초보 과정이 글씨쓰기 연습에서 시작되므로 지방에 따라서는 데라꼬야의 간판을 '슈세끼시난(手蹟指南[3]; 서예 교습소라는 의미)' 혹은 '요도힛가꾸쇼(幼童筆學所)'로 내걸기도 하였다. 수업은, 처음에는 승려나 신사의 신관들이 여가시간을 이용하여 틈틈이 가르쳤으나, 교과과정이 복잡하여짐에 따라 도시에서는 막신(幕臣), 번신(藩臣), 로닝(浪人; 무가시대에 녹을 잃고 정처없이 떠돌던 무사; 실직무사; 우리나라의 옛날 떠돌이 선비격), 서예가, 은퇴한 상공업자들이 가르쳤고, 농촌에서는 토착무사나 지금의 촌장(村長)에 해당하는 나누시(名主)들이 가르쳤다. 경우에 따라서는 어전(御前; 궁중·장군가·대명가) 근무 경험이 있는 부인네들도 수업을 맡았는데, 이들은 주로 여학생들의 가사 교육이나 예절 교육을 담당하였다.

특별히 교사라 할 건물은 없고, 절이나 신사의 건물을 빌려서, 혹은 선생의 사저를 이용하여, 또 유랑무사들은 아홉자 두 칸 남짓한 뒷골목의 허름한 셋방을 교실로 사용하여 수업을 진행하였다. 교실 안에는 생도 수에 맞추어 선생 쪽을 향해 허름한 책상을 두세 줄 혹은 너댓 줄 늘여 놓는데, 생도 수가 적은 경우에는 일인용 개별 책상을, 생도 수가 많은 경우에는 길다란 다인용 공동책상을 늘여 놓아 공간을 조절하였다.

생도 수는 20~30명이 보통이고 많은 경우에는 50명, 100명 되는 곳도 있었는데, 2~3명밖에 안 되는 초미니급 학교도 있어 이런 경우에는 선생과 학생이 무릎을 맞대고 앉아 수업을 하기도 하였다.

이런 시설을 갖춘 데라꼬야에 학동들은 서도용 필기도구인 붓과 벼루, 그리고 습자 연습장을 챙겨들고 통학을 하였다. 학동들의 옷차림이나 머리 모양도 다양하였는데 그 중에는 전발(前髮)을 한 상갓집 자제들도 있고 머리털을 깎아 정수리만 둥그렇게 남겨놓은 머리 모양의 어린이도 있었다.

　학생은 남학생이 월등하게 많았으나 에도나 오사카 같은 대도시에는 여학생 전용의 데라꼬야나 학급이 편성되어 여선생이 수업을 맡는 경우도 많았다. 무가에서는 남녀 각각 별도의 학급을 편성하여 남녀유별의 교육을 실시하였으나 도회의 상공업자 거주 지역 데라꼬야에서는 남녀 혼합교육을 실시하는 개방성을 보이기도 하였다. 이럴 경우 남학생이 여학생에게 짓궂은 장난질을 하여 선생으로부터 벌로 매를 맞기도 하였다. 그래서 교실 입구나 교실 벽에는 면학규칙이나 훈계성 격언을 써붙여 학생들을 훈계하기도 하였는데, 그 내용은 학교마다 각각 달랐으나 표준형은 대충 이런 내용의 것이었다.

〈남학생 교실〉
⑴선생님과 부모님의 말씀을 잘 지킬 것
⑵예의를 중시하여 행동거지를 올바르게 할 것
⑶친구들과 사이좋게 지낼 것
⑷음식물이나 돈을 가지고 다니지 말 것
⑸통학길에 큰소리를 치거나 짓궂은 장난을 치지 말 것

〈여학생 교실〉
⑴학우의 용모 복장 가정형편에 대해 이러쿵저러쿵 비교해 말하지 말 것
⑵중상 고자질 귀엣말을 하지 말 것
⑶큰소리로 웃지 말 것
⑷친구들에 대한 험담, 남학생에 대한 험담을 하지 말 것
⑸탐기심(耽奇心)을 멀리하고, 쓸데없는 말이나 버릇없는 행동을 하지 말 것
⑹만약 위반하다가 발각될 때는 오후 4시까지 교실에 남아있게 할 것임

　또 이와는 별도로 '放心은 大敵'이라는 표어를 내어 걸거나 '공부는 비탈 위로 수레를 밀어 올리는 일과 같아 자칫 방심하면 뒷걸음질 치고 만

다'는 도가(道歌)⁴⁾풍의 격언을 써붙여 면학심을 고취하기도 하였다.

4. 실용교육과 교양교육을 동시에

데라꼬야에 입학하면 4~5년간 매일 통학을 한다. 학과 공부는 문자의 읽기·쓰기와 셈 공부부터 시작한다. 초보입문 단계이다. 쓰기는 모필로 습자 공부를 하는 것이다. 이로하(伊呂波; 일본식 알파벳) 48자의 쓰기 연습부터 시작한다. 습자지가 새까맣게 될 때까지 쓰고 또 쓰고 그 위에 또 쓴다. 습자 공부라고 해서 그냥 글자체만 익히는 것은 아니다. 읽는 법과 글자 뜻도 동시에 배운다. 서법은 당시 공문서에 사용되었던 공용서체 오이에류(御家流)⁵⁾를 본으로 하였다.

▶에도시대 데리꼬야의 습자 시간. 글씨 연습 못지않게 근세 도시 생활의 지식을 습득하는 시간이었다.

다음에는 '一二三'의 숫자 익히기. 그것이 끝나면 이제 초보적인 사회생활 공부에 들어간다. 각종 성씨(姓氏)의 두문자 쓰기, 성씨 익히기, 에도시(江戶市)의 거리 이름 쓰기, 그리고 영수증, 상용 송장, 서간문 작성법을 배운다. 그 다음에는 쇼바이오우라이(商賣往來; 상용 서한, 서식, 상품의 종류, 상인의 준수사항 등을 모아 한 권으로 엮은 근세 도시상인 필수의 상업 교과서), 쇼오소쿠오우라이(消息往來; 모범 서간문집), 떼이낑오우라이(庭訓往來; 가정교육 교과서), 천자문 등으로 단계를 높여 간다.

또 학부모의 가업에 따른 선택과목을 가르쳤으니, 목수 집안 아이에게는 〈商賣往來〉 대신에 목공들의 필독 업무지침서인 〈반죠오우라이(番匠往來)〉를, 농민 자제들에게는 농사독본격인 〈햐꾸쇼오우라이(百姓往來)〉를 가르쳤다. 또 상가집 아이들에게는 주산의 이론과 실기를 가르쳤다. 이 정도의 기초과목을 이수하면 사회생활에 큰 어려움은 없었을 것이다. 앞서 말한 농민, 도시 상공업자, 어부, 직인들의 상당한 수준의 지식도 이렇게 하여 배양되었을 법하다.

또 대도시에서는 다도·꽃꽂이·한학·국악 등의 교양과목을 추가하기도 하였는데, 이는 모두 지역의 특징적 구조와 기능을 고려하여 차별적으로 교과목을 편성한 것이다.

이상은 보통과의 교과과정인데, 더 높은 과정의 수업을 희망하는 자는 고등과에 진학할 수 있었다. 고등과의 교과서로는 『짓고교(實語敎)』(경서의 격언을 초록하여 소리높여 읽기에 좋도록 편집한 아동교훈서), 『도오지교(童子敎)』(아동교훈서), 『산지교(三字經)』(아동교훈서) 등의 교훈서와 사서오경 등의 유학서를 채택하였다.

5. 입학·수업·졸업

데라꼬야의 입학일은 길일을 택하였는데 대개 2월의 첫 오일(午日)을 입학일로 정하기를 좋아하였다. 이날은 교또 후시미(伏見)의 이나리(稻荷)신사의 제신인 이나리신(곡식신이면서 한 집안과 지역의 수호신 역할도 하였다)이 하강한 날로 이나리 신사에서 제향을 받들며 길일로 여겼기 때문이다.

이날 7~8세 되는 입학 아동은 부모의 손을 잡고 학교로 가는데, 과자상자와 부채 그리고 선생님께 드릴 입학기념 예물을 가지고 간다. 예물은 소꾸슈(束脩)라 하여 주로 육포 묶음을 많이 골랐다. 또 학우들에게는 '신입식'이라 하여 준비해 간 센베이(煎餠) 과자나 경단을 나누어 주며 서로 낯익히기를 한다. 상호간에 환영인사가 끝나면 선생은 입학아동의 손을 거들어 붙잡고 백지에 '天上天一' 네 글자를 쓰게 하는 것으로 입학례(入學禮)를 끝낸다.

그리하여 이날부터 곧 바로 수업이 시작되는데, 생도들의 학력(지력)이나 교과과정에 수준차가 있고 또 복식수업인 관계로 여러 가지 진풍경이 벌어진다. 습자연습을 하는 학생이 있는가 하면 또 한쪽에서는 큰소리로 음독연습을 하는 학생도 있다. 또 목수의 아들도 있고 상인의 아들도 있으므로 같은 해에 입학한 동급생이라 할지라도 교과서가 서로 다르다.

또 애초부터 공부와는 거리가 먼(?) 학생들은 따분함을 참지 못하고 선생의 눈을 피하여 장난질을 시작한다. 여기저기서 킥킥거리는 소리, 꼬집는 소리, 때리는 소리, 훌쩍거리는 소리… 요즈음의 초등학교 1학년 교실을 연상케 하는 장면들이다. 한 교실에서 치러야 하는 복식수업의 탓도 있을 것이다. 특히 남학생들의 장난은 도가 심하여 제지할 방법이 없으므로 애초부터 선생님 가까운 자리에 앉힌다. 떠들거나 장난을 치다가 선생에게 들키면 회초리를 맞거나 두 손을 들고 열외에 나와 서 있어야 한다. 그래도 말을 안 들으면 이번에는 왼손에 불을 붙인 모기향을, 오른손에 물을 가득 채운 찻잔을 들고 다다미 위에 무릎 꿇고 정좌하고 있어야 하는 벌을 받는다.

그러면 하루에 몇 시간씩 수업을 받았는가? 에도를 비롯한 도회지의 학교에서는 아침 7시부터 12시까지 오전수업을 한 다음 집에 돌아가 점심을 먹고 온 후 다시 오후 2시까지 수업을 받는다. 그 사이에 별도로 휴식시간이나 운동시간 같은 것은 없으므로 약간 빡빡하고 지루한 일정이라 할 것이다.

또 매달 여러 차례 시험을 치렀다. 배운 글자를 백지에 써서 선생에게 보여 실력향상 여부를 평가받아야 했는데, 이 시험을 세이쇼(淸書)라 했다. 또 4월과 8월 두 차례에 걸쳐 학기말 시험을 치렀는데 이를 세끼가끼(席書)라 했다. 사제 함께 예복 차림으로 봉서지(奉書紙)에 휘호를 하여 품평을 받는 것이다.

또 음독(音讀) 시험은 엔슈(演習), 그 기말시험은 다이엔슈(大演習)라 하였는데 지정받은 문구를 틀리지 않게 음독을 하거나 암송을 하여 실력을 평가받았다. 이렇게 치른 시험에서 좋은 성적을 올린 학생은 선생으로부터 붓과 습자용 반지(半紙)를 상으로 받았다.

데라꼬야에서는 정규수업 외에도 또 여러 차례 연중행사를 치렀다. 첫 번째가 정월 초닷새날의 시서회(始書會)이다. 이날 교실 중앙에 휘호단을 마련하고 사제가 차례로 나가 봉서지에 큰 붓으로 휘호를 하는 것이다. 시서회가 끝나면 단팥죽을 먹으며 여흥으로 제비뽑기를 하여 경품을 타며 한 해의 학사시업을 자축하는 것이다.

또 2월의 첫 오일(午日)에는 생도들이 제각각 색종이로 드림을 만들어 신장대에 높이 매달아 이나리 신사 앞에 가지고 가 세워놓고 그해의 무사한 학업성취를 기원하는데 이 초오일의 행사는 고래로 가장 중요하게 여기는 데라꼬야의 연중행사의 하나였다.

칠석에는 학동들이 붓과 벼루를 씻는 붓씻이 행사를 하는데 이는 농부들의 호미씻이 행사와 비슷한 것이다. 이날 학동들은 붓과 벼루를 씻고 그 씻은 붓으로 색지(色紙)나 첩지(疊紙)에 시가를 쓴다. 와까집(和歌集)『햐꾸닝잇슈(百人一首)』⁶)에서 마음에 드는 와까를 옮겨 쓰기도 하고 좋아하는 연가(戀歌)를 적어 넣기도 한다. 그 색지를 청죽(靑竹)에 매달아 교실 밖에 세워놓고 서예실력의 향상과 장래의 입신출세를 하늘의 별님에게 비는 것이다. 이런 행사는 모두 학동들에게 잊을 수 없는 추억거리가 되는데 그런 행사를 몇 번 치르고 나면 남아들은 12~13세로, 여아들은 13~14세로 데라꼬야를 졸업하게 된다.

6. 실비에 가까운 월사금과 운영비

데라꼬야는 민간에 의해 설립되고 운영된 사립 교육기관이므로 국비지원은 받지 못했다. 운영비 일체를 경영주가 마련해야 했다. 그런 이유로 학동들의 월사금은 꽤 비쌌을 것으로 생각하기 쉬우나 결코 그렇지도 않았다.

우선 월사금에 관한 특별한 규정이 없었다. 지역에 따라 관행이 달랐지만 백중과 세밑에, 그렇지 않으면 5대명절에 형편에 따라 100몽(文)~1,000몽(文) 정도의 돈을 종이에 싸고 장식끈으로 예쁘게 묶어 선생에게 갖다 드리는 것이 관례였다. 이것을 월사금조로 환산하면 20몽~200몽이 된다. 학동수 30명 되는 데라꼬야라면 월수 600~6,000몽이 된다. 안세이(安政; 1854~1860) 연간의 한 달 집세가 600몽이고 직인 한 사람의 일당이 200몽이었으므로 데라꼬야의 운영이 얼마나 어려웠을지 짐작케 한다.

그러니 교육사업이라는 숭고한 신념과 소신만으로 데라꼬야를 운영했다 할 것이다. 배움은 돈만으로 사고 팔 수 없다는 경학(敬學) 정신, '스승님' 소리를 듣는 것만으로 긍지와 보람을 느낄 수 있었던 도덕 우선시대의 청빈사상이 데라꼬야의 설립과 운영을 가능케 했다 할 수 있다. 그래서 특별히 월사금 규정 같은 것도 두지 않았던 것이다. 옛날 우리나라 서당 훈장님들의 고결·청빈한 교육정신과도 상통하는 바가 있다. 오늘날 파국 직전에 와 있는 한일 양국의 교육현장 - 교실붕괴, 학교폭력 사태 등 - 과 견주어 볼 때 어찌 잠자는 농경사회적 교육 행태라고만 할 수 있을 것인가?

그러나 실비만은 정확히 받았다. 년 1회의 다다미대(疊代). 이것으로 교실의 다다미도 갈아 끼우고 수선도 하였다. 200~300몽 정도. 또 연료비도 받았다. 음력 10월 20일. 상인들의 명절로 에비수 신의 제일인 이날부터 교실에 난방용 화롯불을 지피므로 그 시탄료조로 약간의 돈을 걷었다.

또 '학문의 신'으로 추앙받는, 헤이안(平安) 시대 전기의 학자이며 정치가인 스가와라노 미찌자네(菅原道眞; 845~903)의 제향일인 덴징꼬(天神講) 날에는 공(公)의 초상을 내걸어 경배의식을 치루고 10몽, 20몽의 불전을 내게 하였는데, 이 돈을 데라꼬야의 운영비로 썼음은 물론이다.

선생의 특별 부수입(?)이 있다. 선생을 존경하고 위로하는 마음에서 백중이나 연말에 제자들이 응분의 선물을 하는 것이다. 그해의 첫 산물인 맏물 - 햇귤이라든가 맏물 가다랑어, 햇송이 등 - 이나 외국에서 수입해 들여온 진기한 물품들을 선사하는 것이다.

7. 동마다 마을마다 들어선 데라꼬야

이처럼 서민생활과 밀착한 데라꼬야는 서민생활의 향상과 교육 수요의 증대에 힘입어, 또 한편으로는 막번체제의 동요를 우려한 장군가나 지방 영주들의 보호·장려책에 힘입어 호오레끼(寶曆)·메이와(明和)·안에이(安永) 년간(1772~1781)부터 증가 추세를 보이기 시작하여 뎀뽀(天保; 1830~1844)년간 이후에는 안에이기(安永期; 1772~1781)에 비하여 47~100배라고 하는 비약적인 증가세를 보이고 있다. 그 수 약 15,000에 이르렀으니, 도시 농촌 할 것 없이 동마다 마을마다 데라꼬야가 으레 하나씩은 설립되어 에도기(江戶期)의 서민 초등교육을 담당하였던 것이다.

막말기(幕末期)의 학동들의 데라꼬야에의 취학률을 보면, 사이타마(埼玉), 군마(群馬) 양 현의 양잠지대는 40~50%, 아이찌(愛知)현의 준상업적 농산지대 등에서는 47%라고 하는 높은 수치를 보여주고 있다. 이렇듯 번성한 데라꼬야도 메이지유신 이후에는 신식 소학교 교육에 압도되어 소멸되거나 동네 글방 신세로 전락하고 만다.

■주(註)

1) 슈게이슈찌잉(綜藝種智院); 828년(天長5년) 空海大師가 교또 구죠의 후지와라가(藤原家)의 구택을 빌어 세운 일본 최초의 보통교육기관. 서민의 자제들에게 불교와 유교를 가르쳤다. (종예(綜藝)는 현교(顯敎), 밀교(密敎), 유교(儒敎)의 3교를, 종지(種智)는 보리심(菩提心)을 말한다).

2) 오라이모노(往來物); 가마꾸라(鎌倉)·무로마찌(室町) 시대 때부터 메이지시대 초기에 이르기까지 초등교육, 특히 데라꼬야 교육용으로 편집된 교과서의 총칭. '往來'는 '消息往來'의 의미로 처음에는 서간문의 모범문례(文例)였으나 중세 이후로는 데라꼬야의 교과서 역할을 하며 서민교육에 중요한 의의를 가졌다.

3) 슈세끼시난(手蹟指南); 서예교습소(手習塾)의 의미. 교호(享保; 1716~1736)년간, 에도 시중에는 800명 정도의 서예선생이 있었다. 막신, 대명의 가신, 낭인, 학자, 승려 들이 본업이나 부업으로 서예를 가르쳤다. 여생도를 가르치는 여선생도 있었다. 6~7세의 남녀 학동들은 3~5년간 이 교습소에서 산술, 한자, 서예(습자)를 배웠다. 이와 관련하여, 교호 7년(1722년) 막부는 정봉행소(町奉行所)를 통하여 에도 시중의 이름난 서예선생 6명에게 『六諭衍義大意』를 1권씩 내리며 표창하고 이 책을 서예교재로 쓰도록 지시하고 있다.

리꾸유(六諭)란 명의 태조(洪武帝)가 민중교화의 목적으로 발표한 6개조의 교훈을 말하는데, 그 해설서가 『六諭衍義』이고, 『六諭衍義大意』는 이를 보다 이해하기 쉽게 해설하여 서민교육용 참고서로 쓰기 위하여 제8대 요시무네(吉宗)장군의 명으로 그의 시강(侍講) 무로뀨소(室鳩巣; 1658~1734)가 편역하여 출판한 책이다. 막부도 그만큼 데라꼬야나 서예교습소 등 서민교육기관에 큰 관심을 보였던 것이다.

4) 도까(道歌); 도덕과 훈계의 뜻을 알기쉽게 읊은 단가(短歌) 혹은 불교나 심학(心學)의 정신을 읊은 교훈가.
5) 오이에류(御家流); 일본식(倭式) 서도의 한 유파. 에도시대의 공문서는 모두 이 유파의 서체에 따르도록 하였다.
6) 『햐꾸닝잇슈(百人一首)』; 유명 가인(歌人) 100명의 와까(和歌) 한 수씩을 뽑아 모은 와까집.

'인민학대령'(?)으로 변질된
'生類憐愍令(동물애호령)'

1. 도꾸가와 막부 최대의 실정(失政), 동물애호령

도꾸가와 이에야스(德川家康; 1542~1616)가 1603년 정이대장군 (征夷大將軍)에 임명되어 세운 근세 일본의 통일 정권인 에도 막부 정권이 마지막 장군(將軍) 도꾸가와 요시노부(德川慶喜; 1837~1913)에 의해 문을 닫을 때까지의 265년 동안, 15명의 역대 장군들은 대부분 병약하거나 암우하여 한 두 장군을 제외하고는 제대로 된 선정을 베풀지 못하고 실정이나 악정으로 치달았다는 것이 후세 사가들의 공론이다.

그 중에서도 제5대 도꾸가와 쯔나요시(1646~1709) 장군의 동물애호령은 그의 집권 전반기의 개혁성 치적(天和の治)에도 불구하고, 그 시행 과정에서의 절차와 방법이 극단적 권위주의로 치달아 수많은 폐단을 낳아 후세의 사가들에 의해 '일본 역사상 가장 愚劣한 학정', '대륙의 유교국이라면 인덕을 잃은

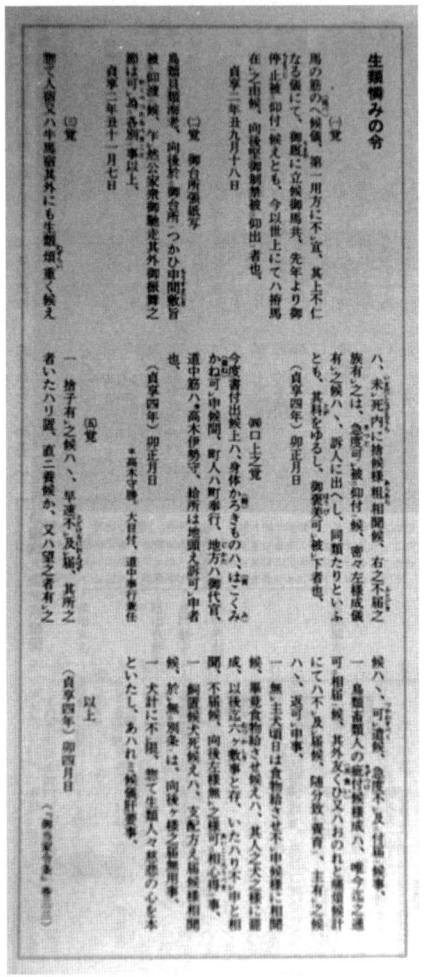
▶ '동물애호령' 전문.

암우한 군주로 곧 폐위되거나 역성혁명을 초래할 만한' '인민을 괴롭힌 학정'으로 평가되고 있다.

1682년(天和 2년), 개의 타살자를 사형에 처한 일에서부터 시작하여 1685년에는 말의 애호령을 발하고, 그로부터 2년 후인 1687년(貞享 4년)에는 마침내 '生類憐愍令'을 발하여 본격적

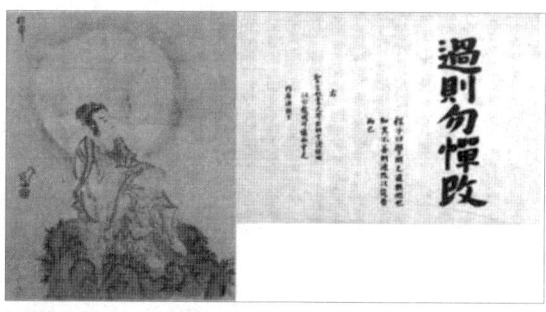
▶도꾸가와 쯔나요시 장군이 그린 관음상과 그의 휘호. 정자(程子)의 성언(聖言)을 좌우명으로 삼았는데, '학문의 길에는 끝이 없으니, 연찬 과정의 잘못은 과감히 바로잡는 데 주저하지 말라'는 의미이다.

인 '동물애호작전'에 들어갔으니, 결과적으로 '인민학대작전'이 되고 만 이 동물애호령은 그가 29년간(1680~1709)의 치정을 마치고 마진(麻疹)으로 병몰할 때까지, 그야말로 '자고 나면 한 건 한다'는 식으로 긴급조치 발하듯 시도 때도 없이 수십 차례에 걸쳐 세부사항을 규정한 포고령으로 남발된다.

이로 인해 법령을 위반했다는 죄목의 수많은 처형자와 할복자, 투옥자, 유배자를 낳고 백성들을 공포의 도가니로 몰아넣었던 이 법령이 애초부터 포악성을 띤 것은 아니었다. 쯔나요시의 애초 의도는 동물애호운동을 통해 사회에 인애(仁愛)의 정신을 배양하고자 함에 있었던 것이나, 장군의 강력한 권위에 영합 추종하는 막신(幕臣)들에 의해 보호의 범위와 절차가 증폭 과장되고, 또 장군의 생모 게이쇼잉(桂昌院; 1627~1705)이 귀의한 호지원(護持院)의 주지 류꼬(隆光; 1649~1724)대사가 쯔나요시의 후사 출생소원과 관련하여 개(犬) 애호운동 전개를 권장한 이후 더욱 극단으로 치달아 인민을 괴롭히는 악법으로 변질되고 만 것이니 제동장치 없는 권력이 낳은 권위주의적 통치례(例)의 하나라 할 것이다.

그리하여 애호의 대상도 그런대로 보호할 필요와 가치가 있다고 여겨지는 개·말·소에 한정되지 않고 널리 닭·고양이·쥐·새 등의 하찮은 가금·조수류와 뱀장어·미꾸라지 등의 식용성 어패류, 그리고 관상용 금붕

어에까지 이른다. 또 그 애호와 단속의 방법도 상식과 관행을 벗어난 기기묘묘한 것들이 많았으니, 이는 곧 인민들의 일상생활을 꽁꽁 얽어매는 밧줄이 되고 말았을 뿐 애초의 인애의 정신 배양 취지와는 거리가 먼 것이 되고 말았다.

이후 25년 동안 막부 당국자와 시민들 간에는 동물애호령과 그 시행을 둘러싸고 쫓고 쫓기는 식의 소모적 처분과 위반과 단속, 처벌이 되풀이되고 이로 인해 적지 않은 분량의 동물애호령 관련 기사가 막부사(史)의 많은 페이지를 장식하게 된다.

2. 개와 고양이를 묶어놓지 말라!

1685년(貞享 2년) 7월 14일, 막부는 쯔나요시 장군의 명으로 이날 전에 없던 약간 기묘한 금령을 하나 발포한다. "앞으로는 장군 행차시에 개나 고양이가 길에 나돌아 다녀도 아무 지장이 없으니 묶어 놓거나 가두어 놓을 필요가 없다"는 내용과 "금후 막부의 주방에서는 공적인 향응 이외에는 조류나 조개류 새우 등을 사용치 말라"는 내용을 담고 있다.

장군은 왜 전에 없던 이러한 금령을 갑자기 발포하게 된 것일까? 그럴만한 사유가 있었음은 물론이다. 얼마 전 쯔나요시가 스미다가와(隅田川) 행차를 하였는데, 수종·경호하던 막리(幕吏) 한 사람이 행차에 불경스럽게 여겨서인지 마침 주위를 배회하던 개 한 마리를 붙잡아 산 채로 가마니에 넣어 아사쿠사가와(淺草川)에 던져 넣어버린 일이 발각되었기 때문이다. 그래서 이날 '개(犬)보호령'을 발한 것이다. 이후 다음해 2월 7일의 '말애호령(馬憐み令)'을 비롯하여 잇따라 동물의 살상이나 학대를 금하는 여러 금령들이 나오는데, 2년 후인 1687년에 동물애호운동을 총체적으로 규정한 '生類憐れみの令'이 본격적으로 발령되는 것을 보면 7월 14일의 이 법령은 그 선구나 전제 조치가 되는 셈이다.

3. 막부와 동물들이 인간을 괴롭히는 '동물애호령'

　장군 쯔나요시는 42세 되는 1687년 1월 28일, 마침내 향후 20년간 '막부와 동물들'이 '인간'을 괴롭히게 되는 '生類憐れみ令'을 발포한다. 5개조로 된 이 애호령의 주요 내용은 "지금까지, 고용살이 하고자 하는 사람(구직희망자)들에게 일자리 알선을 해주는 직업소개 대기소나 역참의 우마 보관소에서는, 사람이나 소·말이 중병에 걸리면 아직 목숨이 붙어 있는데도 간호하거나 살릴 생각은 하지 않고 그대로 내어다 버려 죽게 하는 자가 있었는데 앞으로는 이를 엄금한다"는 것과 "가난 때문에 동물을 기를 수 없으면, 도시 사람들은 마찌부교(町奉行; 오늘날의 지방행정 관청의 시장이나 구청장 격)에게, 막부 직할령 거주자는 대관(代官; 직할령 관할 행정책임자)에게, 역참 근무자는 도쮸부교(道中奉行; 건설교통부장관이나 철도청장 격)에게, 장원 소속자는 그 영주에게 각각 신고하라"는 것이었다. 그 자체 '목숨 붙어 있는' 동물을 소중히 여기자는 동물애호 정신이 깃들어 있는 휴머니틱한 법령임에는 의심의 여지가 없다. 다만 시행 과정에서의 경직성과 완고성과 자의성이 금령의 유연하고 합리적인 시행을 막고 이 법을 '악법화' 시키는 우를 범했다고 보아야 할 것이다.
　그런데 쯔나요시가 굳이 이러한 금령을 발하게 된 배경에는 그럴만한 심리적 사유가 있었다. 5년 전에 세자 도꾸마쓰(德松)를 잃은 그에게는 아직 뒤를 이을 아들이 들어서지 않은 것이다. 자신의 핏줄을 이어받은 남아에게 장군직을 물려주고 싶어 한 쯔나요시에게 호지원의 주지 류꼬(隆光)가 권장해 온 득남계(得男戒)는―도꾸마스 사후의 득남 기원 기도에 아직 영험이 없는 것은 전생에 살생을 거듭한 응보이고, 또 장군이 술년(戌年; 개띠)생이므로 특히 개를 사랑하여 전생의 죄업을 소멸케 하라―는 내용의 것이었다.

후일 쯔나요시가 동물애호령 실시 과정에서 특히 개를 편애하여 요쯔야(四谷), 오꾸보(大久保), 나가노(中野)에 각각 2,500평, 2,500평, 16만평의 개 수용소를 짓고 년간 36,000량(兩)의 비용으로 42,000마리의 야견(野犬)을 막리들을 시켜 사육·관리케 한 것도 모두 이러한 연유에서이다. 그 덕분에 쯔나요시는 '개장군(犬公方; 이누꾸보)'이라는 명예로운(?) 별명까지 얻게 되고 또 사람들은 개를 '개님(犬樣)'이라는 경칭으로 부르면서 가까이 가는 것을 겁내게까지 된다.

이 동물보호령이 발령되자 다수의 처벌자가 나왔다. 4월에는 고이시가와(小石川)의 어떤 무사 집안 하인이 개를 찔러 죽였다는 죄목으로 이즈(伊豆)의 하찌죠지마(八丈島)로 원도유배(遠島流配)당하고 본인은 파면당하는 중벌을 받는다. 8월에는 지방 소번(小藩) 소속의 한 원로급 무사가 병든 아들의 약으로 쓰기 위해 화살을 쏘아 제비를 잡은 것이 발각되어 부자 함께 사형에 처해진다. 이후 이 금령은 날이 갈수록 강화되어 가는데, 특히 에도에서의 단속은 한층 엄격하였다. 막부의 소재지 에도야 말로 금령 시행의 본보기가 될 것이기 때문이었다.

4. 나가노촌에 16만평 규모의 개 사육장 건설

앞서 말한 바와 같이 1695년(元祿 8년) 10월 29일, 에도 교외 나가노촌에 16만평 규모의 광활한 공지에 담을 둘러친 나가노 개사육장이 건설된다. 동물애호령이 발령되자 사람들은 후난을 두려워하여 동물의 사육을 꺼려하거나 집에서 기르는 개들을 내다 버리는 집이 많아졌다. 이렇게 되자 에도시내에는 굶주린 개들이 어슬렁거리고 돌아다니며 어린애를 물어 죽이거나 물어뜯는 일이 빈발할 수밖에.

이를 보고만 있을 수 없어 막부가 막대한 비용을 들여 이 나가노 개 사육장(수용소)을 짓게 된 것이다(실은 이보다 앞선 이해 5월에 막부는 날로 증가하는 放犬 대책으로 요쓰야와 오오꾸보에 각각 2,500평 규모의 개 수용소를 지은 바 있으나, 계속 늘어나는 방견을 다 수용할 수 없어서 나가노 사육장을 새로 지은 것이다).

이 공사에 막부는 마루가메번주(丸龜藩主) 교고꾸 다까모찌(京極高或)와 쓰야마번(津山藩) 번주 모리 나가나리(森長成)를 공사감독에 임명, 한 달 보름 만인 이날 1차 완공을 보게 된 것이다. 또 이날 사육관리관 히루마사후사(比留正房)와 사와 또모자네 이하 수명의 사육관리사가 임명된다.

나가노 개 사육장 건설공사는 다음해 2월까지 계속되어 총공사비 20만 량이 투입되어 완성된다. 이 나가노 개 사육장에는 10만마리 이상의 개가 수용되었는데, 그 사육경비는 막부 직할령 소속 농민들로부터 수확고 100섬(石) 당 1섬, 에도 시민들로부터 가구당 3분(分)씩 헌납받아 충당하였다. 그래도 개가 넘쳐나 이 수용소에 다 수용치 못한 개들은 에도 근교의 농민들에게 년 2분(分)씩 사육비를 주어 청부사육을 시켰다. 얼마나 많은 국고 낭비, 인력 낭비이며 얼마나 큰 인권침해 행위인지 쓰나요시 자신 알기나 했을까? 이 모두 봉건 막부체제하에서이니 가능했을 일이요 충분한 민요(民擾)감이 되고도 남을 악정이었다 할 것이다.

이해의 동물애호령 관련 일지를 보면 8월 6일 막부는 개를 죽인 상인 한 사람을 효수형에 처하는 한편 신고자에게는 포상금 30량을 지급하고 있고 또 10월 7일에는 상처입은 조류의 치료 규정을 새로 제정하여 발포하고 있다.

5. 뱀장어와 미꾸라지도 판매 금지

동물애호령이 장군 쓰나요시의 위세에 힘입어 아무런 저항 없이 무소불위의 위력을 발휘하는 가운데, '어린애 코 묻은 돈까지 빼앗는다' 는 격으로 이번에는 서민들 밥상 위의 최소한의 담백질 공급원인 뱀장어와 미꾸라지까지도 식용금지 조치를 당하고 만다.

　소·개·말 등의 가금류나 뱀·쥐와 같은 혐오성 동물과 달리 일상적으로 아무런 혐오감이나 죄의식 없이 단순 보양식으로 서민들이 즐겨먹는, 보편적으로 식용화 된 뱀장어와 미꾸라지에까지 규제의 칼을 들이댔으니 이쯤 되면 정책 집행자들의 정신상태를 의심해야 할는지?

　1700년(元祿 13년) 7월 24일, 막부는 "금후로는 시중에서의 뱀장어와 미꾸라지 판매를 엄금한다"는 포고령을 내린다. 어개류나 조류의 판매금지령은 지금까지 수차에 걸쳐 내려져 와 어느덧 당연한 일쯤으로 여기게까지 되었으나, 호주머니 가벼운 에도 서민들의 기호식품인 뱀장어와 미꾸라지에까지 판매금지령이 내려지기는 이번이 처음이다. 그러니 즐겨 먹던 사람들은 못 먹게 되어 불만이고, 또 이들 어개류(魚介類)의 판매상인들은 판매금지 조치로 생계를 잃게 되니 에도 시민들의 경악과 막부 및 장군가에 대한 소리없는 분노와 증오심은 뿌리가 깊어져 갈 수밖에.

　원래 뱀장어는 에도시대 초기부터 에도 시민들의 기호식품으로 정착되어 온 고급 어종으로 스미다가와(隅田川)와 오나기가와(小名木川) 등 인근 하천에서도 잘 잡혀 서민들도 쉽게 먹을 수 있는 식품이었다. 막부는 또 이날 금령을 내림과 동시에 시중을 순찰하는 당직 포리들에게 금령 위반자의 철저한 수색과 가차없는 체포를 강조하는 지시를 내리고 있다.

6. 관상어인 금붕어도 규제 대상으로

　이제 당국자들은 규제대상 동물을 찾다 못해 – 소재 고갈에 봉착한 듯 – 관상용의 금붕어에까지 규제의 칼날을 들이대고 나온다. 1694년 9월 5일 장군 쓰나요시(49세)는 동물애호령의 일환으로 에도 시중에서 관상용으로 기르고 있는 금붕어의 실태 파악에 착수할 목적으로 금붕어의 마릿수를 사육자가 정확히 신고하라는 명령을 내린다.

금붕어는 원래 16세기 초기 중국에서 수입된 도래어(渡來魚)로, 4대장군 이에쯔나(家綱; 1641~1680) 시대에는 금붕어를 판매한 유기점 주인 쥬자에몽(重左衛門)의 이름이 《에도까노꼬(江戸鹿子)》란 풍속지에 보일 정도로 벌써 대중들에게 알려져 있었다. 그러나 쯔나요시 시대에도 금붕어는 아직 값비싼 고급 어종일 뿐 대중화되지 못한 채 소수의 상류 부유층 사람들이 애완용으로 기르고 있을 정도였다.

이러한 금붕어가 관상어로 널리 일반에게 보급되기 시작한 것은 훨씬 후인 18세기 초 8대장군 요시무네(吉宗; 1684~1751) 시대에 접어들고 부터이다. 일반 서민가정에서도 금붕어 행상으로부터 싼값으로 금붕어를 사서 기를 수 있게 된 것이다. 이러한 금붕어에 대해 쯔나요시의 동물애호령이 칼을 들이대고 나온 것이다.

이 금령이 나오자 이를 귀찮게 여긴 일부 사육자들은 몰래 금붕어를 인근 연못이나 하천에 내어다 버리기도 하였다. 그러자 11월 16일, 막부는 사육자들에 대해 사육을 포기하고 방어(放魚)할 경우 그 수를 당국에 정확히 보고한 다음 후지사와의 유교지(遊行寺; 일명 淸淨光寺)의 연못에 가져다 버리도록 재차 명령을 내리고 있다.

7. 응장(鷹匠)직도 폐지하고 동명(洞名)도 바꾸고

1693년 9월 10일, 쯔나요시의 명령으로 막부 소속의 매부리(鷹匠)들이 모여 살던 다까죠마찌(鷹匠町)를 오가와마찌(小川町)로 동명 변경을 시킨다. 쯔나요시는 동물애호령 공포에 앞선 1682년에 이미 막부 산하의 사냥매 포획사육소 소속 매부리와 수렵장 관리소 소속 감시인 수를 줄여 타직으로 전직시키거나 무보직 대기발령 조치를 내리는 등의 구조조정을 실시한 바 있는데, 이번 9월 10일자로 수렵 관련직의 전폐와 장군가의 유렵(遊獵) 행사 전면금지 취지에 맞게 이런 조치를 취한 것이다.

당초 막부 소속의 매부리 수는 200명쯤 되었는데, 동물애호령의 시행과 함께 많은 수가 전직 혹은 폐직 조치 당하고 겐로쿠(元祿) 원년 7월에는 다까죠마찌의 주거지도 반환하고 혼죠(本町)로 이주해 살고 있었던 것인데 마침내 그 동명까지 변경시켜 버린 것이다. 또 3일 후인 9월 13일에는 매 먹이새(鳥; 매에게 먹이는 새) 포획을 주임무로 하는 에사시(餌差)들의 집단거주지인 에사시죠(餌差町)도 도미사까죠로 동명 변경 조치를 당한다.

에도 전기에는 100~150명 쯤 되었던 이들 에사시들도 이번 조치와 함께 폐직으로 일자리를 잃는 수난을 당한다. 또 막부에서 기르던 사냥매들은 이즈(伊豆) 니이지마(新島)에서 모두 풀어 날려보낸다. 또 이해 2월에 막부는 학의 문양을 가문 등에 사용하거나 '鶴'자 들어가는 가명(家名)의 사용금지 조치를 내린다. 마지막 발악이었던 셈이다. 이렇게 일자리를 잃은 매부리와 에사시들도 1716년 8대장군 요시무네(吉宗) 취임과 함께 장군가의 매사냥 행사가 부활됨에 따라 원직을 되찾는다.

8. 개, 양이의 교통사고 막기 위해 우마차에 감시인을

1690년(元祿 3년) 10월 31일, 이날 막부는 동물애호령의 일환으로 시중을 오가는 우차와 대형 짐마차에 운행감시인을 붙여 망을 보게 하였다. 개나 고양이 등의 동물이 이들 우마차에 깔려 죽는 것을 적발·방지하기 위함이었다. 요즈음 무비 카메라로 도로변에서 교통감시인들이 교통법규 위반 차량을 촬영 감시하는 것과 비슷한 역이었다. '우마차 파라치'쯤 될는지.

원래 우차(牛車)는 교또, 후시미(伏見), 오오즈(大津) 등지에서 일찍부터 유용한 교통수단으로 운행되고 있었던 것이 에도에는 1639년의 조죠지(增上寺) 창건공사 때 인부들과 함께 교또로부터 불려 들어온 것이다. 이렇게 외지로부터 들어온 우마차꾼과 소들이 모여 산 곳이 다까나와(高輪) 차부

거리(車町; 지금의 東京都 港區), 속칭 우시마찌(牛町)였다.

그후에도 우차는 에도성 확장공사나 화물 운반 수단으로 요긴하게 쓰였다. 또 대형 짐마차인 다이하찌구루마(大八車)는 1657년의 메이레끼(明曆) 대화재 후의 시가지 복구공사 때 한 우차 제조공(牛車大工)이 고안한 것으로, 8명의 인부 몫을 대신할 만큼 많은 짐을 실을 수 있다 하여 '代八車'로 부르던 것이 후일 '大八車'로 바뀌었다거나, 혹은 제조공 하찌자에몽(八左衛門)이 고안하였다 하여 '大八車'로 부르게 되었다든가 하는 설이 있다. 18세기 초에는 2,200대가 보급되어 있을 만큼 유용한 도회 교통수단으로 정착되어 있었다.

이와 비슷한 시기인 1690년대의 에도 시중의 교통량과 제반 물동량을 감안할 때 우마차에 행인이나 가축이 치일 가능성은 충분히 있었다 할 것이다. 그래서 이런 금령을 내렸을 것이다. 아무리 그렇더라도 '견묘(犬猫) 우선' 보호령이고 보면 이건 너무한 처사라 할 수밖에 없는 일이다. 상식에 어긋나는 법도 법이냐 하는 의문은 이런데서 나왔을 것이다.

실제로 40여 년 후인 1728년(德川吉宗 8대장군 치세시), 막부가 "(1)우차, 지차(地車; 무거운 물건을 끄는 차; 차체가 낮고 바퀴가 4개), 짐마차의 에도 시내 통행에 신중을 기하고 (2)교통사고를 일으켜 사람에게 부상을 입히면 엄벌에 처한다"는 '인명 우선 보호' 취지의 포고를 내린 것과 비교하면 이건 엉터리도 보통 엉터리가 아니다. '사람 목숨보다 개 목숨이 더 소중'하고 '사람도 못 먹는 고기를 개에게는 먹인다'는 식의, 그리고 또 '짐승을 지키기 위해 사람을 잡는다'는 식의 세상이 바로 이 시대였던 것이다. 참으로 더러운 세상을 살아야 했던 것이다.

당시의 동물애호령 관련 일지를 열어 보면, 그밖에도 막부는 시시콜콜한 대목에 이르기까지 세세한 금령을 내리고 있다.

(1) 못 먹어 야윈 개는 신경써서 잘 키울 것. 서로 싸우는 개는 물을 끼얹어 떼

어 놓을 것(1691년 2월 28일)
　(2) 뱀·개·고양이·쥐 등에 곡예 흥행을 시키거나 이들을 대중 앞에 구경거리로 내세우지 말 것(1691년 10월 24일)
　(3) 솔개와 새의 둥지는 알을 깨기 전에는 떼어 내지 말고, 둥지 안에 새끼나 알이 있으면 손대지 말고 그대로 둘 것(1691년 11월 15일)
　(4) 멧돼지 곰 이리 등이 가축을 습격했을 때 상처를 입히지 말고 그냥 쫓아 보낼 것(1695년 5월 23일)
　(5) 멧돼지·사슴·이리 등의 야생동물로부터 위해를 받을 경우 공포를 쏘아 쫓아 버릴 것(1693년 4월 30일)
　(6) 낚시질과 낚싯배 운행금지(1693년 8월 16일)
　(7) 시중에서의 조류 매매금지(1700년 1월 29일)
　(8) 강아지의 하천 투기 금지. 못 먹어 야윈 개의 사육. 무가(武家) 저택, 신사와 사찰 경내, 근교 농가에서의 솔개·가마귀집 철거 금지. 진기한 어조류와 짐승의 포획금지(1695년 2월 21일) 등등

　이러한 과정에서 희비가 엇갈린 에피소드도 많이 발생하였는데, 에도성의 취사장의 한 잡역부는 우물에 빠진 고양이를 구한 공으로 직급을 올려 책임자로 승격시켰는가 하면 막부의 견책을 두려워한 어느 대명(大名)은 개집에 솜이불까지 깔아주는 소동을 벌였다는 것.

9. 쯔나요시 사망과 함께 동물애호령 즉각 폐지

　이렇게도 백성을 괴롭히던 악명 높은 동물애호령도 쯔나요시의 사망과 함께 25년간 지탱해 온 그 질긴 명줄이 끊어지고 만다. 온 백성들은 이제 지긋지긋한 그 '긴급조치'의 사슬에서 풀려난 것이다.
　그런데 재미있는 후일담이 있다. 사망 전 해(1708년) 연말부터 마진(麻疹)을 앓아 병상에 누워있던 쯔나요시는 1월 10일 죽기 직전 유언을 남겼는데 그 내용은 "(악법으로 이름높은 이 동물애호령을) 100년 후까지도 계

속 시행토록 하라"는 것이었고, 반면 쯔나요시의 사망소식을 들은 시민들의 얼굴에는 내심 기뻐하는 모습이 역력. 또 거리 이곳저곳에서는 개를 발길로 냅다 걷어차는 사람들의 모습도 보였다는 것.

그러나 무엇보다도 고인을 슬프게 한 것은 그의 간곡한 유언에도 불구하고 6대장군 내정자 이에노부(德川家宣; 1662~1712)에 의해 쯔나요시의 영구가 아직 성중에 안치되어 있는 1월 20일에 이 동물애호령이 폐지되었다는 사실이다. 형식논리상으로는 권력구조상의 구체제 내에서 아직 자신의 후광이 스러지지 않았을 터인데도 말이다.

쯔나요시의 장례는 2월 16일에 치러졌고 후임 이에노부 6대장군의 취임일은 5월 1일이고 보니, 동물애호령 폐지를 갈망한 백성들의 염원이 얼마나 화급하고 간절한 것이었는지 미루어 알 수 있다. 한 사람의 독재적 통치자의 결벽성과 편집증이 낳은 기발한 아이디어나 정책 구상이란 것이 때로 예기치 않은 고통과 불행을 백성들에게 안겨 준다는 교훈을 이는 잘 보여주고 있다.

에도시대의 분뇨는 '금값'이었다
-쓰레기는 골칫거리, 분뇨는 인기상품

1. 17세기 후반에 100만 돌파한 에도(江戶) 인구

도꾸가와 이에야스(德川家康; 1542~1616)가 막부를 열기 위해 에도성에 들어 온 1600년 전후 에도의 인구는 고작 2,000명밖에 안 되었다. 지금은 도꾜 제1의 번화가가 된 간다(神田) 니시끼죠(錦町) 근방의 시바자끼(柴崎)라는 벽촌에 이들 2,000여 명이 선주민으로 살고 있었다.

이에야스는 입성 이후 대대적인 토목사업을 일으켰는데,[1] 특히 1603년(慶長 8년) 2월 막부를 설립한 이후에는 에도성의 대대적인 개축을 단행, 그때까지 일개 지방 소대명(小大名)의 거성(居城)에 지나지 않았던 인구 2,000명의 초라하고 한적한 에도성과 그 주변 지역을 도꾸가와 막부 300년간의 통치의 권부(權府)로 조성해 간다. 이후 에도는 에도 막부 300년간의 통치의 심장부로, 광대호화스런 808정(町)의 번영을 자랑하며 발전하기 시작, 특히 교호(享保)년간(1716~1736) 이후로는 상시 인구 100만을 유지하는 거대도시로 성장한다.

에도의 인구가 증가하기 시작한 것은 막부가 장려한 농민의 에도 이주정책의 실시와 함께 참근교대제(參覲交代制)가 시작된 깡에이(寬永)연간(1622~1644)부터이다. 참근교대제에 의해 지방영주인 대명들은 에도에 인질로 처자를 남겨두고 1년마다 에도와 영지 사이를 오갔는데, 그에 딸린 식솔-가족과 가신단-들의 수는 엄청난 것이었으며 또한 이에 따른 물동량의 증가는 유동인구의 증가를 불러올 수밖에. 그래서 에도의 인구는 하루가 멀다하게 증가해 갔다.

그렇게 서서히 증가해 가던 에도의 인구가 급격한 증가세를 보이기 시작한 것은 메이레끼(明曆) 3년(1657년)의 에도 대화재 직후부터이다. 에도성의 본성과 시가지의 대부분을 태우고 10만여의 사망자를 낸, 실화에 기인한 미증유의 이 대화로 도시 재건에 나선 에도에는 시가지 확장과 인구 증가가 필연적으로 뒤따를 수밖에. 무사 등 기존의 에도 거주민들 외에 먹고 살기 위해 각처에서 새로 몰려 들어온 농민·상인·직인·부랑인들로 인구가 늘기 시작한 에도는 이 무렵-17세기 후반- 이미 인구 100만을 돌파한 세계 제1의 도시가 되어 있었다. 이 무렵 유럽 제1의 도시인 런던의 인구가 70만~80만이었던 것으로 역사적 기록들은 전하고 있기 때문이다.

그로부터 70여년이 지난 1734년, 8대장군 도꾸가와 요시무네(德川吉宗) 치하인 교호(享保) 19년의 조사에 의한 에도의 총인구는 100만~110만 명. 막부 직속의 무사와 그 가신단·사용인·가족들로 구성된 무가(武家) 인구 50여만 명에 시중의 상공업자·직인·농민들로 구성된 중하층 서민 인구 53만명, 거기에 유동인구를 포함시킨 숫자이다. 신관과 승려 등, 교외의 사찰이나 신사 소속 주민들은 이 통계에 포함되어 있지 않았음을 고려하면 약간의 수치 증가가 있을 수 있다.

1734년 조사 후 또 반세기가 지난 1788년(天明 7년)의 인구조사-화산폭발과 냉해로 5년 동안 수십만명의 아사자를 낸 덴메이(天明)의 대기근 (덴메이 2~7년) 때 구호미를 방출하기 위해 막부가 실시한-에 의한 에도의 총인구는 162만 6,500명. 이에는 출가승과 신관은 물론이요 신분과 거처가 불확실한 유곽의 창기들과 부랑인들까지 포함되어 있어 보다 실수에 가까운 수치이다.

막부 개설·에도 정도(定都) 이후 190년간에 2,000명에서 162만 명이라고 하는 폭발적인 인구 증가가 이루어졌다. 에도는 이때 벌써 도시행정상 허다한 문제점-시급히 해결해야 할 수많은 '골칫거리'-을 안은 거대한 공룡의 도시가 되어 있었다.

오늘의 도꾜도(都) 지사 격인 에도마찌부교(江戶町奉行)에게 떠맡겨진 골칫거리의 하나, 그것은 쓰레기 처리문제-하수도 관리와 분뇨 처리 문제까지 당연히 포함된-일 수밖에. '에도시장'의 업무의 절반은 '청소시장'으로서의 역할 수행이었다.

에도시대의 분뇨는 금값이었다 67

2. 쓰레기는 에이따이도(永代島)에 갖다 버려라!

인구 100만~160만의 에도시가 매일 배출하는 생활쓰레기의 적시 처리는 인마나 선박에 의한 당시의 화물 적재 운반능력으로는 벅찬 것일 수밖에 없었다. 더구나 도꾸가와 막부 300년 동안 '60여 주(州)'의 대신국(大神國)을 통치해야 했던 최고 권부 막부의 소재지로서의 에도시, 당연히 대소비도시일 수밖에 없는 에도시의 생활 쓰레기 처리 - 청소문제는 수도행정 - 시정의 초미의 과제이며 관심사일 수밖에 없었다. 더구나 그런 실용적인 목적에서만이 아닌, 장군가가 있고 외국사신이 수시로 오가는 수도로서의 미관과 위용을 과시하기 위한 목적에서의 청결과 위생상태의 유지는 일차적으로 '쓰레기와의 대전쟁'에서 승리하는 일일 수밖에. 에도시민들이 공식적인 루트를 통해 '젊잖게' 배출하는 쓰레기 외에 체통에 맞지않게 '가래침 뱉듯' 비공식적으로 당국의 눈을 피해 가면서 몰래 내다 버리는 엄청난 양의 쓰레기 처분에 골치를 앓은 막부와 에도시 당국자들이 강구한 강온 양면의 대책들, 그것은 법령의 형식을 빌기도 하고 명령의 형식을 취하기도 하였으며, 때로는 협조요청의 형식을 빌기도 한 것이었다.

에도 주민들은 처음에는 집안의 빈터에 쓰레기를 파묻거나 동네의 공터에 갖다 버리거나 태우거나 하였다. 그러나 그것도 한 두 번이지 횟수와 양이 많아짐에 따라 집회용, 화재 차단용으로 비워둔 공공용 공지에까지 쓰레기가 넘쳐나게 되자 이번에는 인근 하천이나 도랑에 쓰레기를 가져다 버리게 된다. 그 결과 파리가 끓고 악취가 나 비위생적일 뿐만 아니라 하상(河床)이 쓰레기로 높아지거나 도랑이 막혀 물자 수송에 주요한 구실을 하는 수로를 메워버리기까지 한다.

그래서 막부는 메이레끼 원년(1655년) 11월에, 에도시의 각 동에서 나오는 쓰레기는 지금까지처럼 인근 하천에 무작정 내다 버리지 말고 배에 실어 스미다가와 하구의 습지인 에이따이지마(永代島)에 가져다 버리도록 하라는 정령(町令)을 발하여 인근 하천에의 쓰레기 무단투기를 금하고 나오는데, 이에는 쓰레기 처리 이외에 장차 인구 증가와 시가지 확장에 대비한 신토지 조성 목적도 곁들여 있었음은 물론이다.

이후로는 집앞 골목의 쓰레기장에 가져다 버린 쓰레기를 인근 천변의 쓰레기 집적소로 운반한 다음 지금의 동회격인 죠(町)의 공공사업비로 고용한 청소 전문 청부업자들로 하여금 쓰레기 운반선으로 에이따이지마의 습지대에 실어다 버리게 된다. 이 과정을 통하여 쓰레기 처리는 수집·운반·처분의 3과정으로 분리·전문화된다.

이 에이따이지마 쓰레기 처분장에는 배출지역별로 처분 장소를 지정하는 게시판과 표지판을 세워 차례차례 순차적으로 가져다 버리도록 하였는데, 그 결과 이 습지대는 후일 애초의 의도대로 매립이 끝난 후 훌륭한 시가지의 한 구역을 형성하게 된다.

그러나 법은 법이고 습관은 습관인지라, '법은 멀고 주먹은 가깝다'는 식으로 우선 편하고 보자는 주민들의 이기적 나태심 때문에 1655년의 이 금령도 점차 해이해지기 시작, 또 다시 지능적인 무단투기가 성행하게 된다. 쓰레기 처리 문제는 여전히 완결되지 않은 에도시정의 현안으로 남게 되는 것이다.

그래서 또 10년 후인 깐붕(寬文) 5년(1665년) 5월 16일에는 에도시장격인 정봉행(町奉行)이 각 정(町; 동)마다 정봉행소(町奉行所, 시청) 직할의, 종전보다 관리규정이 훨씬 엄한 쓰레기수집소를 설치하도록 명령하는 동시에, 이 지정수집소 이외의 장소에 쓰레기를 가져다 버리는 자는 '엄벌에 처한다'는, 몇가지 구체적 처벌방침을 규정한, '처벌' 위주의 강제단속 방침을 밝히고 나온다. 이에 따라 또 각 정마다 '오오아쿠다다메(大芥溜)'라 불리는 공영 쓰레기 중간집적장이 설치되고 각 가정이나 상점에서 나온 쓰레기를 모아 두었다가 인근 천변의 대수집장으로 운반하여 배로 에이따이도에 실어다 버리는 처리 방식이 '어느 정도' 정착하게 된다.

그렇다고 쓰레기 처리 문제가 완전한 해결을 본 것은 아니었다. 영악하고 이기적인 에도시민들의 편의주의적 이기심 때문에 쓰레기 불법 투기는 당국자들의 눈을 피해가며 여전히 성행하였다. 그래서 이번에는 중앙정부까지 관여하고 나온다. 교호 4년(1719년) 2월 10일, 막부는 새로이 청소관련 법령인 '징까이샤끼령(塵芥捨棄令)'을 공포, 위반자의 엄벌 방침을 밝히고 나온 것이다. 막부는 이 법령의 제정 취지를 이렇게 밝히고 있다.

"일찍이 1655년 이후의 수차례의 금령에 의하여 에이따이지마에의 쓰레기 운반 매립이 제대로 이행되는 듯하였으나, 근년에 이르러 시내 각처의 천변에 쓰레기를 쌓아두었다가 밤중에 몰래 하천에 무단투기하는 분별없는 행위자들이 늘어나고, 또 에이따이지마의 처분장까지 운반하는 척 하면서 중도의 하천에 슬쩍 버리는 청부업자[2]도 늘어나고 있다. 이러한 쓰레기 불법투기는 위생을 해칠 뿐만 아니라 모처럼 많은 비용을 들여 준설한 수로를 메워버리는 결과를 초래하고 있어 이번의 엄중한 규제방침으로 나오게 된 것이다."

쓰레기 불법투기가 하상(河床)을 메워 생필품의 수송과 군사물자 수송에까지 영향을 미치는 '안보저해용' 범죄행위가 될 수도 있다는 으름장을 놓고 있기도 하다.

또 이로부터 11년 후인 교호 15년(1730년) 7월 15일, 막부는 에도의 지정 쓰레기 처분장인 에이따이지마 대신 후까가와(深川)의 엣츄지마(越中島)를 새 쓰레기 처분장으로 지정하고 나온다. 기존의 에이따이지마 처분장이 포화상태에 이르러 더 이상 처분장으로서의 기능을 상실하였기 때문에 새 처분장을 마련한 것이다. 이로써 에이따이지마 쓰레기 처분장은 에이따이신전(永代新田)으로 기능 전환, 76년 만에 악취 풍기며 파리 들끓던 쓰레기 처분장의 고달픈 신세에서 벗어나는 행운을 누리게 된다. 천만 인구의 서울시가 20여년 걸려 탄생시킨 난지도 쓰레기 매립공원의, 한창 쓰레기가 쌓여가던 7~80년대의 악취 나고 파리 들끓던 꼴사나운 모습을 한 번이라도 본 사람에게는 에이따이 쓰레기 처분장의 꼴사나운 광경이 눈에 선히 연상되어 들어올 것이다.

인구 100만 조금 넘는 에도시가 76년간 생활쓰레기를 내다버려 탄생시킨 매립지 에이따이신전 위에는 지금 거대한 시가가 형성되어 있어 내력을 아는 사람들에게는 무한한 금석지감을 느끼게도 할 것이다.

새 쓰레기 처분장으로 지정된 옛츄지마는 이 역시 스미다가와 하구에 위치하면서 그때까지는 폐토와 건축폐기물이나 내다 버리는 곳이었는데 아이러니칼하게도 공식 쓰레기 처분(매립)장으로 승격(?)되면서 '쓰레기+폐토' 처분 기능까지 갖는 훌륭한 '매립장' 구실을 하게 된다. 이렇게 생겨난 스미다가와 하구의 매립지들은 점차 그 영역을 동쪽으로 넓혀 감으로써 에도 시가지 확장-오늘날의 도꾜 도역(都域) 확장의 공로자 구실을 하게 되었으니, 이는 막부나 에도정봉행 당국자들이 의도적으로 세운 도시계획의 결과물이었던지 아니었던지 간에 결과적으로 '쓰레기 처리+신토지 조성'이라는 일석이조의 효과를 거둔 셈이 된다. 그렇게 보면 쓰레기도 귀찮은 골칫거리만은 아니었던 셈이다.

3. 하수(下水) 관리에도 철저를 기한 에도정봉행소

에도는 계획도시답게 일찍부터 다목적용의 배수시설이 잘 갖추어져 있어 생활하수 처리에 구조적인 어려움은 별로 없는 편이었다. 그래도 시설의 보수와 관리에는 상당한 신경을 썼다. 그야말로 다목적용이었기 때문에-종횡으로 사방으로 뻗어 있는 수로가 평소에는 생활하수나 흘려 보내는 하수도 역할 외에도 사람이나 목재를 실어나르는 교통·운수 수단, 지진이나 해일 발생시에 밀려들어 오는 진파(津波)나 해수로부터 시가지의 범람을 막아 내는 해일 충격 완화기능, 밀려들어 온 하수나 홍수로 상류로부터 쏟아져 내려오는 빗물을 신속히 바다로 배출시키는 해우수(海雨水)

퇴로역 등의 기능을 가지고 있었기 때문에 혹시라도 한 가지 기능의 장애가 불러 올지도 모를 다른 여러 기능의 연쇄적 마미를 미연에 방지하려는 의도에서였을 것이다.

게이안(慶安) 원년(1648년) 2월, 각 정(町)의 자체방위와 시설보호 개수 업무를 일정 부분 위임받은 자치적 민간부문 직능단체들의 교대근무자인 까찌교지(月行事)들에게 에도정봉행소는 (1)도로의 보수에 쓰레기나 뻘 등의 저질토를 쓰지 말 것 (2)하수도나 수채가 막히지 않도록 쓰레기를 자주 쳐낼 것 (3)하수도나 수채에 쓰레기를 버리지 말 것 등을 주요내용으로 하는 시가지 정화 관련 업무협조 요청서를 내려 보냈는데, 이에 대해 각 단체의 실무간부와 동원 노무자들은 지시사항을 조금도 위반하지 않겠다는 내용의 동의서를 제출하고 있다. 정봉행소에 의한 평소의 하수도 보수 관리의 철저한 모습을 보여주는 한 예이다.

또 깐붕 6년(1666년) 1월, 이전까지는 하수국장격인 하수봉행(下水奉行)직을 상설로 두어 에도의 하수도 업무를 관장케 하였으나 이후로는 비상임직으로 바꿔 하수도 보수 신고가 들어올 때마다 임시관리자를 현장에 보내어 준설 보수케 하고 있다. 이 두 경우 모두 하수도 개설과 보수 유지를 에도 시가지 경영의 주요업무로 설정하고 있었던 증거이다.

에도의 배수시설은 대소의 하수도와 대로변 주택의 처마 낙수를 뽑아내는 배수용 수채가 종횡으로 연결되어 생활폐수와 각종 오수·빗물 등을 인근 하천이나 운하로 흘려 보내는 구조로 되어 있었는데, 이들 하수도의 관리에는 수시로 다음과 같은 관리지침이 정봉행소로부터 각 정(町)에 하달되어 철저하게 관리되었다.

(1) 쓰레기를 버리지 말 것
(2) 하수도를 자주 쳐낼 것
(3) 쓰레기 철망 등을 설치하여 이 철망에 걸린 쓰레기를 걷어낼 것

⑷ 하수도의 양편 둑에 받침목을 괴어 둑이 무너져 내려앉지 않도록 할 것
⑸ 하수도의 폭을 당초에 제출한 설계도의 것보다 좁히지 말 것
⑹ 하수도 위에 임의로 판잣집을 짓거나 변소를 짓지 말 것

이처럼 일본에서는 옛날부터 분뇨를 전량 농업용 비료로 활용한 전통 이외에 또 각종 형태의 용배수로(用排水路)가 거미줄처럼 잘 정비되어 있었던 이유로 에도시 하천의 수질 오염은 그다지 심각한 편은 아니었다.

4. 분뇨는 에도 근교 농민들의 소중한 비료원(肥料源)

▶에도 근교의 농가에서 시민들이 배출한 인분을 밑거름으로 생산한 채소를 출하하는 모습.

또 다른 생활 폐기물의 하나인 분뇨는 비료로서의 그 상품가치 때문에 처리에 큰 어려움은 없었다. 이 시대 인분뇨는 골치아픈 쓰레기는 아니고 인기있는 환금성 상품이었다. 환경오염 문제와는 거리가 멀었다. 없어서 못 판다 할 지경으로 오히려 상품(?)이 달렸다. 에도시민들이 일상적으로 배출해 내는 그 많은 양의³⁾ 분뇨는 다행히도 인근 농촌의 소채 재배 농민들에 의해 비료로 활용되는 행운을 누릴 수 있었던 것이다. 그러니 전량 모두 자동처리 될 수밖에. 환경오염과는 전혀 관계없는 폐기물이었다. 다만 좀 곤혹스러운 것은 처리 과정에서 풍기는 악취 정도였을 터인데 그것도 잠시, 화생방 훈련시의 가스 흡입 정도로 생각하면 될 일이었다.

일본에서 인분뇨를 비료로 사용하기기 시작한 것은 무로마찌(室町) 시대(1338~1573) 말엽부터이고 본격적으로 농사에 사용한 것은 에도시대 이후부터인데, 2차세계대전 후 농사에 전량 화학비료를 쓰기 시작한 1960년대 초까지만 해도 농촌의 채소 재배 농가에서는 인분뇨를 대량 비료로 쓰고 있었던 점을 감안하면 일본의 농업사는 400년의 분뇨 사용 역사를 가지고 있는 셈이다.

그러면 인분뇨가 왜 이처럼 오랫동안 천연비료로서 선호되었던 것일까. 옛날에는 나무를 태운 아궁이의 재나

▶다세대 주택의 공동변소에서 무사가 용변을 보고 있다. 집주인은 이 분뇨를 인근 농가애 비료로 팔아 수익을 얻었다.

퇴비 등 다른 식물성 비료보다 비료로서의 효능성[4]이 월등 컸기 때문이다. 또 전문가들의 실험에 의해 밝혀진 대로 인분뇨에 들어있는 질소분과 인분의 비료성능은 근래에 많이 사용하게 된 화학비료의 비료성능보다 훨씬 클 뿐 아니라 토양의 오염과 석고화를 막는 장점이 있고, 또 결과적으로 무공해 천연식품을 식탁에 올려 주는 청정성을 가지고 있기 때문이다.

또 이처럼 우수한 성능을 가진 – 질소분과 인분을 듬뿍 함유한 – 유기비료인 인간의 배설물을 특별한 제조기술도 필요없이 집안이나 집 근처 분뇨통에 저장해 발효시킨 다음 그대로 퍼내어 밭에 뿌리면 무공해의 질좋은 농작물을 생산해 낼 수 있는 간편성 때문이기도 하였다. 또 인분뇨의 이러한 비료가치를 충분히 인정하고 있던 막부도 그래서 「慶安 御觸書」[5]라는 농정 관련 고시문 제1항에 "농민들은 비료를 만들어 저장해 두는 일이 중요하므로 '변소(분뇨광)는 되도록 널찍하게 짓고' 또 '빗물 같은 것이 새

어 들어가지 않도록' 해야 할 것"이라고 지도성 경고를 하고 있다.

　이처럼 오늘날의 화학비료 대신, 부뚜막의 재와 인분뇨가 가장 손쉽게 구할 수 있는 귀중한 비료였으므로 에도시대 농민들은 인분뇨를 소중하게 여길 줄 알았으니, 아무리 똥오줌이 마려워도 아무데나 일을 보지 않고 기어이 자기 집이나 논밭에 달려가서 용변을 보는 억척을 부리기도 하였다. 그러니 분뇨를 소홀히 다루는 농민은 불씨 꺼트린 며느리 시집에서 쫓겨나듯 애초부터 농민취급을 받지 못하였던 것이다.

　이런 까닭으로, 상시인구 100만의 비농업지대인 에도는 일본 최대의 비료제조공장(?)이랄 수밖에. 그래서 에도 근교의 농촌에서는 에도시에서 인분뇨를 푸거나 사다가 밭에 뿌려 채소를 가꾸어 에도에 내어다 팔았는데, 이때 농민들은 손수 '똥장군 수레'를 끌고 에도에서 직접 인분을 날라다 쓰거나 대명가6)나 대상점가(家)와 미리 계약을 맺어 분뇨 수거권을 독점한 중개인이나 도소매인들로부터 웃돈을 얹어주고 사서 쓰기도 하였다.

　그런데 농민들의 입장에서는 구입처나 수거원(源)의 확보도 고심거리였지만, 그 운반도 문제였다. 에도 근교의 농민들은 손수 똥장군 수레를 끌어 운반하면 되었지만 에도에서 멀리 떨어진 농촌에서는 그럴 수도 없었다. 그래서 이용한 것이 수로나 우마를 이용한 운반법이었다.

　에도와 수로로 직접 연결되어 있는 동북방, 즉 까사이(葛西)나 무꼬우지마(向島) 방면에의 운반에는 마치 활어(活魚) 운반 트럭에 붙박이로 장치한 목제 해수탱크처럼 배의 몸통 전체를 온통 대형 판자탱크로 만든 베끼리부네(部切船)라는 인분뇨 전용 운반선을 이용하였는데, 그 중에서도 까사이 방면에는 대량으로 운반하였으므로 '까사이부네(葛西船)' 하면 인분뇨 운반선의 대명사처럼 불리기도 하였다.

　한편 서북방의 무사시노(武藏野)분지에 자리잡은 농촌지대인 온덴(穩田)·시부야(澁谷)·아사부(麻布) 방면에는 에도와 직접 연결되는 수로가 없었다. 또 멀리 나가노(中野)·네리마(練馬) 방면에로의 운반에는 간다천

(神田川)과 그 지류가 흐르고 있기는 하였지만 간다천의 물은 간다 니혼바시 방면 상수도의 수원을 이루고 있었으므로 일반 선박조차 통행이 금지되어 있었다. 그러니 분뇨운반선 운행은 꿈도 꿀 수 없었다. 그래서 이 지역 농민들은 말 잔등에 양쪽으로 길다란 분뇨통을 두 개씩 매달아 얹어 운반하는 방법을 쓰기도 하였다.

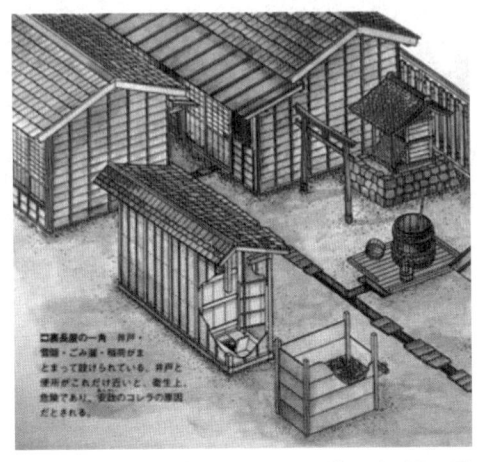

▶뒷골목 싸구려 공동주택인 우라나가야(裏長屋) 뒤통 모퉁이에 머리를 맞대듯이 서 있는 우물·공동변소·쓰레기통.

마치 우리나라 조선시대 때나, 저 가까운 1950년대 시절처럼, 지금의 서울 홍제동이나 불광동쯤에 사는 소채재배 농민들이 이른 새벽 장작이나 채소를 소 잔등에 잔뜩 싣고 서대문 안 주택가에 들어와 팔고 해질 무렵쯤 수거한 분뇨를 싣고 무악재를 넘어 되돌아가던 광경과 흡사하다 할 것이다.

그렇다고 분뇨를 공짜로 퍼갔던 것은 아니다. 소정의 분뇨대를 지불하거나 농작물로 사례를 해야 했다. 오늘날처럼 분뇨가 처치곤란한 폐기물이어서 돈을 주어가며 '제발 좀 퍼가 주세요' 할 처지가 아니고 농민측이 아쉬워서 '제발 좀 퍼가게 해주시오' 하고 사정해야 될 만큼 귀중한 상품이었기 때문에 평소 특정가(家)와 수거계약을 맺고 있는 농민들이 정기적으로 이들 집을 방문하여 수거해 가면서 소정의 금전을 지불하거나 야채 등 현물로 사례를 했던 것이다.

그러나 이것도 소량의 경우이고, 대량의 분뇨를 배출하는 장옥(長屋; 공동주택)이나, 특히 수많은 가신단을 거느리는 대명가(大名家) 같은 데서는 농민들에게 입찰을 시켜 돈 많이 내는 쪽의 구매자(?)에게 일괄 수거를 맡기기도 하였다. 이는 분뇨의 배출 총량이 전체 수요를 충족시킬 수 없었던 – 비료의 만성 부족현상7) 때문에 농민들 사이에 그 수거권을 둘러싸고 다툼이 있었기 때문이다.

분뇨 대금은 공동주택인 장옥의 경우, 공동변소를 관리하는 주택관리인의 수입으로 하는 것이 관례였으나, 교또 등 칸사이(關西)지방에서는 대변료는 관리인의 몫으로, 소변료는 차가인(借家人)의 몫으로 나누어 지불하기도 하였다.

또 특정 저택의 분뇨를 어느 특정 농민이 고정적으로 수거해 가는 과정에서 독점적 수거를 보장받는 배타적 권리가 생겨나기도 하고, 또 그것에 권리금을 붙여 제3자에게 팔아 넘기는 등 분뇨 수거가 이권화하는 경향으로 치닫기도 하였다. 그 결과 분뇨 배출가의 집주인은 보다 많은 분뇨 대금을 요구하기도 하고 이에 응하지 않으면 임의로 수거자를 경쟁적 관계에 있는 다른 농민으로 바꾸는 등의 횡포를 부리기도 하였다. 소작권의 이동 아닌 분뇨수거권의 이동인 셈인데, 이로써 당시의 에도인들의 분뇨가 얼마나 값비싼 것이었는가를 짐작케 해준다.

또 같은 '똥값'이라도 생산자의 사회적 지위와 신분에 따라 그 가격에 차이가 있었다. 비교적 기름진 음식을 먹고 사는 상점가나 부잣집·대명가의 분뇨는 하급 무사나 하루 벌어 하루 먹고 사는 직인들이나 생활고에 허덕이는 빈민들의 그것과 결코 같은 가격일 수는 없었다. 산해진미나 고량진미가 배출해 내는 인분뇨야말로 그만큼 농작물 생산의 풍작을 보장해 주는 보증수표일 것이기 때문이다.

이렇게 힘들여 수거한 인분뇨를 일정기간 자연상태로 놓아 두어 자연발효시킨 다음, 그것에 재나 볏짚을 섞어 논밭의 밑거름으로 내어다 팔거나 적당히 물을 타서 희석시킨 것을 대나 나무로 짠 '똥장군'이나 도기 거름통에 퍼담아 비탈진 소채밭으로 메고 지고 올라가 조그마한 바가지로 이랑마다 고랑마다 한 줄금 한 줄금 정성스레 쏟아 부어 거름을 주는 것이다.

▶변소치기. 에도 근교 농민들이 분뇨를 수거해 가는 것을 여주인이 친밀한 눈빛으로 지켜보고 있다.

그렇게 해서 오이도 키우고 호박·파·마늘·고추·무·배추 농사도 짓는 것이다.

또 분뇨는 채소 재배용 비료로서만이 아니고 에도 동부의 수전(水田) 지역에서처럼 논농사의 밑거름으로까지 쓰였으므로 수요가 높아지는 한편 공급은 답보상태에 머물렀으므로 가격등귀 현상이 일어나 에도 근교 농민들에 의한 가격 인하 운동[8]이 일어나기도 하였다.

서구문물이 범람하기 시작하는 메이지시대에 들어와서도 기따도요시마(北豊島)·도요다마(豊多摩)·에바라(荏原)군을 중심으로 한 근교의 채소재배 지역 농민들은 도꾜 시내 주택 상점가의 인분을 수거하여 농사를 지었다. 짐수레나 똥구루마로 이를 운반해야 했던 이들 농민들의 평균 운반 거리는 처음 20km 정도였는데, 도꾜 시가지의 외연팽창에 따라 근교 농촌과 도심과의 거리가 차츰 멀어지는 현상이 일어나고 그 결과 일시적이나마 도심부에서의 수거지체로 인한 공급과잉 현상이 일어나 분뇨가격이 3분의 1로까지 하락하는 역전극이 벌어지기도 한다.

이 인분뇨에 의한 채소 경작은 고성능 화학비료가 나돌던 1960년대까지도 계속된다. 아무튼 분뇨 처리에 관한 한, 가끔 거리 뒷골목에서 심심찮게 벌어지곤 했던 '비교양인'이나 주정꾼들에 의한 무례한 노상방뇨 행위의 단속과 뒤처리 건을 제외하고는 에도정봉행소 청소국 관계자들의 골치는 덜 아팠을 것이라는 생각이 들어 안심이 된다.

■ 주(註)

1) 1603년(慶長 8년) 2월에 막부를 연 도꾸가와 이에야스는 일개 지방 소대명의 거성과 성하정(城下町)에 지나지 않았던 에도를 일본정치의 중심으로 만들기 위해, 3월 1일 제 대명들에게 신도시 건설 명령을 내린다. 공사는 2만석 이상의 대명 70가(家)를 13개조로 나누고 석고(石高) 1,000석당 한명꼴로 인부를 차출케 하여 경쟁적으로 진행시켰다. 우선 에도성 북쪽에 있는 간다산(神田山)을 허물어 그 흙으로 히비야(日比谷) 포구를 메워, 지금의 신바시로부터 니혼바시 일대, 하마마찌(浜町) 핫쵸보리(八丁堀)에 이르는 지역에 광대한 상업지구를 조성하여 경관을 일변시켰다. 또 여기저기 요소요소에 에도만으로 연결되는 수로를 파고, 니혼바시, 교바시(京橋) 등의 다리도 가설하였다. 니혼바시를 전국으로 뻗는 5가도의 기점으로 정한 막부는, 10리(우리나라 이정으로 100리)마다에 흙을 쌓아 올리고 팽나무, 소나무 따위를 심어 이정표를 만들어 세워 십리총(十里塚)을 만들게 하였으므로 니혼바시는 전국 도로 교통망의 기점과 중심지가 된다. 면밀한 도시계획에 따라 가도 연변에는 중심 시가가 형성되고 또 성 주변에는 대명들의 저택이 줄지어 들어서게 된다. 또 3년 후에는 에도성 확장공사가 시작되는데, 이를 기화로 에도의 대도시화는 더욱 빠른 속도로 진행되어 간다.

2) 1730년을 전후하여 에도의 쓰레기 수거 하청업자들 76명이 동업조합을 결성하여 에도의 쓰레기 처분업을 독점하고 나옴으로써, '냄새나는' 쓰레기도 경쟁적 영업의 대상물로 '승격' 된다.

3) 에도인들의 배설물의 생산량을 조사한 어느 연구자의 실험적 조사결과를 보면, 1인 평균 1년간 배설량은 약 열짐(10荷). 여기서 말하는 한 짐(荷)이란 멜대의 양쪽에 매단 2개의 인분통을 가득 채우는 양으로, 지금 일본의 농업박물관이나 일부 농가에 남아있는 당시의 분뇨통을 실측해 본 결과 내경(內徑)이 35cm, 깊이가 40cm 정도이므로 가득 담으면 38리터 정도 들어가는데, 그것을 다 채우지 않고 운반시 쏟아지지 않게 8부 정도만 채운다고 가정하면 큰 통에 30리터쯤 담을 수 있으므로 한 짐인 두 통의 양은 60리터, 따라서 연중 총량은 600리터(0.6킬로리터)에 이른다는 것. 이에 18세기 이후의 에도 인구 100만~120만을 곱하면 60만~70만킬로리터, 증발분을 감안하더라도 50만킬로 리터(하루 1,400킬로리터), 하루 10톤 트럭으로 140대 분량의 분뇨를 배출한 셈이라는 것이다. 에도주민들은 매일 이처럼 많은 양의 분뇨를 생산(?)해 내었는데, 오늘날처럼 비료가치가 없는 단순한 폐기물 취급을 받았다면 거대도시 에도로서는 매우 난처했을 터이지만, 다행이도 당시의 농촌으로부터 생산량 이상의 수요가 있었기 때문에 처리에 별문제는 없었다.

4) 인분뇨의 비료로서의 우수한 효능에 대해서는, 근대 농예화학의 아버지로 불리는 독일의 화학자 리비히(Tustus Liebig; 1803~1873)조차도 일본과 중국에서의 인분뇨 사용의 예를 들며 "토지를 언제까지나 비옥하게 유지할 수 있고 생산성을 인구 증가에 비

례하여 높여갈 수 있는 우수한 농법"이라고 그의 저서 『농업 및 생리학에의 유기화학의 응용』(1840년)에서 격찬하고 있다. 또 인분뇨의 비료로서의 효능을 수치로 계산하여 나타낸 한 연구자의 실험결과에 의하면 (1)한 짐(荷)의 인분뇨에 함유된 질소분은 약 300g이고 인분(燐分)은 200g 정도이므로 이것을 화학비료인 유안(硫安)과 용성인비(熔成燐肥)의 비료가로 환산하면 5kg분쯤 된다는 것 (2)따라서 에도 주민 한 사람이 1년 동안에 화학비료로서 50k분, 에도 전체로서는 5만톤, 10톤 트럭으로 5,000대 분의 방대한 양의 화학비료 상당의 인분뇨를 제조해 낸 셈이 되는데, (3)화학비료의 제조 에너지를 킬로그램 당 2,000킬로칼로리로 본다면 실로 1,000억 킬로칼로리-1인당 연간 중유 10리터 분의 에너지를 생산해 낸 셈이니, 결국 에도와 같은 대도회는 거대한 하나의 비료공장 기능을 갖고 있었던 셈이라는 것이다.

이처럼 에너지 절약형이면서도 고비료가(高肥料價; 고성능 비료가치)를 지닌 순수 유기비료인 인분뇨는 아무리 오래 써도 부작용이 없다는 장점이 있는 반면에, 화학비료인 유안은 대량으로 계속 사용하면 처음 얼마 동안은 현저하게 생산량이 증가하지만 머지 않아 토양이 굳어져 농사에 적합하지 않은 석고분 많은 땅으로 바뀌고 만다는 연구결과에 비추어 보더라도, 인분뇨의 비료성능은 상대적 우위성을 가지고 있다 할 터인데, 그래서 에도시대의 농민들도 그런 이치를 전승과 경험으로 터득하고 인분뇨에 볏짚 등의 식물질(植物質)을 섞은 퇴비를 사용하여 생산성도 높이고 지력도 향상시키고 토질개량도 계속해 나갔던 것이다. 다만 인분뇨는 완전히 발효시키면(썩히면) 회충 등의 기생충 알이 죽어버리므로 위생상 아무런 문제도 없으나 실제로 바쁜 농사철이 되면 그것을 완전히 썩혀 사용할 계제가 못되므로, 혹은 채소의 모종이나 포기 등에 알이 말라붙어 사람 몸 안에 들어가 악성 기생충병을 일으키는 단점만은 완벽하게 방지할 수 없었다. 그래서 아쉬운 대로 채소를 익혀 먹거나 김치(일본식)로 만들어 발효·숙성·멸균시켜 먹는 등의 식이(?)요법을 개발해내기도 했지만.

5) 게이안(慶安) 2년(1649년)에 막부가 농민들에게 발포한 농정 관련 고시문. 32개조로 된 이 고시문을 통해 막부는, 연공 납부자로서의 농민들이 지켜야 할 준수 사항을 설명하고 있는데, 이 고시문에는 막부의 농촌-농민관이 잘 드러나 있다.
6) 오늘날의 시나가와(品川)구에 속하는 나가노베촌(中延村)의 까부라기가(鏑木家)도 인분뇨 중개상의 하나였는데, 까부라기가는 덴뽀개혁(天保改革)의 추진자로 당시 나는 새도 떨어뜨린다 할 만큼 가혹한 시정을 베풀어 서민들의 원성을 샀던 막부 노중(老中) 미즈노 따다구니(水野忠邦; 1794~1851)가와 분뇨수거 독점계약을 맺고 있었는데, 덴뽀 13년(1842년) 한 해 동안의 거래장을 보면 까부라기가는 자그마치 66량(兩)의 인분뇨 대금을 미즈노가에 지불하고 있다. 한편 미즈노 따다꾸니가 추진한 덴 뽀개혁의 최종 목적은 생활물자의 가격인하에 의한 서민들-특히 에도시민들-의 생활 안정에 있었으므로, 막부는 일반 생필품의 가격인하 외에도 금리·지대·집세 인하를 비롯하여 직인 인부들의 품

삯 인하에까지 단속의 손길을 뻗쳤다. 그 여파는, 에도 시민들에게 매일 야채를 공급하는 에도 근교 농민들의 야채 판매가격 인하 종용으로까지 나타났다. 이에 대해 농민들은 "야채가격 인하에는 응하지만 그 대신 야채값 형성에 주요 부분을 차지하는 인분뇨 대금인하도 추진해 주십시오. 그러면 그 인하분만큼 야채 값도 내리겠습니다" 하는 탄원을 하고 나왔다. 그런데 재미있게도, 미즈노 따다꾸니도 에도시민들의 야채 구입가격 2할 인하방침을 밀고 나가기 위해서 '울며 겨자 먹기로' 자기 집 1년치 분뇨대 66냥의 2할인 13냥을 손해보지 않으면 안 되었을 것이라는 후문들이 에도 시중에 나돌았다는 사실이다.

7) 18세기 이후 인분뇨의 만성부족 현상이 일어나게 된 첫째 원인은, 인구증가 억제책 등에 의해 에도의 인구증가가 정체되어 있었던 데다가(비료 생산량의 정체 고정화), 그와는 반대로 생활수준 향상으로 인한 농산물(특히 야채)의 구매욕구 배가와 그로 인한 농산물의 상품화와 생산 증가 현상이 두드러지게 나타난 데 있었다(인분뇨 수요의 증대). 공업화 사회라면 수요가 증가하면 설비를 늘리거나 기존설비의 운전 효율을 높이는 것으로 공급증가를 꾀할 수 있지만 인분뇨 배출은 그리 쉽게 인위적으로 증감시킬 수도 없는 일이었다. 그래서 비료부족 현상에 고민한 농민들은 적극적인 분뇨 수집 작전으로 나올 수밖에 없었는데, 그들은 우선 자가 생산한 무와 분뇨통을 각각 양 어깨에 걸머지고 '분뇨 구입' 행군을 나서야 했던 것이다.

또 번화가에 유료 공중변소 격인 '까시세친(貸雪隱)'을 설치하여 통행인들의 분뇨를 수거하기도 하였는데, 에도 최대의 번화가인 료고꾸바시(兩國橋) 서쪽의 료고꾸대로 같은 곳은 평소 구경꾼들과 유객꾼들로 붐볐으므로 이 까시세친은 '현금수입(용변료)'과 '분뇨 수집'을 겸한 꽤 실속있는 장사가 되었다. 그래도 수요량에는 꽤 못미쳐 동네 곳곳에는 독(분뇨통)을 반쯤 땅에 파묻은 소변소를 설치하기도 하였는데, 덴메이(天明) 4년(1784년)에는 이미 골목마다 160개소나 되는 소변소가 설치되어 있어 더 이상 세울 데가 없을 정도였다 한다. 이렇게 힘들여 모으는 분뇨의 수거권은 물론 독을 파묻고 가림판자를 둘러친 농민들에게 있었는데, 이는 그만큼 분뇨 부족에 고민한 농민들의 처절한 '분뇨쟁탈전'의 비장한 모습을 보여주는 예화이기도 하다. 이렇게 힘들여 모아들여야 했던 분뇨이고 보니 그 값도 천정부지로 치달을 수밖에. 깡엔(寬延) 연간인 1750년 경부터 약 40년 동안에 세 배로 뛰어오르고 만다. 이는 단순한 비료가격의 인상에 그치는 것이 아니라 농업경영의 근간을 흔드는 '사회문제'로 비화할 위험성을 내포하는 것이기도 하였다. 더구나 당시 임금의 표준으로 여겨졌던 목수의 일당이 2배로 오르는데 200년 가까운 세월을 요할 만큼 물가가 안정되어 있었던 에도시대이고 보면 지나친 등귀현상이었다. 그래서 깐세이 원년(1789년)에는 무사시(武藏)·시모사(下總) 등지의 1,000여개 촌의 촌민들이 막부에 비료가격 인하 대책을 촉구하는 집단소원을 제기하고 나오기도 한다.

8) 그 대표적인 것이 무사시·시모사지방 농민들에 의해 일어난 깐세이 원년의 분뇨가격 인하운동이다. 1789년 11월 21일, 이 두 지방 수전지대의 촌락민들이 막부에 분뇨가격

인하령을 내려줄 것을 탄원하는 연판장을 제출하고 나온다. 그 이유는, 근년의 잇따른 분뇨가 인상이 농업경영을 파탄시켜 농민을 곤궁에 빠뜨리고 있다는 것으로 분뇨 가격을 50년 전 수준으로 내려 준다면 농업경영이 정상궤도에 올라 연공도 자연히 지체없이 납부될 수 있을 것이라는 주장이었다. 이에 대해 막부는 분뇨가격은 주민자치 정신에 입각한 당사자간의 합의에 의해 결정될 문제이지 관이 개입하고 나설 문제가 아니라며 매주(賣主)측과의 화해와 합의를 권유하고 나온다.

그러나 농민들은 매주 한 사람 한 사람과의 개별적인 교섭으로는 결코 요구를 관철시킬 수 없음을 알고, 두 지방 1,000여개 부락민들이 결집, 가격인하 요구가 들어지지 않을 경우에는 수거거부도 불사하겠다며 매주측의 임의(일방)적인 수거권자 변경 금지와 분뇨가격 인하를 재차 강도 높게 주장하고 나온다. 그래도 양자간의 합의는 좀처럼 이루어지지 않았다. 그후 수차에 걸친 끈질긴 교섭 끝에 매주 측도 농민들의 처지를 이해하고 1792년 6월까지는 대부분의 가옥주와 관리인들이 가격인하에 동의함으로써 이 운동은 일단락되고 만다.

에도 250년사는 화마와의 전쟁사

1. 천년 동안 400번이나 큰불이 난 고도 교또(京都)

　일본사에 화재의 기사가 사실(史實)로서 나타나기 시작한 것은 7세기 이후부터인데, 636년(舒明 8년)의 황거(皇居) 오까모도궁(岡本宮)의 화재와 670년(天智 9년)의 호류사(法隆寺)의 낙뢰화재가 그 대표적인 것들이다. 그러나 일본의 고고학자들은 선사시대인 승문(繩文)시대 중기의 유적에 이미 화재의 흔적이 나타나고 있으며, 야요이(彌生)시대의 것으로 보이는 간다(神田)의 오바(伯母) 야산 유적지나 하리마쬬(播磨町)의 다이나까(大中) 유적지에서도 심한 화재의 흔적이 나타나 있는 것으로 관찰하고 있다.

　일본 최초의 통일정권인 야마또(大和) 조정이 수립되고 부터는 정무를 집행하기에 적합한 곳으로 천도를 하게 되는데 이를 중심으로 도시가 형성되어 간다. 이후 인구의 도시집중에 따른 실화·방화 등에 의한 대화가 빈발하게 되는데, 지금의 교또는 헤이안(平安) 천도 이후 메이지시대에 이르기까지의 천여년 동안 물경 400번의 대화가 발생하며 특히 802년(延曆 21년)의 대화는 일찍이도 '全都소실'이라는 달갑지 않은 기록을 일본재난사에 남기고 있다.

　가마꾸라(鎌倉)시대에 접어들면 막부의 소재지인 가마꾸라에 큰불이 자주 나는데, 1251년(建長 3년)의 가마꾸라 대화재 역시 시가지 대부분을 태우고 만다. 15세기에 접어들면 오우닌(應仁)의 난(1467~1477) 이후 무로마찌(室町) 막부가 무력해짐에 따라 군웅이 할거하는 전국시대가 열리는데, 이 시대에는 실화나 방화가 아닌 전화(戰火)에 의한 화재가 각지에 빈발한다.

　그 후 아즈찌모모야마(安土桃山) 시대(1568~1600)에 접어들고 나서는 영구적이고 준군사적인 성곽이 각지에 들어서고 성은 외벽을 모두 회벽으로 칠하는 내구적 방화구조를 갖추게 되나, 성 주위의 민간인 거주지역은 여전히 가연성 가옥으로 들어차 있어 화재가 그칠 날이 없게 된다.

▶대명행렬도(大名行列圖). 미마사까(美作) 쓰야마번(津山藩)(현재의 오까야마현)의 7대 번주 마쓰다이라 나리따까(松平齊孝); 1788~1838)의 대명 행렬.

 고래로 일본에 이처럼 화재가 많았던 이유는 가옥 구조가 목재건물 위주인데다 주위의 산악지대로부터 풍향을 바꾸어 수시로 불어오는 재넘이 바람 때문이었다. 그래서 동이물로 끌 수 있는 조그만 불도 금방 대화로 바뀌어 버리고 마는 것이었다.

2. 250년 동안 90번이나 큰불 난 일본 제1의 도시 에도(江戶)

 도꾸가와 이에야스가 1590년 처음 에도에 들어왔을 때, 당시의 에도는 초라하기 짝이 없는 궁벽한 한촌에 불과했다. 그러한 에도가 거대한 계획도시로 변모해 갔다. 특히 깡에이(寬永; 1622~1644) 년간부터 참근교대(參覲交代)제[1]가 실시되면서부터 각 지방에서 올라온 무사, 상인, 직인들로 에도의 인구는 급증하기 시작, 겐록(元祿; 1688~1704) 년간에는 인구 약 80만의 거대도시가 되고 – 같은 시기 런던과 파리는 50만 전후 – 교호(享保; 1716~1736) 년간에는 130만의 과밀한 인구에 면적 70만㎡에 이르는 세계 제1의 도시로 성장해 간다.
 그러나 인구 증가나 도시 확장과 함께 찾아오기 마련인 달갑지 않은 불청객 도시화재 – 에도 시민들에게는 업보와도 같은 대재앙이었을 – 도 예외 없이 에도시민들을 두고두고 괴롭혔으니, 1601년(慶長 6년)의 첫 화재 이

▶니혼바시 홍꼬꾸정에 있던 에도의 나가사끼야(長崎屋). 에도 시대 오란다인들의 막부 공인숙소로, 막부의 허가를 받은 의사나 관리들에게만 출입이 허가되었다.

후 메이지기에 이르기까지 250년간의 에도시대를 통틀어 90회나 되는 대화가 화염지옥을 연출하고 있다. 5년에 한 번 꼴로 화재를 만났던 니혼바시(日本橋), 교꼬(京橋)는 그래도 나은 편, 전에도 평균 2년 반에 한 번 꼴로 대화재가 발생했으니 에도야 말로 '불의 도시'였다 할 밖에. 그래서 '화재와 싸움은 에도의 꽃'이란 체념 섞인 속담까지 생겨났던 것이다.

거듭되는 대화재는 자연 물가와 임금의 급등을 초래, 막부의 재정궁핍을 불러왔을 뿐만 아니라 제번(諸藩)도 불탄 에도저(江戶邸)의 재건 등으로 극심한 재정고갈 상태에 빠져들 수밖에. 제번의 궁핍은 막부의 존폐와 직결되는 일이므로 막부 당국으로서도 본격적인 장기적 방화대책을 세울 수밖에. 수차에 걸친 시행착오 끝에 진보적이고 획기적인 방화대책이 수립된 것은 8대장군 요시무네(吉宗; 1684~1751) 치세 때이다.

3. 에도 3화(火), 에도 4화(火)

2년 만에 한 번 꼴로 찾아들었던 에도의 대화재들. 그 중에서도 사상자 수와 시가지 소실 규모가 엄청나게 컸던 화재들 - 메이레끼(明曆)의 대화, 교닌자까(行人坂)의 대화, 기축(己丑)의 대화를 일컬어 '에도 3화'라 부른다.

사망자 10만을 내고 대명저(大名邸)와 무사의 저택 1,270동, 사사(寺社) 300여 사(寺+社), 대형 창고 9,000동을 태운 메이레끼의 대화(1657년; 明曆 3년)는 사소한 실화에서 발단하여 10만이라는 무수한 인명을 앗아간, 에도시대의 화재로는 단연 으뜸인 – 아니 서기 64년의 저 로마의 대화와 쌍벽을 이룰만한 – 대화재이다.

14,700명의 사망자와 4,000명의 행방불명자를 내고 934개정(町) 500여동의 무사저택 사사(寺社)의 소실 기록을 남긴 – 신슈(眞秀) 등 8명의 떠돌이 구걸승들이 도둑질을 목적으로 교닌자까의 다이엔지(大圓寺)에 방화하여 그것이 대화로 번진 – 그리고 이 괴로운 화재의 악몽으로부터 벗어나고 영구한 안녕을 기원하고자 11월 16일 년호를 안에이(安永)로 개원까지 한 – 1772년(明和 9년)의 메구로(目黑) 교닌자까(行人坂)화재는 인명과 시가지 소실 양면에 걸쳐 기록을 세운 대화이고, 간다(神田) 사꾸마정(町)의 강변의 한 목재하치장에서 발화하여 때마침 불어닥친 강한 서북풍을 만나 대화로 번져 에도 시가지를 순식간에 불바다로 만든 – 그리하여 1,500개정(町) 37만동의 소실 가옥과 2,800명의 소사자와 익사자를 낸 – 1829년(文政 12년) 3월 21일의 기축의 대화 또한 광범위에 걸친 시가지 소실로 유명하다. 이 3화(火)에 특수목적의 방화에 의한 1682년(天和 2년)의 오시찌(お七)화재를 포함시켜 세상 사람들은 에도 4화(火)라 불렀다.

4. 10만명의 사망자 낸 최악의 화재 메이레끼 대화

메이레끼 3년(1657년) 1월 18일 오후 2시, 홍꼬(本鄕) 마루야마정(丸山町)의 일연종 혼묘지(本妙寺) 경내에서 사자의 명복기도 행사를 치룬 후 태운 후리소데(振袖)에서 불이 옮아 붙어 발생한 메이레끼의 대화. 이 불은 때마침 불어온 북풍을 타고 번져 순식간에 홍꼬 일대를 다 태우고 곧이어 유시마(湯島), 스루가다이(駿河台) 일대로 번져갔다.

때마침 에도는 전년 11월부터 80일간이나 비가 내리지 않아 공기가 건조할 대로 건조해 있었다. 불이 나기에 꼭 알맞은 조건이었다. 그래서 후리소데 하나 태운 사소한 불씨가 엄청난 규모의 대화로까지 번질 수 있었던 것이다. 석양 무렵 바람이 북풍에서 서풍으로 바뀌자 기다렸다는 듯이 이번에는 니혼바시 방면에서 새로운 불길이 솟기 시작, 에도만안(江戶灣岸) 쪽으로 번져갔다. 때마침 해변의 사찰 레이간지(靈巖寺)에 대피해 있던 사람들은 밀려오는 불길에 도망갈 곳을 잃고 9,600명이라는 다수의 인명이 불에 타거나 바다에 빠져 목숨을 잃고 만다.

한편 덴마죠의 감옥도 불길에 휩싸이게 된다. 그러자 사태의 위급을 느낀 로부교(牢奉行; 형무소장) 이시데 다떼와끼(石出帶刀)는 수감자 관리규정에 따라 수인들에게 "지금 모두 풀어줄 터이니 안전지대로 대피했다가 화재가 그치면 반드시 시따야(下谷)의 셍께이지(善慶寺)로 집합하라"는 지시와 함께 수백명의 죄수를 방면한다. 그런데 일이 잘못되려고 그랬는지, 이 '정당하고 적법한' 비상 대피조치가 잘못 알려져 덴마죠의 감옥이 죄수들에 의해 파옥된 것으로 유언화 하여 나돌게 되고 이 소식에 접한 인근 아사쿠사교(橋)의 수문장은 다리로 통하는 홀문을 닫아 버린다. 불난 유흥업소나 극장에서 손님 도망을 막기 위해 셔터를 내려 버린 격이다. 이 때문에 니혼바시로부터 아사쿠사 쪽으로 도망쳐 달아나던 사람들은 갈 길이 막혀 23,000여명이 아사쿠사교 홀문 안팎에서 압사하거나 인근 하천에 빠져 죽고 만다. 한 사람 수문장의 그릇된 상황판단으로 도망쳐 살아났을지도 모를 무수한 인명들이 끔찍한 참화를 당하고 만 것이다. 이 또한 백화점 화재나 호텔, 호프집 화재 참사와 하나도 다를 바 없는 '충분히 막을 수' 있었던 '인재'였음은 물론이다.

불은 다음날 새벽녘에야 겨우 진화된다. 에도 시가지에는 도처에 소사자나 압사자의 시체가 나뒹굴고 그 사이를 금붙이를 찾아 헤매는 사람들로 붐빈다. 그런데 이 무슨 재앙이라는 말인가? 완전히 꺼진 줄로만 알았던 불길이 또 다시 솟아오른 것이다. 오전 10시경 이번에는 고이시가와(小石川)의 정토종 사찰 덴즈인 부근에서 불길이 솟기 시작했다. 불은 순식간에 북풍을 타고 홍꼬의 끼치죠지(吉祥寺)로 옮겨붙고 에도성의 본성인 혼마루(本丸)에도 불티가 내려앉아 마침내 천수각(天守閣)이 불기둥으로 화하고 만다. 이 혼마루 화재로 4대장군 이에즈나(家綱)는 세자의 거처이며 장군의 은거소이기도 한 니시노마루(西の丸)로 대피하는 소동까지 벌인다. 불은 밤이 되어도 수그러들지 않고 인근 대명가나 기본가(旗本家)를 태우다가 20일 아침에야 수그러진다.

사흘 동안의 화재로 에도의 시가지는 6할이 전소되고 에도성은 니시노마루만 남긴 채 다 타버렸다. 대명 기본가 1,270채, 신사와 사찰 300여사, 각종 창고 건물 9,000동이 잿더미로 화하고 60여기의 다리도 두 곳만 남기고 소실되고 말았다. 공식 집계된 사망자 수만도 10만에 이르고 그 웅장한 위용을 뽐내던 에도성의 상징 천수각은 이후 다시 재건되지 않는다. 다만 화재 당일 방면되었던 수인들만은 모두 살아 남아 약속한 셍께이지로 돌아왔다고 한다.

이 메이레끼의 대화는 상사병으로 죽은 딸의 외로운 넋을 달래기 위해 혼묘지 사찰에서 벌인 사자추모법회인 세가끼공양(施餓鬼供養)을 마친 후 딸이 입었던 후리소데를 태우던 중 처녀의 유한이 시킨 것인지(?) 그 불붙은 후리소데가 그대로 날아 올라 본당에 옮아붙은 것이 번진 화재라 해서 후일 '후리소데(振袖) 화재'로도 불리게 된다.

5. 화재 현장 탈출한 오란다 상관장과 사망한 유학자 하야시

메이레끼의 대화는 도시의 반쪽이 결단날 만큼 큰 화재였으므로 많은 일화를 남기고 있다. 그 중에는 다량의 재산적 손실을 입고 빈손으로 에도를 탈출한 외국인 무역상과 충격을 받고 사망한 유학자가 있다.

▶낙낙한 유생복 차림의 하야시. 박박 깎은 머리에 두건을 쓴 모습이 인상적이다.

나가사키 주재 오란다상관장 와 베나르는 연례행사의 하나로 되어 있는 정초의 '장군가 알현 행사'를 사흘 전에 마치고도 아직 에도에 머무르고 있었다. 그가 싣고 온 진귀한 서양산 수입품 구입을 희망하는 대명과 막부 관리들의 접대를 받고 있는 중이었다. 이날도 막부의 정무감독관 격인 오오메쓰께(大目付) 이노우에 마사시게(井上政重)의 저택에 초빙을 받아 서양 의학품의 사용법에 관해 이야기를 주고받고 있었다.

그때 화재 소식이 전해져 와 와 베나르는 서둘러 숙박처인 홍꼬꾸죠(本石町)의 여관 나가사키야(長崎屋)로 돌아갔다. 그는 다량의 오란다 동인도회사의 수출 상품을 싣고 와 있었는데, 그중 값나가는 귀중품은 나가사키 봉행의 에도 사저에 보관시키고 오란다 화폐와 은·동·납 등 금속품은 나가사키야에 하치해 놓고 있었다.

숙박처로 돌아간 와 베나르는 서둘러 이 물품들을 나가사키야의 특별보관창고로 재(再)대피시켰으나 다음날 거의 전량이 소실되고 만다. 이때 에도는 시가지의 6할이 불타 버리고 가옥과 재산을 잃은 이재민들이 도처에 방황하며 아우성치고 있었다. 약탈과 살인과 강간 – 화재를 틈탄 흉악범죄가 자행되는 험악한 분위기였다. 위험을 느낀 와-베나르는 24일 맨몸으로 에도를 탈출, 오사카에 도착하자 즉시 에도의 화재에 관한 상세한 보고서를 본국에 띄우고 있다.

또 화재 발생 5일 후인 1월 23일, 막부의 유관(儒官)이며 장군의 시강

(侍講)인 하야시 라잔(林羅山; 1583~1657)이 피난처인 우에노의 별저에서 75세의 나이로 급서한다. 사인은 충격에 의한 급성 심장마비. 라잔은 23세의 젊은 나이로 주자학의 대가 후지와라 세이까(藤原惺窩; 1561~1619)의 추거를 받아 초대장군 이에야스 치세하의 막부 유관으로 출사한 이래, 히데따다(秀忠), 이에미쓰(家光), 이에즈나(家綱)대에 이르기까지 4대에 걸쳐 장군의 시강으로, 외교문서와 법령의 기초, 고서의 수집과 출판에 힘쓰는 한편, 막부로부터 토지와 자금을 하사받아 학문소를 설치하는 등 교학제도의 확립에 공헌한 에도기(江戶期) 일본 제일의 유학자이다.

그런 그가 1월 23일 아직 화재 뒤끝의 어수선한 우에노 별저에서 급서하였는데, 이는 서고의 애장서가 1월 19일의 대화로 전부 소실되자 그 충격으로 낙심한 나머지 급서한 것이라 한다. 메이레끼의 대화는 이처럼 한 사람의 서양인에게서는 생명과 같은 재화를 빼앗고, 한 사람의 일본인에게서는 목숨같이 소중히 여긴 장서와 함께 생명까지도 빼앗는 재앙을 부린 것이다.

6. 사망자 위령을 위해 혼쬬(本所)에 에꼬잉(回向院) 건립

막부는 우선 화재 뒤처리부터 서둘러야 했다. 10여만명의 사망자 - 소사자, 압사자, 익사자 - 의 시체부터 치우고 혼령부터 달래야 했다. 그러지 않고서야 살아남은 사람들도 불타죽은 귀신들의 원령으로부터 시달림을 면할 수 없을 터이므로.

막부에서는 2월 29일, 장군의 보좌역인 호시나 마사유키(保科正之) 주재로 최고 정무회의인 로쥬회의(老中會議)를 열고, 화재로 숨져 거리에 방치되어 있는 소사자, 압사자, 익사자 10여만 명의 시신을 수습하여 매장하고 이들의 원령을 달래기 위해 에꼬잉을 건립하기로 의결, 혼죠 우시지마(牛島)에 90평방미터의 토지를 하부(下付)하고 각처로부터 배로 실어 온 무연고자의 시체를 매장하여 만인총(萬人塚)을 쌓게 한다.

또 사사봉행(寺社奉行) 마쓰다이라 가쓰다카(松平勝隆)는 정토종 조죠지(增上寺)의 23대 승정 쥰요끼옥(遵譽貴屋)에게 300량의 돈을 내려 정토종 일문의 사승(寺僧)을 전부 참여시킨 가운데 7일간의 천부경 공양(千部經供養) 법회를 열게 한다. 또 끼옥은 이곳에 불당을 지어 '諸宗山回向院 無緣寺'란 긴 이름의 사호를 붙이는데 이것이 '무엔데라(無緣寺)'로도 불리는 에꼬잉이다.

이후부터 에꼬잉에서는 이들 화재 희생자 외에도 옥사자, 형사자, 아사마야마(淺間山) 화산폭발(1783년) 희생자, 지진에 의한 압사자, 기근에 의한 아사자, 태풍에 의한 익사자 등 무연고 사망자들의 시신을 수습하여 매장하고 위령제와 추모제를 지내게 된다.

7. 막부, 대화재 때마다 수시로 새로운 방화대책 수립

사망자 뒤처리와 화적지(火跡地) 철거로 끝날 일이 아니었다. 또 다시 이런 불이 나지 않도록 뭔가 큰 수를 써야만 했다. 소 잃고도 외양간은 꼭 고쳐야만 했다. 그래서 막부는 에꼬잉 건립과 함께 획기적인 방화대책 수립과 대폭적인 도시개조를 단행한다.

우선 막부는 무가, 상가지역을 불문하고 일체의 건물 신축을 전면 중단시킨다. 시가지의 절반 이상이 불탄 것을 기화로 대대적인 도시정비를 단행하려면 주택지와 상업지역의 대폭적인 구획 재정리와 토지 재분할이 불가피하기 때문이었다. 이때 막부가 확정 발표한 도시정비 계획안의 대강은 다음과 같은 것이었다.

(1) 이번 화재는 조그만 불똥이 튀어 번져 일어난 비화(飛火)가 주원인이고 또 그 조그만 불씨 하나 때문에 '다른 곳은 다 타도 이곳만은 타서는 안될' 에도성

의 혼마루(本丸)까지 타버린 일을 교훈 삼아 성 주변의 공지를 확장시키기 위해 성 안에 있는 고상께(御三家)2)의 저택들을 성곽 밖으로 이전시킨다.

　(2) 원래는 성의 외곽 지역에 해당했을 신사와 사찰 지역도 시가지의 팽창과 함께 시내 중심가로 들어와 버린 꼴이 되어 대화의 원인이 되었으므로 산노공겐(山王權現) 신사를 비롯하여 히가시홍간지(東本願寺), 니시홍간지(西本願寺), 레이간지(靈巖寺) 등의 사찰을 에도의 교외로 이전시킨다.

　(3) 시내 중심가에 밀집한 상가들도 강제이전 시키고 그 자리를 비워 방화지구로 만들고, 간다의 시로가네죠(白銀町)에서 야나기와라(柳原)까지 방화 둑을 쌓는다.

이 계획들은 이해 10월까지는 대충 시행에 옮겨진다.

주택과 상가의 재건축이 시작되자 막부는 특히 대명가 등 고급주택에 대해 지금까지와 같은 호화스러운 모모야마식(桃山式)3) 건축 양식의 실내외 장식을 금한다. 또 대명저와 상가를 불문하고 기와지붕을 금하였는데, 이는 애초의 초가지붕 대신의 불연효과보다는 화재시 기와가 타서 떨어지거나 사방으로 튀어 많은 사상자를 냈기 때문이다.

또 민간에서는 포목상 이즈미야(和泉屋) 뀨자에몽(九左衛門)이 고안해 사용하고 있었던 지하광 아나구라(穴藏)가 대화 때 효과가 있었다 하여, 특히 상가 지역에서 다투어 만들었는데, 주택 내 지하 대피창고인 이 아나구라는 전 에도 지면의 1할을 차지할 정도로 앞다투어 팠다 한다. 일단 불이 났다 하면 마루 밑 토방을 파서 만든 이 아나구라에 가재도구와 상품 금은 등의 귀중품을 집어넣고 두꺼운 널 뚜껑을 두세 겹 얹고 그 위에 흙을 덮는 것이다. 어지간한 화재에는 방화효과가 컸다.

메이레끼 대화 때 이외에도 막부는 에도에 화재가 발생할 때마다 수시로 그때그때의 상황에 적합한 방화대책을 세워 실시하고 있으며, 민간에서도 나름대로의 지혜들을 짜내고 있는데 주요한 것들은 대충 이렇다.

(1) 내화용 건축의 장려; 가연성이 많은 초가지붕 띠 지붕 대신 기와나 동와로 지붕을 이고, 흙벽집 회벽집을 많이 짓는다.
(2) 방화둑에 소나무와 잔디를 많이 심어 녹지대를 조성하여 화재시 연소(延燒)를 막는다.
(3) 상가와 상가 사이에는 우다찌라는 방화벽을 건물 밖으로 달아낸다.
(4) 시내에 산재해 있는 신사나 절의 문전은 도로폭을 넓히고 은행나무나 벽오동을 심는다. 은행나무와 벽오동은 불에 잘 타지 않는 식물인데 특히 은행은 화재 때 물을 뿜어낸다 할 정도로 불에 강하다. 우리나라 도회지의 가로수가 십수 년 이래로 플러터너스에서 은행나무로 바뀌고 있는 이유도 산소 분출효과와 함께 이 불연 효과가 크게 인정받고 있는 때문인지도 모른다. 이는 수목의 개별 특성을 이용한 방화대(防火帶)의 조성이다.
(5) 시내 요소요소에 화재 조기발견을 위한 파수막을 설치하여 주민들이 돌아가며 망을 본다. 또 큰 나무통에 빗물을 받아 방화수를 비치한다(재미있는 일은 요시와라 등의 유곽지대에서는 물통을 문 앞에 내어 놓으면 외관상 좋지 않고 영업에 방해가 된다 하여 지붕 위에 설치하기도 하였다.
(6) 경선(鯨船)[4)]이라고 하는 대피용 피난선을 인근 하천에 대기시켜 놓는다.
(7) 도심 곳곳에 공지를 만들어 화재시에는 유소(類燒)를 막고 평소에는 마장(馬場)이나 채소밭, 가설 시장으로 이용케 한다.

그밖에도 막부나 에도 정봉행소는 화재예방과 관련한 다음과 같은 특별 금령들을 내리고 있다.

(1) 시중에서의 연날리기를 금한다(1646년 3월 26일 발령)(이는 전날밤, 에도성 궁사장에 불붙은 연이 날아 들어와 떨어졌기 때문에 화재예방 차원에서 경각심을 높이기 위해 막부에서 발한 금령이다. 아울러 막부는 궁사장에 떨어진 불붙은 연을 발견하고 신고한 천수각(天守閣) 수위 곤도 마따베에(近藤又兵衛)에게 금일봉을 내려 포상하고 있다).
(2) 정초의 축하송(祝賀松) 장식인 가도마쓰(門松)는 화재의 원인이 될 염려가 있으니 6일까지만 세우고 7일 아침에는 철거할 것(1662년 1월 6일 발령). 지금까지는 정월 초하룻날부터 15일까지 세워 놓던 가도마쓰를 6일까지만 세워 놓을 것. 또 역귀를 쫓기 위해 축하송을 태우는 사기쵸(左義長)행사[5)]도 시중에서는 금한다. 물론 화재예방 차원의 조치이다. 마를 대로 말라버린 솔가지나 댓(竹)가지를 처마 밑이나 문 앞에 오래 세워놓는 것이 방화상 바람직스럽지 못하다는 이유에서 에도 정봉행소에서 발한 포고령이다. 또 가도마쓰 철거 후의 어질러진 길 청소도 명령하고 있다.
(3) 에도성중에서의 화재예방을 위한 경화령(警火令) 발포(1702년 12월 25일 발령; 불이

나기 쉬운 연말을 맞이하여 에도성중 근무자들이 지켜야 할 방화수칙을 세세하게 규정하고 있다).
(a) 당직병들이 취사장을 이용할 때는 시간을 오래 끌지 말 것이며, 화재감시 당번은 그들이 물러간 뒤 취사장을 점검할 것.
(b) 의복 가구 집물 등을 넣어 두는 난도(納戸)에 관계자들이 드나들 때 불조심에 관한(담배를 피우지 말라는 식의) 주의를 줄 것.
(c) 진료 목적 외에는 의사 방에 드나들지 말 것.
(d) 주방은 각별히 신경을 써서 주야로 순찰을 돌 것.
(e) 꼭 필요한 경우를 제외하고는 야심해지면 소등을 할 것.
(f) 지금까지는 장군의 식사를 챙기는 전속 주방장 고젠부교(御膳奉行)의 방에는 목욕물 등을 데우기 위해 화로 등을 비치해 왔으나 앞으로는 더운 물 등은 취사장에서 끓여 날라다 쓸 것.
(g) 다실 관리자는 잠시도 자리를 뜨지 말 것.
(h) 대명들이 장군의 집무실인 나까오꾸(中奧)에서 물러나간 뒤에는 화재감시 당번 입회하에 화로를 점검할 것.
(i) 화재감시 당번은 영선공인 고부신가따(小普請方)가 업무상 천정이나 마루 밑을 검사할 때 비춰보는 촛불도 반드시 점검할 것 등등 미주알고주알, 지나치다 할 정도로 꼼꼼하다. 화재예방에 관해 당국자들이 얼마나 많은 신경을 썼는지 엿보인다.

8. 체계적인 소방 조직들

그러나 이런 방화 대책만으로는 안심할 수 없다. 실제 불이 났을 때 체계적이고 신속한 소화작업이 뒤따르지 않으면 앉아서 불구경하며 도시를 태워 먹는 꼴이 되고 만다. 그래서 궁리해낸 것이 체계적인 조직과 인력과 소화기술을 갖춘 – 3개 계통으로 나누어진 소방 조직 죠비께시, 다이묘히께시, 마찌비께시이다.

죠비께시는 메이레끼의 대화 후 소방체제의 불비를 통감한 막부가 화재 2년 후인 1658년(万治 원년)에 창설한 관영 소방조직으로 주로 에도성과 무사 저택의 소방임무를 맡았다. 일반 소방업무는 부차적인 것이었다. 10

개조로 편성된 죠비께시는 조(組)마다 각각 기본(旗本; 장군가 직속 무사, 청와대 경호실의 중견간부쯤 되는 직위) 1명에게 소방서 건물인 히께시야시끼(火消屋敷)와 소방인부 고용 인건비를 내려줌과 동시에 서무·관리직인 요리끼(與力) 6명, 도오신(同心; 요리끼 아래의 하급 무사) 30명씩을 딸려 200명의 소방인부들을 지휘 감독하여 화재 예방과 소화 작업을 맡게 하였다.

히께시야시끼는 한죠몽(半藏門) 등, 주로 에도성의 북부와 서부지역에 해당하는 10개 지역에 분산 설치하였는데, 이는 북서풍이 강하게 부는 겨울철에 화재가 많이 발생하여, 그렇게 되면 에도성이 화재에 휩쓸릴 위험이 있기 때문이었다. 조장에는 녹봉 3,000~5,000석 정도의 장군가 직속의 중견급 무사인 기본을 임명하였는데, 이들은 독특한 만쥬문양(饅頭紋樣)의 겹들임 두건을 쓰고 가죽으로 만든 방화용 하오리를 입고 말을 타고 똑같이 말을 탄 요리끼와 도보로 뒤따르는 도오신을 거느리고 출동하였는데, 이들

▶대문 양쪽에 세워 놓은 가도마쓰(門松). 지바현 가또리군(香取郡)의 풍속이다.(위)
▶토지신 등에게 설떡국을 끓여 바칠, 짚으로 만든 사바을 매달아 내세운다. 나가노현의 정월 풍속.(중간)
▶나무 밑둥에 장작개비를 걸쳐 세워놓은 바깥뜰 정면의 가도마쓰. 미야기현의 정월 풍속.(아래)

의 지휘하에 소방인부들이 실제의 소화작업을 하는 것이다.

실제 소화작업에 동원되는 사람들은 가엔(臥煙)이라 불리는 소방인부들로, 이들은 평소에는 히께시야끼 내의 인부 대기실에 기거하며 출동에 대비하였다. 밤에 잘 때는 길다란 통나무 목봉(木棒)을 머리에 베고 자는데, 화재 연락이 오면 불침번이 목봉 끝을 망치로 두들겨 깨운다. 성질이 거칠고 온 몸에 문신을 한 불량배 출신이 많고 노름꾼과 돈꿰미(엽전을 꿰는) 강매꾼 출신자도 많아 마찌비께시(町火消) 소속 소방인부들과 다투는 일도 많았다. 이들이 화재현장에 달려가서 불을 끄는 것인데 소화법은 불타는 건물 주변의 건물을 파괴하여 연소를 막는 파괴 소방이 중심이었다.

다이묘히께시(大名火消)는 지방 영주들이 막부에 대한 과역(課役)의 일환으로 에도번저(江戶藩邸)로부터 인력과 장비를 내어 시중의 소방작업을 맡게 한 소방조직이다. 원래 에도에는 확고한 소방조직이 없어, 무가저택의 화재는 대명과 기본에게, 상가나 일반 민가의 화재는 상인이나 당해지역 민간인들에게 맡겨 소방작업을 하게 하였는데, 에도 시가지의 절반을 불태운 1641년(寬永 18년)의 오께마찌(桶町)대화로 혼이 난 막부가 2년 후인 1643년에 6만석 이하의 다이묘(大名) 16가(家)를 4개조로 편성하여 조마다 1만석당 30명씩의 인부를 내게 하고 1개조가 10일씩 교대로 시중의 소방근무를 맡게 한 다이묘히께시를 설치한 것이다.

불이 나면 소방조장은 으리으리하게 장식한 소방복으로 몸 채비를 하고 대열을 갖춘 소방인부들을 거느리고 위엄있고 엄숙하게 화재현장에 출동을 하였다. 소화법은 파괴소방 위주로, 지붕을 뜯어내어 불꽃이 위로 치솟게 한 다음 사방 벽을 허물어 불을 끄는 것인데, 바람을 타고 불이 이웃으로 번지기 쉬운 방향에 있는 집은 긴 쇠갈고리 막대, 큰메, 동아줄, 대톱 등으로 때려부수어 이웃집으로 번지는 것을 막았다.

마찌비께시(町火消)는 반관반민형 소방조직의 하나로 에도 전체를 'いろは 47조(組)'(가나다 순으로 조명을 붙인 47개의 소방조)로 분할한 소방

조직이다. 이 역시 처음에는 인력과 비용을 직접 조달하여 주민들 자신이 직접 나서 시중의 소방작업을 한 주민자치적 소방조직이었으나 파괴소방에 주로 의존하였던 당시의 소화방식에는 기술과 체력이 뒤따르지 않아 전문 소방인부를 고용하게 되고, 마침내는 정봉행(町奉行; 시장이나 구청장격)의 감독하에 소방 담당 실무관리인 요리끼와 도오신이 운영을 지휘·감독하는 반관반민식의 소방조직으로 개편되어 간 것이다.

또비(鳶)로 불린 소방인부들은 각 조마다 조장, 부조장, 기수(조 표시기를 드는 사람), 사다리잡이, 평인부 순의 위계로 나뉘고, 소속 정(町)으로부터 수당과 핫삐(法被)·작업복·작업화·두건 등의 소방복과 장비를 지급받는데, 평소에는 쇠갈고리가 달린 소방용 막대를 들고 도로보수, 하수구 청소 등 토목건축업의 잡역부 노릇이나 청소부 노릇, 그리고 제례시의 제단 설치나 경비업무 등의 잡역에 동원되거나 부호들 집에 드나들며 잔심부름을 해주고 일당을 받기도 하였다.

화재시에는 먼저 경비초소에 집합하여 비치된 조기(組旗)와 류도수이(龍吐水)라고 불리는 소방펌프, 막대 끝에 쇠갈고리가 달린 소화용 진화봉, 그리고 대형 소화수통을 챙겨 들고 조장의 지휘하에 현장으로 달려간다. 그리하여 화재장소 바로 앞에서 온 몸에 물을 뒤집어쓰고 기수가 지붕에 올라가 조기를 흔들어 대면 해당 조의 인부들이 본격적인 진화작업에 나서는 것이다.

마찌비께쇼는 처음에는 무가저택의 진화작업에는 출동하지 않았으나, 나중에는 죠비께시나 다이묘비께시의 소화구역에까지 출동하게 되고 18세기 후반에는 에도 시가지 소방의 중심적 존재가 된다.

9. 소방 현장에서 사망자까지 낸 집단 패싸움

이렇게 여러 대(隊)와 조(組)로 나누어지고 또 힘깨나 쓰는 사람들이 모인 소방대이고 보니 괜히 우쭐한 마음이나 우월의식에서 다른 대원이나 조원과의 사이에, 혹은 힘깨나 쓴다는 씨름꾼이나 주먹패들과의 사이에 가끔 사소한 시비로 충돌도 있게 마련. 이것이 집단 패싸움으로 번져 사망자를 내기도 하였다. 먼저 대가 다른 소방대원끼리 벌인 패싸움의 예를 하나 들어보면 그 전말은 이렇다.

▶류도수이(龍吐水); 수압식 소방기구. 용기 속에 펌프를 넣고 시소를 하듯 번갈아 눌러 물을 뿜어내는 구식 소형 소화기.(위)
▶소방인부의 소방복. 흡수성이 좋은 재질의 천으로 만들어서 화마로부터 몸을 보호할 수 있었다.(아래)

교호(享保) 3년(1718년) 12월 3일 자시(새벽 0시)경, 홍꼬(本鄕), 오유미죠(御弓町)에서 불이 나 까가번(加賀藩) 소속의 다이묘히께시인 까가또비(加賀鳶) 소방인부들이 출동하여 진화작업을 벌이고 있었다. 거의 진화가 다 되어갈 무렵 이번에는 막부 관할 소방대인 죠비께시(町火消)의 센고꾸 효고(仙石兵庫)가 지휘하는 소방대가 현장에 도착하여 이미 까가또비조의 소방 기수가 조기(組旗)를 흔들며 서있는 지붕으로 뛰어 올라가 기수를 아래로 밀어 떨어뜨리고 자대 소속 소방기수를 내세우는 통에 양 대원들 간에 패싸움이 벌어졌다.

물론 이는 진화를 둘러싼 죠비께시와 다이묘히께시 사이의, '경호실이 먼저 잡았느냐, 시경이 먼저 잡았느냐' 혹은 '보안대가 먼저냐 헌병대가 먼저냐'는 식의 공적 다툼 내지는 선두 다툼으로서, 종종 있어 왔고 또 있을 수도 있는 일. 원만하게 수습될 – 아니 싱겁게 끝날 – 수도 있는 일이었다.

그러나 사태는 재미있게도(?) 패싸움으로 번졌으니, 그도 그럴 수밖에 없는 일. 시비를 당한 까가또비조 인부들이야 말로 육척 장신의 힘깨나 쓰는 거인군. 평소 '싸움패 소방부'로 소문나 있는 만큼 완력이 세었다. 즉시 반격으로 나와 센고꾸 효고대(隊) 소방대원 가운데 사망자를 내고 말았다. 분노한 효고대장이 까가번 측에 범인을 내어 놓으라고 요구하였으나 까가번 측은 스스로 미끄러져 떨어져 죽은 것이라며 범인 인도 요구를 거절하였다. 후일 막부의 재정(裁定)으로 까가번 측의 주장이 옳은 것으로 인정되어 이 싸움은 일단락된다.

소방인부들 끼리의 싸움은 19세기에 접어들면 더욱 빈번해지는데, 이는 다이묘히께시나 죠비께시 대신 에도의 소방권을 장악하게 되는 마찌비께시 소속 소방조원들이 서로 조의 체면을 건 싸움을 벌였기 때문이다. 다음에는 소방인부들과 씨름꾼들과의 사이에 벌어진 패싸움 이야기.

붕까(文化) 2년(1805년) 2월 17일. 이날 시바(芝) 신명사(神明社) 경내에서 마찌비께시 메구미(め組)조 소속 젊은 소방수와 씨름꾼들 사이에 집단 패싸움이 벌어진다. 99명의 부상자를 낸, 세칭 'め組(메구미조) 싸움'이다. 일의 발단은, 전날 신명사에서 열린 모금 취지의 유료 씨름대회에 시바 지구 소방조인 메구미조의 소방조장 아들 다쓰고로(辰五郎)와 나가지로(長治郎)가 타지구 소방조원 후지마쓰(富士松)를 데리고 무료 입장하려고 하자 감시를 맡은 역사(力士) 구류잔(九龍山)이 후지마쓰의 무료입장을 질책하며 쫓아 보낸 데서 시작된다.

당시 씨름이나 가부끼 등의 흥행이나 공연은 흥행지 소속 소방조원들의 경비 관련 협조를 받는 대신 흥행지 소속 소방조원들에게는 무료입장을 허락하는 것이 관례로 되어 있었다. 분명 타지역 소속 소방조원인 후지마쓰의 무료입장을 거절하고 나온 구류잔 쪽의 행동이 정당하였음은 물론이다.

공교롭게도 이날 저녁 다쓰고로 등 3인은 같은 신명사 경내의 가부끼 공연장에서 구류잔과 다시 마주치게 되고, 욕설이 오간 끝에 구류잔이 마침 그 자리에 있던 메구미조의 젊은 소방조원들을 차례로 집어 던져 하마터면 큰 싸움이 벌어질 뻔하였으나 옆에서들 말리는 통에 이날 밤은 무사하였다. 그런데 공연장 밖에서 소문을 전해들은 메구미조 소방조원들과 구류잔의 동료 씨름꾼들이 몰려와 이들 사이에 집단 패싸움이 벌어지게 되는 것이다.

싸움은 걷잡을 수 없을 지경으로 빠져들고 마침내 세에 몰린 구류잔이 칼을 빼어들고 소방조원에게 휘둘러대는 소동으로까지 발전한다. 칼에 쫓긴 소방조원들은 지붕으로 도망쳐 올라가 기왓장을 집어던지며 응전, 두 패 사이에 피가 튀는 난투극이 벌어진다. 이때 구류잔의 칼에 찔린 후지마쓰는 사흘 후에 사망하고 만다.

그런데 일이 커지려고 그랬는지, 이 장면을 보고 놀란 소방조원 한 사람이 인근의 소방망루에 올라가 화재발생시에나 치게 되어있는 경종을 치기 시작했다. 이 경종 소리에 불이 난 줄로만 알고 메구미조 소속 36개정(町)의 소방수들이 진화복 차림으로 신명사 경내로 몰려들었다. 이것이 또 기름에 기름을 쏟아 부은 격으로 난투는 더욱 더 격화되어 갈 뿐.

일단 싸움이 벌어지면 그 진행 논리에 따라 자제력을 잃고 관성의 법칙에 따라 진행되기 마련, 아무리 뜯어 말려도 그치지 않고 4시간이나 계속된 끝에 관할 남정봉행소(南町奉行所)의 포리들이 출동하여 주동자 3명을 체포해 감으로써 그쳤다. 얼마 후에 내려진 처벌의 형량을 보면, 주범 격인 구류잔은 에도 추방형, 다른 씨름꾼들은 훈계방면형인 '또가메나시(咎め無し)'. 이에 대해 나가지로(長治郎)는 에도 추방형, 싸움에 가담한 메구미조 소방조원 165명에게는 벌금 50관(貫)이라는 푸짐한(?) 금전 변상형이 선고되었다.

수지계산을 따져보면, 소방조원 측에 엄한 처벌이 내려진 셈인데, 이는 사사로운 패싸움에 비상시에나 치게 되어 있는 경종을 친 행위야말로 죄질이 더 무겁다고 판단해서인 듯싶다. 명판결이라 아니할 수 없으니, 생각해 보라. '거짓(장난)' 화재신고가 얼마나 무서운 사고발생의 개연성을 내포하는 행위인지를. 화재에 주눅이 든 막부 당국자들도 화재·소방 관련 사건이라면 그만큼 일벌백계로 나왔던 것이다.

10. 화재로 덕본(?) 사람, 피본(?) 사람

화재 덕을 보았느니, 화재로 피를 보았느니 하는 식의 표현이 좀 어폐 있게 들릴지 모르지만 무슨 일에건 그래도 덕본 사람, 피본 사람은 있게 마련인 것이 인간세상의 일이다.

에도의 잦은 화재로 덕을 봤다면 봤다고도 할 수 있는 사람들에 우선 토목공사장 인부나 목수, 미장이들이 있다. 이들 하층 서민계급 사람들이야말로 버젓한 자기 소유의 집도 없이 아홉자 두칸 넓이의 셋방살이 신세. 오시이레나 장롱도 없는 처지에 화재로 잃을 것도 없는 살림살이. 그래도 목수, 미장이 등의 건축 기술자들은 화재복구 공사로 일감이 많아져서 좋고, 인부 삯도 치솟는 바람에 더더욱 좋을 수밖에. 그래서 은근히 불구경 재미 겸해 화재를 즐겨하는 심리도 잠재해 있었을 것이라는 것.

덕을 본 둘째번 부류가 요시와라(吉原) 유곽의 가택 영업자와 오입쟁이들. 화재로 유곽지대가 불타버리면 에도정봉행의 허가를 얻어 공인 유곽지대 밖의 장소에서 민가를 빌려 가택영업을 할 수 있는 규정이 있었는데, 이 경우 유곽의 분위기는 보다 자유스러워지고 출입절차도 간편해져 오입쟁이들에게 인기를 얻어 장사가 잘 되었다. 그래서 경기가 나빠져 유곽영업이 불황에 빠지면 요시와라에서는 은근히 가택영업을 희망하는 풍조가 있었는데, 그래서인지 요시와라 유곽지대에 불이 나면 무슨 까닭인지 대화로 번졌다는 것. 이 요시와라 유곽의 가택 영업은 메이지유신(1868년) 때까지 20차례나 허가된다. 그러니 유곽 경영자와 오입장이들이 화재 덕을 보았다 할 밖에.

화재로 탈옥의 덕을 본 사람이 있다. 1845년(弘化 2년) 3월 27일. 이날 고덴마죠의 감옥 근처에서 발생한 화재가 옮아 붙어 감옥이 불타는 바람에 입옥중이던 난학(蘭學)의 대가 다까노 쵸에이(高野長英; 1804~1850)가 탈옥을 한다. 다까노 쵸에이는 12~3년 전에 와다나베 까잔(1793~1841) 등 당대의 양학자들과 함께 상치회(尙齒會)[6]를 조직하여 서양 사정을 연구하고 있었다.

▶다까노 쵸에이(1804~1850)의 초상화. 에도 말기 남화가 쓰바끼 찐잔(椿椿山;1801~1854)의 작품으로, 인물의 강한 의지를 잘 그려냈다는 후세 화가들의 평이다.

그러던 중 1837년의 모리슨(Morrison)호 사건과 관련하여 막부의 외교정책에 강한 불만을 품고『보주쓰유메모노가타리(戊戌夢物語)』[7]라는 책을 저술하여 시대착오적인 막부의 쇄국정책을 비판, 이로 인해 막부의 미움을 사 1839년에 체포되어 입옥되어 있었던 것이다. 이때 화재를 당한 감옥 당국자들은 규정에 따라 진화 후 3일 안으로 감옥으로 되돌아오는 것을 조건으로 죄수들을 모두 방면하였던 것이다. 그런데 3일 후 모든 죄수들이 다 돌아왔는데도 쵸에이만은 돌아오지 않았다. 화재를 틈타 잠입해 버렸던 것이다.

그후 쵸에이는 우와지마(宇和島) 번주 다떼 무네나리(伊達宗城; 1818~1892)의 원조하에 도피생활을 계속하던 중 극약으로 얼굴을 태워 인상을 바꾼 후 이름도 사와 산빠꾸(澤三伯)로 고치고 에도 아오야마(靑山)에서 의원을 경영하고 있었으나 밀고가 들어가 1850년 10월 30일, 탈옥한 지 5년만인 이날 체포 직전에 자결하고 만다. 그래서 3월 27일의 감옥화재는 일설에 의하면 쵸에이가 외부인과 내통하여 일으킨 '계획된 방화'였

▶기행길에 나선 바쇼를 수행하고 있는 문하생 가와이 소라(河合曾良;1649~1710). 두 사람은 여섯 달에 걸쳐 6백리 길을 여행하였다.

다고도 한다. 어쨌든 쵸에이로서는 탈옥 목적을 달성한 셈이니 덕을 보았다 할 밖에.

피본 사람 한 사람이 있다. 에도시대 전기 최고의 배인(俳人) 마쓰오 바쇼(松尾芭蕉; 1644~1694)가 바로 그 사람이다. 1682년 12월 28일의 '오시찌(お七) 화재'로 에도 시가지 일부는 불바다가 되었다. 당시 바쇼는 후까가와(深川)의 별저인 바쇼암(芭蕉庵)에 살고 있었는데 이 날 화재가 이곳까지 미쳐 바쇼암도 불길에 휩싸여 소실되기 직전에 이르렀다. 그러자 바쇼는 급한 김에 인근 하천에 뛰어들어 간신히 도망쳐 살아났다는 것. 도망쳐 살아났으니 피도 보고 덕도 보았다 해야 할는지?

이 모두 '인간사 새옹지마'라고, 하늘이 시킨 운명의 장난이었으니 어찌 덕을 볼지 피를 볼지 미리 예측들을 하였으랴. 결과만을 놓고 수지계산을 맞춰 보니 약간 그런 것 같다는 이야기일 뿐이다.

■주(註)

1) 참근교대(參覲交代); 에도막부가 다이묘(大名) 통제의 한 수단으로 그들을 일정 기간 에도에 머무르며 막부에 근무케 한 제도. 격년교대를 원칙으로 하였다.
2) 고상계(御三家); 도꾸가와(德川)장군가의 일가인 오와리(尾張), 기이(紀伊), 미도(水戶)의 세 가문.
3) 모모야마(桃山)식 건축양식; 오다 노부나가(織田信長), 도요도미 히데요시(豊臣秀

吉)가 정권을 잡고 있었던 아즈찌모모야마(安土桃山)시대(1568~1600)에 유행했던 호화로운 건축양식.

4) 구지라부네(鯨船); 고래 잡는 포경선의 의미가 아니다. 쌀 천섬을 실을 수 있는 대형 화물선 센고꾸부네(千石船)를 말하는 것으로, 사람도 1,000명 정도 실어나를 수 있는 용량이었다. 선체가 시커멓고 거대하여 마치 고래를 닮았으므로 이렇게 불렀다. 이것을 두 척 비상대피용으로 스미다가와(隅田川), 지금의 꼬또이바시(言間橋) 근처에 띄어놓았다. 상가가 밀집한 상공업지역 일대는 화재 때 피난처가 거의 없다. 그래서 막부는 화재의 원인은 땔감인 장작과 숯에 있다 하여 신탄조합에 "세금을 내는 대신 센고꾸부네를 만들어 관리하고 일단 유사시에는 주민을 대피시키라"고 명령하였던 것이다.

▶니이가타현 하가시꾸비끼(東頸城) 마츠노야마(松之山) 마을의 달집 태우기 행사.

그리하여 주민을 천명씩 태우고 지바현(千葉縣)의 안전지대까지 대피시킨다는 시나리오까지 짜놓고 있었다. 하지만 실제로 이용된 것은 딱 한 번뿐, 1682년의 오시찌(お七)화재 때뿐이었다.

그런데 실지로 운용해 보니 선체가 너무 커서 기동성이 적은데다 오랫동안 물 위에 띄워만 놓으므로 선체가 부식해 들어가 수선비가 많이 들었다. 그래서 이후로는 이 구지라부네를 그만 두고 2,30명씩 태울 수 있는 소형 선박으로 바꾸게 된다.

5) 사기쵸(左義長) 행사; 정월 14일 또는 15일 날 민간에서 축하송 등 설 장식물을 불태워 악귀를 쫓는 행사. 이날 기다란 대나무 가지를 원추형으로 엮어 세워 달집을 만들고 축하송(松) 축하금줄 신년휘호를 가져와 함께 태운다. 또 그 불로 구운 떡을 먹으면 한해 동안 병에 걸리지 않는다고 한다.

6) 쇼시까이(尙齒會); 에도시대 후기에 와다나베 까잔, 다까노 쵸에이(高野長英) 등 난학(蘭學)에 관심을 가진 사람들이 결성한 서양사정연구회.

7) 『戊戌夢物語』(보쥬쓰유메모노가타리); 다카노 쵸에이가 꿈의 형식을 빌려 집필한 책. 1838년 저술. 내항한 미국 선박 모리슨호를 막부가 격퇴하려 하자 무력에 의한 격퇴를 무모하다며 세계대세를 역설하고 있다.

에도시대의 공창(公娼)과 사창(私娼)
- 구루와(廓)와 오까바쇼(岡場所)

1. 사회질서 유지 위해 공창을 허가하다

　매춘의 기원을 고대 사원에서 신도와 무녀 간에 행해진 성행위에서 찾으려는 일부 견해도 있으나, 이는 어디까지나 종교적 비의(秘儀)의 성격이 짙은 것으로, 속세에서 행해진 매춘과는 거리가 먼 것이다.
　그러면 인류사회에 오랫동안, 세속 행위로서의 매춘이 공공연히 성행하여 왔고 또 그것이 제도로서의 매춘 – 공창 – 으로까지 공인될 수밖에 없었던 이유는 어디 있는 것일까? 그 이유는 여러가지가 있겠지만, 도시 등 인구 밀집지역에 모여든 남성의 수에 비하여 여성의 수가 상대적으로 적었다는 점, 고액의 결혼비용 때문에 많은 남성들이 장기간 독신 생활을 할 수밖에 없었다는 점, 군인이나 대상(隊商)·원양 항해 선원들과 같은 독신 생활자들이 휴일이나 기항지 등에서 성적 해방의 분출구를 찾지 않을 수 없었다는 점, 이러한 이유들이 매춘을 사회적 필요악으로 인정하고 공창을 설치하게 한 원인을 이루고 있는 것이다.
　그 근저에는 또 민중의 성적 불만이 정치에의 불만으로 전화하거나 치안을 문란케 하는 일이 종종 있음을 알고 있는 정치권력자들이 이를 예방하기 위해 또는 고도의 계산된 정치적 음모 수행을 위한 조장책으로 매춘 행위를 공인한 흔적도 다소 엿보이는 것이다. 다만 이로 인해 사회 질서가 현격히 문란해지는 것을 방지하기 위해 특정지역에 이들 시설을 집중시키는 집창제(集娼制)를 채택하였는데, 이렇게 해야만 공창의 감독과 사창의 단속, 성병 방지가 손쉬웠기 때문이다.
　이러한 사회·경제적 배경을 갖는 공창은 그 역사가 오래되어 고대 그리스시대에 벌써 제도로 정착되어 있었다. 당시의 공창 허가자는 아테네의 시인이며 입법자인 집정관 솔론(Solon; BC.640경~BC.560경)이었는데, 그는 사회위기 구원을 위한 또 다른 개혁책의 일환으로 이 공창 설치를 허가한 것이다. 당시 아테네의 변두리 피레우스 지역에는 독방으로 칸막이

한 영업용 유곽 건물이 줄지어 있었다.

고대 로마시대 이후, 공창은 소중한 세원(稅源)의 하나로 정부측의 보호를 받는 한편 사창은 풍기단속 차원의 엄격한 차별적 단속을 받았다. 그 한 예로, 고대 로마에서는 사창가의 창녀가 밤에 나돌아 다닐 때는 반드시 초롱을 들고 다니라는 명령을 받기까지 하였다.

중세 그리스도교 시대에도 공창은 영주들이나 교회로부터 인가를 받았는데, 교황 유리우스2세, 레오 10세, 클레멘스 7세도 매춘업을 인가하고 있다. 16세기 이후에는 중세시대의 영주나 교회 대신 중앙정부나 주 시 등 지방정부가 인가권을 행사하게 되고 이제 공창제도는 전 유럽과 아메리카 등 세계 각지에까지 정착되어 간다.

그러면 일본의 공창의 역사는 어떠한가? 가마꾸라막부(鎌倉幕府; 1192~1333)가 유군벳또(遊君別當)라는 직제를 두어 유곽 관리업무를 관장케 했다는 기록이 가마꾸라 시대의 역사서인『아즈마까가미(吾妻鏡)』에 나오는데 이것이 문헌에 나오는 공창 관련 최고(最古) 기록이다.

그후 무로마찌 막부(室町幕府; 1338~1573)도 유곽업무 관장 부서인 게이세이국(傾城局)을 설치하여 세금을 징수하였다고 전해지고 있다. 그러나 본격적인 공창제는 도요또미 히데요시(豊臣秀吉)의 인가에 의해 1585년 오사카에 유곽 거리가 들어선 이후 정착된다. 그리고 곧 이어 교또, 슴뿌(駿府) 등등 전국 각지로 퍼져 나간다.

2. 일본 삼곽(三廓)의 성립

유곽(遊廓)을 의미하는 구루와(廓)는 원래 성채나 시가지 주위에 흙이나 돌로 담을 둘러친 지역 – 일종의 격리적 성격을 갖는 구역 – 의 의미로 쓰였는데, 이것이 도요또미 히데요시가 1585년(天正 13년) 오사카의 상꼬(三鄕)에 유녀정(遊女町)을 허가함으로써 이 특정의 '격리' 지역에 홍등가가 들어서면서부터 유곽과 동의어로 쓰이게 된 것이다. 그후 1603년 에도에 막부를 연 도꾸가와 이에야스는 먼저 에도의 시가지 조성에 착수하는데, 이 대규모의 신도시 건설공사에 많은 이주자들이 이에야스의 구(舊)영지인 스루가(駿河), 도오또우미(遠江), 미까와(三河), 가이(甲斐)나 사카이(堺), 오사카 교토로부터 에도로 몰려든다.

이들 이주자 대열에는 뒷골목의 창녀들도 많이 끼어 있었는데, 교토의 로꾸죠가(街)와 에비수죠(夷町), 스루가의 미로꾸죠(町), 나라(奈良)의 끼쓰지 등 당시 번창했던 각지의 홍등가로부터 많은 매춘업자들이 창녀들을 데리고 이 신개지로 이주해 온 것이다. 이들은 에도시 곳곳에 산재하여 매춘업을 경영하는데, 이들 홍등가는 때마침 이 신흥도시에 몰려드는 무사, 특히 고향에 처자를 두고 참근교대차(參覲交代次) 단신으로 부임해 온 지방 무사나 새로운 사업을 일으켜 한몫 보려는 상인, 그리고 직인이나 노동자들로 대성황을 이룬다.

그러나 이렇게 성황을 이룬 유녀옥들도 한 곳에 모여 있는 것이 아니라 주로 에도성 밖 이곳저곳에 산재해 있었던 관계로 화재의 위험을 안고 있을 뿐만 아니라 여러 가지 풍기문란 사고를 일으켰으므로 막부는 1605년(慶長 10년) 이 유녀옥들을 간다(神田)의 세이간지(誓願寺) 앞으로 강제이주 시키거나 100여명의 창기들을 하꼬네(箱根) 서쪽으로 쫓아내기도 한다.

이때 이런 문제점을 간파한 매춘업자 한 사람이 막부 당국에 유곽의 설치를 공식으로 청원하고 나온다. 일정한 격리지역 안에 기루(妓樓)들을 집결시킴으로써 자신들의 영업이익도 증대시킬 수 있고 당국으로서는 화재예방이나 풍기단속 효과도 거둘 수 있을 것이라는 판단에서였다.

그 청원자는 일찍이 스즈까모리(鈴ヶ森)의 하찌망궁(八幡宮) 앞에 찻집을 내어 8명의 유녀를 두고 물장사를 했던 전문 매춘업자 쇼지징에몽(庄司甚右衛門)이란 자였는데, 후일 청원이 받아들여져 유곽가인 요시와라정(吉

▶『에도 풍속화첩』에 나오는 아게야 주연(요정 기생파티).

原町)이 생기자 이 지역의 관리자격인 나누시(名主; 우리나라의 면장이나 동장 격)에 지명되는 한편 스스로도 니시다옥(西田屋)이라는 기루를 운영하는 등 요시와라 일대에서는 '오야지'로 통할 만큼 세도를 부리기도 한다. 그러한 그가 1606년(慶長 6년) 막부 당국에 유곽 설치를 청원하고 나온 것이다.

이 당시 막부는 창기업(娼妓業)의 성행을 방임하거나 묵인하는 자세로 임하고 있었다. 그 이유는 창기들의 매춘행위란 정치권력의 힘이나 도덕적 규범으로도 막을 수 없다는 사실을 알고 있는 데다가, 비록 홍등가의 번창이 신흥도시 에도의 발전에 약간 저해요소로 작용한다 할지라도 시민들의 욕구불만을 해소시켜 준다든가 불온분자들의 관심을 홍등가로 돌릴 수 있다는 등의 정치적 이득을 계산에 넣고 있었기 때문이다. 쇼지징에몽의 유곽 설치 청원은 이러한 상황을 배경으로 하고 있었는데, 그는 청원의 취지로 다음의 세 가지 폐단을 들고 있다.

(1) 통제 없는 유녀옥은 가업을 게을리 하고 돈을 낭비하는 자들을 숙박시켜 많은 시간을 유흥에 빠지게 한다.
(2) 낭인 등 불온분자(체제불만 세력)들의 좋은 은신처가 된다.
(3) 인신매매 유괴 등 비인도적 반인륜적 불법행위를 자행하는 매춘업자들이 횡행하고 있다.

이러한 폐단은 홍등가가 각지에 산재해 있어 단속과 통제의 손길이 미치지 못하는 데 그 원인이 있다며 각지에 산재해 있는 사창을 한 군데로 집결시켜 통제 가능한 '구루와(廓)'를 만들 것을 청원한 것이다.

그럴듯한 구실을 내세우기는 하였지만 실인즉 전문 매춘업자들의 '돈벌이' 목적에서 나온 발상인 것임은 의심할 여지가 없다. 그러나 이 청원이 막부에 의해 곧바로 받아들여지지는 않는다. 쇼지징에몽은 6년 후인 1612년에 재차 청원서를 내는데, 그것이 수리된 것은 그로부터 5년 후인 겐나(元和) 3년(1617년) 3월 31일로, 첫번째 청원을 낸 지 실로 12년 만의 일이다. 이때 초대장군 도꾸가와 이에야스는 이미 사망한 뒤이다.

이때 막부가 설치 조건으로 업자들에게 제시한 각서가 저 유명한 〈元和 5개조〉이다.

   (1) 곽(廓) 설치 이후는 ㅇㅇㅇ 이외의 장소에서의 영업은 일체 금지할 것.
   (2) 유녀옥에서는 유객(遊客)을 하룻밤 이상 숙박시키지 못하게 할 것.
   (3) 유녀들은 어느 곳에서라도 수수한 옷차림을 할 뿐 사치스런 옷은 입지 못하게 할 것.
   (4) 방의 치장은 검소하게 할 것이며 정(町)에서 부과하는 과역(課役)은 규정에 따라 잘 지킬 것.
   (5). 신원 수상자는 지체없이 당국에 신고할 것.

허가와 함께 막부는 후끼야죠 동쪽 2정(町) 사방(四方) - 218㎡ - 면적의 토지를 건설부지로 내려준다. 이곳은 갈대가 무성한 늪지대였으므로 요시와라(蘆原)라고 불렀으나, 재수 있으라고 '吉原(요시와라)'로 개명하고 곧바로 공사에 착수, 1년반 후인 다음해 11월에 준공을 보아 일제히 개업한다.

요시와라 유곽은 출입구인 오오몽(大門)을 밤 10시부터 다음날 아침까지 잠가 무절제한 출입을 통제하는 등, 각서 내용을 충실히 지키면서 영업을 해 나가는데, 그야말로 에도의 대향락지로서 에도문화의 발전에 적지 않은 영향을 끼친다.

이때 막부가 유곽 설치를 허용한 것은 도시정책의 일환으로서의 공인 유곽의 사회경제적 효용성을 크게 인정한 때문이었다. 즉 도시건설이 진행되어 시가지 구역이 확장되고 도시 기능이 확대됨에 따라 지방 무사나 직인, 품팔이꾼들이 대거 에도로 몰려들고 이에 따라 필연적으로 발생할 여자 관련 풍기문란 행위를 단속하는 데 공인 유곽의 필요성을 느꼈기 때문이다.

그런데 애초 시외의 변두리 지역에 설치한 요시와라 유곽도 40여년의 세월이 흐르자 시가지 확장으로 시내 중심가에 편입되는 꼴이 되어 1656년(明曆 2년) 막부로부터 아사쿠사(淺草) 센소지(淺草寺) 뒤편의 니혼즈쯔미(日本堤) 아래의 전답지대인 산야(山谷; 현재의 台東區 淺草 북부지역 일대)로 이전령이 내려진다.

이해 10월 9일 관할관인 북정봉행(北町奉行) 이시가이 사다교(石谷貞淸)는 요시와라의 구역 책임자들을 호출하여 유곽을 센소지 뒤편의 전답지역으로 옮길 것을 통보한다. 이때 유곽의 매춘업주들은 교외 변두리 지역으로의 이전에 따르는 불편과 영업 부진을 우려하여 잔류를 탄원하고 나오지만 묵살되고 만다. 그러자 막부는 교환 조건으로 이전에 따른 다음 5개항의 보상을 약속한다.

(1) 지금까지의 유곽 부지 218㎡에 5할의 토지를 더 확장해 준다.
(2) 지금까지는 주간영업만 허가하였으나 앞으로는 야간영업도 허가한다.
(3) 유곽영업의 방해자가 되어 온 무허가 사창(私娼)인 매춘 목욕탕 200여개소를 폐업시킨다.
(4) 산노마쓰리(山王祭), 간다마쓰리(神田祭) 등 신사 제례 때의 잡역 동원과 화재 뒤처리 등의 부역 동원을 면제한다.
(5) 이전 비용으로 19,000량을 보조한다

이전은 피할 수 없는 막부의 방침인데다 조건도 만족스러웠으므로 업주들도 이를 승낙하고 나온다.

업자들은 다음해 3월부터 이전 예정지의 전답 매축(埋築) 등의 공사 착수계획을 세우고 이전준비에 들어갔으나, 1월 18일 에도에 화재(明曆의 대화)가 발생, 영업중인 현재의 유곽이 전소하자 이전을 서둘러 공사가 끝난 8월 중순경 새 유곽에서의 영업이 시작된다. 이때부터 이 신유곽을 신요시와라(新吉原), 이전 이전의 구유곽을 모토요시와라(元吉原)로 부르게 된다.

그런데 재미있는 일은, 새 유곽 건설공사가 진행중인 6개월 남짓의 기간을 '참지 못하고' 업주들은 인근의 농가를 빌어 가택 영업을 했다는 사실이다. 잠시도 오입질을 하지 않고는 못 배겼을 에도 시대 난봉꾼들의 성화에 못 이겨(?) 재빨리도 가택영업의 묘안을 짜냈을 매춘업 천재들의 기발한 상술이 연상되어 흥미롭다.

한편 교또에도 여러 차례의 이전과 확장을 거듭한 끝에 1640년 공인 유곽인 시마바라(島原)가 개설된다.

교또(당시는 '교(京)'로 불렀다)에 최초로 유곽의 전신인 게이세이마찌(傾城町)가 생긴 것은 도요토미 히데요시 치세 때이다. 도요토미 히데요시가 천하통일을 이룩한 1589년(天正 17년), 지금의 교또인 교(京)의 니죠야나기마찌(柳町)에 유녀(遊女)거리가 들어서는데, 이것이 후일의 유곽의 모태이다.

이 니죠 야나기마찌 유곽은 덴쇼(天正) 17년 하라사부로 자에몽(原三郎左衛門)과 하야시 마따이찌로(林又一郎) 두 낭인이 히데요시의 허가를 얻어 개설하였는데, 그후 1602년(慶長 7년) 니죠성(城)의 조영과 풍기 단속 방침에 따라 로꾸죠로 옮겨가 로꾸죠야나기마찌 유곽으로 불리게 된다. 그후 40년이 지난 1641년(寬永 18년) 도시 확장과 풍기 문제로 재차 이전령이 내려져 이번에는 니시수자꾸(西朱雀) 지역으로 옮겨 간다. 이것이 바

▶유곽에서 유녀들이 집 앞에 늘어앉아 자신들의 용모와 몸매를 선보이며 손님들의 선택을 기다리고 있다. 붕까기(文化期:1804~1817)의 풍속.

로 시마바라(島原) 유곽이다.

그런데 이 '시마바라'란 유곽 명칭과 관련해서는 좀 특이한 사연이 있다. 그때까지는 신시가지가 개설되면 옛 지명을 그대로 신시가지에 갖다 붙이는 것이 관행이었으나 이 깡에이(寬永) 18년의 이전령은 너무 갑작스런 것이었으므로 그 혼란상이 마치 깡에이 14년에 일어난 '시마바라의 난'과 비슷하고 또 유곽의 흥청거림 역시 시마바라의 난과 같이 시끌벅적한데다 유곽의 구조가 저 시마바라성(島原城)과 비슷하다 하여 시마바라 유곽이라 부르게 된 것이다. 시내에서 유곽으로 들어가는 길은 외줄기 길이고 출입구도 한 곳뿐인데다 주위에 담을 쌓고 해자를 둘러 파놓은 것이 전형적인 곽의 형태를 갖추고 있었다.

오사카에도 에도의 요시와라, 교토의 시마바라와 함께 일본 3곽(廓)으로 불리는 관허유곽 신마찌(新町)가 있다. 신마찌 유곽은 덴쇼~게이죠 년간(1573~1615)에 걸쳐 시내의 여기저기에 산발적으로 들어선 유녀옥들을 겐나~깡에이 년간(1615~1644)에 한 곳에 모아 새로운 유곽거리를 만든 데서 붙여진 이름이다. 이 신마찌유곽은

▶도츄우(道中) 행렬. 유녀(遊女)들이 성장을 한 채 유곽 안을 거닐며 미모를 과시하고 있다. 덴메이기(天明期; 1781~1788)의 풍속.

"교토 시마바라의 (유녀)아가씨에게/ 에도 요시와라 아가씨들의 기개를 불어넣고/ 나가사키 마루야마(丸山) 아가씨들의 몸치장을 시켜/ 오사카 신마찌의 요정에서 놀아보고 싶네"

라는 풍자시의 표현처럼 오늘날의 요정 비슷한 아게야(揚屋) 영업이 발달해 있는 것이 특색이었다. 그도 그럴 것이 오사카는 일찍부터 상인의 도시로 불렸을 만큼, 물상객주들끼리의 상담이나 고객 접대를 위한 아게야 주연(揚屋酒宴) - 요즘식으로 말하면 일종의 요정 기생파티 - 이 성행하였으므로 일찍부터 신마찌에 아게야가 번창한 것으로 보인다.

3. 외국인을 주로 상대한 나가사키(長崎)의 마루야마(丸山) 유곽

이들 3곽에 나가사키의 마루야마 유곽을 합하여 소위 '일본 4곽'이란 딱지를 붙이는데, 이 마루야마 유곽은 전기 3곽과는 다른 특수성을 가지고 있었다. 주로 외국인을 상대로 영업을 한 점이다. 우리나라의 동두천이나 파주 일대, 그리고 1960년대 의정부 일대, 서울 이태원 주변 등 주로 미군 거주 지역에 번성했던 외국인 상대의 특수 매춘 지역쯤에 해당하는 곳이다. 에도시대, 외화벌이의 역군(?)이었을 '양공주'들의 활동구역이기도 하였다. 그래서 돈과 외국 물품도 많이 나돌았고 밀수나 외국인 상대의 연애담 등이 숱한 화제를 뿌리기도 하였다.

1630년경, 나가사키에서는 시중에 산재하는 유녀옥들을 마루야마죠(丸山町)와 요리아이죠(寄合町) 두 곳으로 체지이전(替地移轉)시켜 이 인접한 두 지역에 마루야마 유곽을 설치한다. 나가사키에는 이미 이보다 앞선 게이죠(慶長)년간(1596~1615)부터 시중의 하까다죠(博多町)·신가미야죠(新紙屋町)·신고우라이죠·오이데죠(大井手町) 등지에 사창가가 들어서 매춘업들을 해 왔는데, 화재 등의 이유도 있고 하여 이번에 하까다죠의 유녀옥들을 이전하여 마루야마 유곽을 개설하고, 나머지 신가미야죠·신고우라이죠·오이데죠 등의 유곽들은 요리아이죠로 이전시켜 요리아이 유곽가를 만든 것이다. 이 또한 2년 전에 교토 시마바라로 이전한 로꾸죠의 야나기죠 유곽이나 훨씬 후인 1657년에 아사쿠사로 이전한 에도의 요시와라 유곽처럼 풍기숙정 목적하의 시가지 변두리 지역으로의 이전 방침에 따른 것이었다.

나가사키는 1571년(元龜 2년) 포르투갈에 첫 개방한 이래 국내 최대의 무역항으로 발전하여 왔고, 그후의 쇄국기에도 데지마(出島)의 외국인 거주지역을 중심으로 한 무역항으로 번성하며 외국문화의 도입 창구로 서양문화의 도입에 독특한 한 구실을 했던 곳이기도 하다.

그러한 지리적 특성 때문에 마루야마 유곽의 유녀들은 다른 지역의 유녀들에게서는 찾아볼 수 없는 특색을 가지고 있었다. 이들은 시내에 잡거하는 중국인, 조선인 거주 지역이나, 1634년(寬永 11년) 포르투갈 상인들의 거주지역으로 조성한 4,000평 넓이의 부채꼴형 인공 매립섬인 데지마(出島)에 출입하며 시내를 자유로이 나다닐 수 있는 특권을 부여받고 있었는데, 이를테면 이들은 그곳을 드나들며 외국인 상대의 출장식 접대영업을 했던 셈이다. 이들은 특히 중국인이나 네덜란드인들로부터 호화스런 의상을 선물받거나 진귀한 요리를 대접받기도 하여 매춘부 신세임에도 불구하고 주위의 부러움을 샀다고도 한다.

4. 요시와라 나들이에는 어떤 절차와 비용이 필요하였는가?

그러면 에도의 난봉꾼들은 어떻게 요시와라에 드나들고 어떤 방식으로 오입들을 하였을까? 몹시 궁금해진다.

신요시와라는 에도의 시가지 맨 끝에 위치하고 있어, 이곳에를 가려면 센소지(淺草寺) 옆길로 해서 니혼즈쯔미(日本堤) 둑길로 나오든가, 센소지 뒤편의 논길을 지나 니혼즈쯔미 뚝길의 중간쯤 되는 지점으로 나오든가, 우에노(上野) 방면에서 다이온지(大音寺) 앞길로 빠져나와 미노와(三の輪) 옆길로 해서 니혼즈쯔미 뚝길로 나오든가, 센소지 뒤편의 논길을 지나 니혼즈쯔미 뚝길의 중간쯤 되는 지점으로 나오든가, 우에노 방면에서 다이온지 앞길로 빠져나와 미노와 옆길로 해서 니혼즈쯔미 둑길로 나오든가, 배로 스미다가와(隅田川)를 거슬러 올라가다가 산야보리(山谷堀) 수로로 들어와 니혼즈쯔미 둑길로 오르든지, 어떻든 시내로부터 그 먼길을 거쳐 요시와라 유곽의 출입구로 가는 이 니혼즈쯔미 제방으로 들어서지 않으면 안 되었다.

요시와라에를 걸어서 가면 교통비는 들지 않았지만 걷기에는 너무 먼 곳이었으므로 대개는 가마나 말을 타거나 그렇지 않으면 야나기바시(柳橋)에서 쵸끼부네(猪牙船)라는 물윗배(川船)를 타고 가는 수가 많았다. 그래서 에도 후기에는 유곽 나들이 손님을 태우고 다닌, 네 귀의 기둥을 대로 만든 영업용 요쓰데(四つ手) 가마를 요시와라 가마(吉原駕籠)라고까지 부르게 된다.

운임은 거리나, 타고 가는 가마나 배의 격에 따라 다소 차이가 있게 마련이지만, 보통 1몸메(刃; 金貨 한 량의 60분의 1)~3몸메 5분(分; 1몸메의 10분의 1) 정도 들었다. 다만 가마를 이용할 경우에는 평시의 가마 대금 외에 또 그 20배에 해당하는 술값을 요구하기도 하였다. 가마가 편해서 그랬든지 혹은 신분 노출을 막을 수 있어 그랬든지, 어떻든 오입쟁이들의 약점

(?)을 이용하여 이렇게 많은 바가지를 씌웠던 것이다.

　이상은 교통비이고 화대는 얼마만큼 주어야 했던가? 모토요시와라(元吉原) 시대를 기준으로 보면, 당시에는 유녀들에게 여러 계급이 있었는데 그 중 상위에 속하는 따유(太夫)는 은(銀) 35몸메, 그 다음인 고오시죠로(格子女郞)가 25몸메, 또 그 다음인 쓰보네죠로(局女郞)와 맨 하위인 하시죠로(端女郞)가 각각 20몸메와 5몸메의 화대를 받았다. 이 시기에는 야간 영업이 금지되어 있었기 때문에 이는 모두 주간 유흥비였다. 그러나 신요시와라로 옮겨간 후로는 주야 영업제가 부활되었으므로 화대에도 주야의 구별이 생기게 된다.

　그런데 요시와라 유곽에서 가장 비용이 많이 들고 절차가 까다로웠던 유흥에 '요시와라아소비(吉原遊び)' 라는 것이 있었다. 기생을 끼고 하는 일종의 요정 연회라 할 것인데, 이는 주로 초기 요시와라 시대에 성행하였던 것으로, 격 높은 유녀인 따유(太夫)나 고오시죠로(格子女郞)만을 상대로 하여 벌이는 유흥이었다.

　먼저 유객이 유곽에 들어서면 오늘날의 요정쯤에 해당하는 아게야(揚屋)로 올라간다. 전에 여러번 와서 사귀어 놓은 단골 창기가 있으면 그 이름을 대고 포주 집에서 불러와 놀다 가면 된다. 그러나 처음 들러 아직 단골 기생이 없는 유객은 먼저 감독 할멈의 눈총 심사를 받아야 한다. 야리떼(遣手)라고 불리는 이 감독할멈은 유객의 용모나 차림새를 보고 품평을 한 다음 그에 걸맞을 유녀를 결정한다. 상대할 유녀가 결정되면 그 유녀가 소속되어 있는 포주 집 주인 앞으로 창기명을 적은 단자를 보낸다. 그 단자지(單子紙)에는 아게야 주인이 기명 날인한 보증문이 기록되어 있다.

　그동안 유객은 아게야에서 다이꼬모찌(太鼓持; 연회석에서 막간을 이용하여 술자리의 분위기를 흥겹게 해주는 남자)를 상대로 술을 마시며 흥을 돋운다. 한편 지명을 받은 유녀는 성장을 하고 행렬을 지어 요시와라의 중심가 나가노죠(中之町)를 거쳐 아게야로 가는데, 이 행렬을 '도츄우(道中)'

에도 시대의 공창과 사창　119

라 하며 이름있는 유녀의 도츄우 행렬은 곧잘 우끼요에(浮世繪)의 소재가 되기도 하였다. 이렇게 지명을 받아 아게야의 연회석에 올라 손님 접대를 하는 것인데, 여기서는 요시와라 독특의 상견례가 치러진다.

첫날은 초회(初會)라 하여 첫선 보는 것으로 끝나고 두번째는 얼굴 익히기 정도의 주연으로 끝내며 마지막 3회째의 대면으로 단골손님 자격을 얻어 잠자리를 함께 할 수 있는 것이다. 그런데 초회에서 유녀의 마음에 들지 못한 '불합격생' 유객은 그대로 퇴짜맞은 것으로 끝날 뿐, '일사부재의(?)' 원칙에 따라 다시는 관계를 맺을 수 없다.

이와 같이 '요시와라 아소비(吉原遊樂)'에는 까다로운 절차와 함께 막대한 비용이 들었는데, 그 비용의 내역은 다음과 같다.

  (1) 3회에 걸친 아게야의 중개료
  (2) 연회 자리에 참석한 다이꼬모찌에게 쥐어주는 팁
  (3) 유녀의 화대
  (4) 함께 데리고 온 초급 동기(童妓) 두 사람과 감독할멈에게 주는 팁
  (5) 연회석의 비용
  (6) 기타 종업원들에게 쥐어주는 팁

이것은 기본이고 일이 성사되면 또 침구대와 유녀의 사철 옷값을 지불해야 했다. 이처럼 요시와라 아소비는 돈많은 상인이나 특권계급 인사들만이 즐길 수 있는 유흥이었을 뿐 일반 서민들에게는 꿈도 꿀 수 없는 호화 사치성 향락이었다.

이러한 사정 때문에 요시와라 아소비와 아게야 영업은 신요시와라에로의 이전 후는 유객의 기호와 주머니 사정에 맞지 않다 하여 쇠퇴의 길을 걷게 되고 고급 유녀인 따유나 고오시죠로들은 명목상의 존재로만 남게 된다.

또 아게야의 쇠퇴에 더욱 박차를 가한 것은 값싼 비용과 간편한 절차로

놀 수 있는 히끼떼짜야(引手茶屋)의 번창이었다. 이 히끼떼짜야는 원래는 유곽에서 손님을 단골이나 지정 창녀 집으로 안내하는 일종의 중개찻집이었는데, 이것이 직접 유객들에게 매춘을 시키는 창녀집으로 변질하여 돈 없는 유객들에게 인기를 얻었다.

그후 겐록(元祿; 1688~1704)시대에 들어오면 이들 유곽도 돈만 내면 어떠한 손님도 거절하지 않는 하급 유녀 위주의 단순 매음 전용무대로 전락하며 또한 이들 하급 유녀들도 점차 영역을 침범해 들어오는 사창가의 유녀들과 힘겨운 생존 싸움을 벌이게 된다.

5. 법외(法外) 사창과 역참(驛站) 주변 메시모리온나(飯盛女)들

요시와라가 막부 공인의 유곽으로서 법의 보호를 받아가며 영업을 한데 반하여 당국의 눈을 피해 법을 위반해 가면서 영업을 한 사창가를 오까바쇼라 하였다.

'오까(岡)'란 말은 오까메하찌모꾸(岡[傍]目八目; 바둑은 대국자보다 구경꾼이 여덟 수 더 앞을 내다본다는 데서, 본인보다 제3자가 시비곡직을 더 잘 안다는 뜻), 오까보레(岡惚れ; 남(의 애인)을 짝사랑함; 혼자 열을 올림), 오까야끼(岡燒き; 자기와 직접 관련도 없는 남들끼리의 사이가 좋음을 질투함)란 단어들의 접두사 '岡(傍)'에서 유래한 것으로, '당사자 아닌…', '관허자 아닌…', '방계의…', '법외의…' 등의 의미를 함축하고 있다.

모토(元)요시와라 시대에는 대중탕 소속의 창녀인 유나(湯女)들에 의한 사사로운 매춘이 성행하여 유곽의 영업을 방해하며 애를 먹였다. 그래서 요시와라 유곽의 경영자들은 신요시와라로 이전할 때 막부 당국에 이전 조건의 하나로 이들 유나들의 퇴치를 요구하는데, 이 요구를 받아들인 막부 당국자들은 사창 일대단속을 실시하여 잡아들인 유나들을 에도성 밖으로 내쫓거나 유곽에 강제 편입시키기도 한다. 이 일제단속을 께이도(警動; 怪動, 傾動)라 하였는데, 그 효과도 일시적일 뿐 사창은 근절되지 않아 요시와라 유곽과 이들 사창들과의 밥그릇 싸움은 그후의 덴뽀개혁(天保改革; 1841~1843)으로 막부가 시나가와(品川), 나이또신쥬꾸(內藤新宿), 센쥬(千住), 이따바시(板橋) 등 4개 숙역을 제외한 전 지역의 오까바쇼를 철거할 때까지 계속된다.

무허가 사창인 오까바쇼가 단속을 무릅쓰고 비밀리에 영업을 하기 시작한 것은 교호(享保; 1716~1736)년간부터이며, 전성을 이루어 요시와라 유곽을 능가하는 세를 과시하기에 이른 것은 호레끼(寶曆; 1751~1764)년간부터이다. 이처럼 오까바쇼가 관허유곽인 요시와라보다 유객들의 인기를 더 모았던 것은 (1)까다로운 절차 없이 간편하게 출입할 수 있고 (2)요금이 싸고 (3)에도 시중의 각처에 산재해 있어 쉽게 드나들 수 있는 지리(地利)를 얻고 있고 (4)평상복 차림으로 마음편히 드나들 수 있다는 등의 이유 때문이었다.

골목골목마다 들어선 오까바쇼가(街)의 수는 이시바시 마꾸니(石橋眞國)가 지은 『유곽(遊廓)』(1844년 간행)이라는 책에 의하면, 전 에도를 통틀어 후까가와(深川), 나까죠(中町), 신찌(新地) 등 무려 77개 가(街)에나 이르렀다 한다. 사람 몸의 실핏줄처럼 퍼져 있었으니 유곽보다 성세를 이루었다 할 밖에.

이들 오까바쇼는 주로 참배객이나 통행객들로 붐비는 절이나 신사의 문전거리에 들어서 있었는데, 이 문전거리는 사사봉행(寺社奉行) 관할하에 있었으므로 사창 단속 관청인 정봉행(町奉行)의 관할 밖에 있었다. 설교하는 사람의 말보다 칼 든 사람 말 더 잘 듣는다는 격으로 직접 단속권을 가진 정봉행의 관할 밖에 있었다는 것이 영업 번창의 한 이유가 되었는지도 모른다.

후까가와, 혼죠, 네즈(根津), 오또와(音羽), 아사쿠사의 오까바쇼는 특히 유명하였는데, 그 중에서도 후까가와 오까바쇼는 도미오까(富岡)의 하찌망 신사(八幡神社) 앞거리를 중심으로 밀집해 있었던 규모도 크고 역사도 오래된 사창가였다. 이 하찌망 신사 앞에 있던 세 채의 찻집이 15~16세의 아리따운 아가씨 10명씩을 고용하여 참배객들에게 술을 따르고 고우따(小唄) 등의 속요도 부르게 하며 접대케 한 것이 후까가와 오까바쇼 탄생의 시초이다. 뒷날에는 당시 유행했던 이세오도리(伊勢踊り) 춤을 추게 하여 손님들로부터 많은 인기를 얻어 메이와(明和)년간(1764~1772)부터는 많은 손님이 밀려들게 된다.

이 후까가와 일대의 사창가에서는 유객이 찻집에 들러 기생이나 창기를 주석으로 불러내어 노는 방식과 유객이 직접 기루에 올라 창기와 관계를 맺는 방식이 있었는데, 전자의 경우처럼 불러내는 창기를 요비다시(呼出し), 기루에 앉아 손님을 받는 창기를 후세다마(伏玉)라 불렀다. 붕까(文化; 1804~1818) 년간에는 후까가와 일대의 찻집이 이백수십 호나 되었다 한다.

오까바쇼는 막부의 공인을 받은 요시와라에 비하여 출입 절차나 사교예법이 덜 까다롭고 간편한 방식으로 놀 수 있다는 이점 때문에 인기가 있었다. 요금도 요시와라가 하룻밤 단위로 계산을 하는 데 비하여 하루를 4등분하여 계산하므로 저렴하였다. 또 요시와라가 멀리 한적한 교외에 격리되어 있는 데 반하여 오까바쇼는 시중에 산재해 있어 쉽게 찾아갈 수 있는 지리상의 이점도 있었다. 이러한 이유들로 인해 덴뽀개혁으로 철거된 후에도 이리저리 옮겨 다니며 위장영업 등의 방법으로 계속 명맥을 유지해 가게 된다.

6. 양갓집 규수도 홍등가로

교또에 로꾸죠 야나기마찌를 정점으로 유곽이 번창해 있을 때의 일이다. 분로꾸(文祿) 4년(1595년), 아직 권좌에 앉아 위세를 떨치고 있던 전국시대 최후의 무장 도요토미 히데요시(豊臣秀吉; 1536~1598)가 교토의 유녀들 가운데 미인들을 차출하여 도꾸가와 이에야스를 비롯한 휘하의 무장들에게 나누어 준 일이 있다. 이때 차출된 많은 유녀들 가운데 유난히 이목구비가 뚜렷하고 행동거지가 정숙하고 온화해 보이는 미녀가 있었다. 그래서 가무를 한 번 해 보이라고 명령을 하였으나 무슨 속셈에서인지 완강하게 거부하고 응하지 않았다. 이를 수상히 여겨 내력을 알아보니 짐작한 대로 명문가의 규수였다.

무슨 까닭으로 이런 곳에까지 흘러들어 왔는지…? 더욱 궁금해진 측근들이 수소문하여 규수의 집안 형제들을 불러 물어 보니, 이 아가씨는 이전에도 두 번이나 홍등가에서 일한 적이 있고 그때마다 가족들이 몸값을 치루고 빼내어 갔는데 또 다시 이곳으로 되돌아 왔다는 것이다. 보통사연은 아니랄 수밖에….

또 하나의 에피소드.

게이쵸(慶長) 13년(1608년), 홍등가가 한창 붐비는 정월 어느날, 인기있는 유녀 한 사람이 모습을 감추어 소동이 일어났다. 주인은 사방으로 사람을 놓아 찾아 나섰던바, 그 처녀는 히고(肥後; 지금의 熊本)의 한 산골에 숨어 있었다. 그녀에게는 애인이 있었던 것이다. 오우미국(近江國)의 하급관리 세리자와 심뻬이(芹澤新平)라는 용모 준수한 미청년이었다. 두 사람은 함께 손을 잡고 처녀의 고향 인근 마을로 숨어들었던 것이다. 추적자들에게 붙잡힌 두 사람은 곧 바로 스루가(駿河)의 관아에 갇히고 만다. 죄명은 '무단도주'. 『當代記』에 나오는 일화이다.

그러면 교토의 환락가 로꾸죠 야나기마찌의 홍등가에 매춘부로 들어온 이 여자들은 도대체 어떤 여성들이었을까. 이들의 출신 성분은 여러가지였다. 위의 이야기에 나오는 양갓집 규수는 곡절은 있어 보이나 이례적인 경우라 할 수밖에 없는 특별 케이스이고. 분명 경제적인 이유에서만은 아닌 것 같다.

유녀들 가운데 가장 많은 수를 차지하는 부류는 당시의 시대 상황을 반영하듯, 전국쟁란의 전투에 패한 무사들의 처첩과 딸들이었다. 남편을 잃고 살 곳마저 빼앗긴 이들이 갈 곳은 홍등가일 수밖에. 이들 전쟁 미망인(?)들이야말로 군웅의 할거전쟁이 낳은 사생아들이랄 수밖에.

또 한 부류는 1582년부터 1598년 사이에 도요토미 히데요시에 의해 단행된 태합검지(太閤檢地)로 농토를 잃은 농민과 소지주들의 처나 딸들이었다. 이들 역시 먹고 살기 위해 이곳 홍등가로 들어와 창녀가 된 것이다.

또 있다. 인신매매범의 꼬임에 빠져 이곳 홍등가로 흘러들어 왔을 처녀들이다. 전국쟁란기의 난세였던 당시에는 치안부재를 틈탄 부녀자 납치와 인신매매가 성행하였던 때이므로 그렇게 홍등가로 흘러들어 와 유녀가 된 사람들도 많았다. 더구나 분록구(文祿) 게이쵸(慶長)의 난(임진 정유의 난) 때 출정한 무사와 상인들에 섞여 조선에 건너간 인신매매업자들이 수많은 남녀 노약자들을 잡아 왔는데 이들 가운데 젊은 여성들이 이곳으로 팔려 들어왔을 가능성도 배제할 수 없다. 그러고 보면 앞에 나온, 고향으로 사랑의 도피행을 단행한 그 처녀는 빈궁한 농민의 딸이었을 가능성이 크다.

빈궁과 전쟁, 그로 인한 전쟁미망인과 전쟁고아의 속출, 부모의 약값이라도 벌어 보려고 팔려 왔을 농촌 처녀들. 이들도 이곳 홍등가 유녀들의 많은 출신성분을 이루고 있었다 할밖에.

7. 명기들과 교분 맺은 유명인사들

에도의 한량들도 격찬한 교토의 유녀들 가운데서는 많은 명기들이 나왔다. 시마바라로 옮겨가기 이전의 로꾸죠 미수지마찌(三筋町) 시대에는 '미수지 7기(妓)'로 불리운 고급 창기들이 미모를 겨루었고, 그밖에 '로꾸죠 사천왕'과 깐붕(寬文; 1661~1673) 년간의 '後期 사천왕'들도 교토의 손꼽히는 명기들이었다.

이들은 따유(太夫)라고 불리운 한낱 고급 창기 신세에 지나지 않았음에도 불구하고 재색을 겸비한데다가 높은 교양을 지니고 있어 항상 선망과 화제의 정점에 서 있었으며 교유한 상대들도 당시의 지체높은 문화계 명사나 권력자들이었다. 타고난 미모 외에 다도, 서예, 샤미센 연주 등의 풍류에도 정통했던 이 고급 유녀들. 그 가운데 특히 빼어난 두 사람의 명기가 있었으니, 그 미모의 쌍봉은 요시노따유(吉野太夫)와 야찌요따유(八千代太夫)였다.

그 중의 한 사람 야찌요 따유가 사랑한 사람은 고요우제이(後陽成) 천황(제107대)의 제8황자인 료쥰(良順)친왕. 오늘날의 처지로 말하면 최고위층의 자제로 실세 중의 실세라 할 귀하고도 귀하신 신분이었다.

일곱 살 때 아버지를 여의고 홀어머니에 의해 야나기마찌의 요정에 견습 동기로 들여보내진 그는 열여섯 살 나던 해 봄에 창기 최고의 위계인 따유(太夫)로 승격, 이때 야찌요(八千代 ; 아름다운 미모를 오래 간직하라는 뜻)라는 기명을 받는다. 죠오(承應) 3년(1654년) 7월에 헤이안시대의 설화집인 『이세모노가타리(伊勢物語)』를, 메이레끼(明曆) 원년(1655년)에는 가마꾸라 시대의 가인인 껭고(兼好) 법사(1283경~1352 이후)의 수필집 『쓰레즈레쿠사(徒然草)』를, 동 3년에는 『古今和歌集』과 헤이안 시대의 장편 궁중소설인 『源氏物語』를 각각 해독 암기할 정도로 영특하고 문재에 뛰어났던 그가 료쥰 친왕과 친해진 것은 와까(和歌) 공부를 통해서였다.

료쥰 친왕은 어린 시절 정토종의 총본산이며 초대장군 도꾸가와 이에야스의 보리사이기도 한 찌옹인(知恩院)에 들어갔는데, 겐나(元和) 원년(1615년)에는 이에야스의 양자가 되었으며, 4년 후에는 삭발하고 이름을 료쥰(良順)으로 고친다. 료쥰친왕은 평소 낮과 밤을 가리지 않을 정도로 술을 좋아하여 미수지마찌의 유곽에 드나들다가 야찌요와 친해져 정교를 거듭하게 된다. 때로는 술기운에 정신을 잃고 사람을 베기도 하여 마침내

가이(甲斐)의 덴모꾸잔(天目山)으로 유배까지 간다. 그 뒤 만지(万治) 2년(1659년) 6월 유배에서 풀려나 교또로 돌아와 센뉴지(泉涌寺)에 귀의하여 수도생활을 하다가 깐붕 9년(1669년)에 66세의 나이로 사망한다.

그는 에도 후기의 희작자(戱作者)인 교꾸데이 바낑(曲亭馬琴; 1767~1848)이 수필집에서

▶에도시대 초기의 전설적 검객 미야모도 무사시의 전신상.

"유녀 야찌요와 깊은 정교관계를 맺으셨다. 그의 방탕스런 행동은 도를 지나쳐 당시의 쇼시다이(所司代; 교또의 경비와 일반정무를 취급하던 직책) 이따구라(板倉)공으로부터의 누차에 걸친 간언에도 불구하고 못들은 체 하였으므로 이따구라공 하는 수 없이 약간의 몸값을 지불하고 야찌요를 기적에서 빼내어 친왕에게 헌상하였다. 그뒤 친왕이 유배 길에 오를 때 야찌요도 배소에까지 따라갔다. 이런 점으로 미루어 야찌요의 명성이 요시노(吉野)보다 높다 할밖에…"

라고 기록할 만큼 야찌요와 깊은 사랑에 빠진다. 경우는 좀 다르지만 양녕대군과 천기와의 신분을 떠난 사랑을 연상케 해준다.

야찌요가 친왕과 같은 고위층 권력실세와 정교관계를 맺었다면 요시노 따유는 사회 저명인사들과 깊은 사교관계를 맺고 있었다. 그중 하나가 유명한 검객 미야모토 무사시(宮本武藏; 1584~1645)와의 교유관계이다.

이와 관련된 일화 하나. 어느날 렌다이노(蓮台野)에서 요시오까(吉岡)검법의 종가인 요시오까 교쥬로(吉岡清十郎)를 베어 쓰러뜨린 미야모토 무사시는 도검 감정가이며 서도가인 혼아미 고엣스(1558~1637)의 안내로

교또의 호상 하이야 쇼에끼(灰屋紹益; 1610~1691)와 함께 로꾸죠 야나기마찌의 요정 오우기야(扇屋)에 들른다. 이 요정의 간판기생이 저 유명한 요시노따유였다.

요시노는 이날 밤 가인(歌人) 가라스마루 미쓰히로(烏丸光廣), 고노에 심뻬이(近衛信平) 등 당시 내로라하는 교또 문인들의 연회 자리에 불려 나와 있었다. 요정에 들어간 쇼에끼가 그 요시노를 부르러 간 사이에 무사시는 그 자리를 살짝 빠져 나왔다. 요시오까의 제자 덴시치로로부터 결투 신청이 들어왔기 때문이다. 그래서 미야모도는 근처에 있는 천태종의 사찰 렝게오우잉(蓮華王院) 뒷산에서 덴시치로를 해치우고 오우기야에 돌아왔는데 그때 모란밭 한 모퉁이의 초옥에 마련한 연석에는 마쓰히로 심뻬이와 고에쓰 쇼에끼 외에 임제종의 승려인 다꾸앙(1573~1645)도 참석해 있었다.

무사시가 요시노의 옆자리에 자리잡고 앉자 재빨리 눈치를 챈 그녀는 무사시의 피묻은 옷자락을 회지로 쥐어짜듯이 닦아냈다. 이를 본 미쓰히로가 "아니 이건 피가 아닌가" 하고 묻자 요시노는 시치미를 뚝 따고 "아니예요. 홍모란 꽃잎인가 봐요" 하고 얼버무렸다.

드디어 연회가 끝나고 일행이 자리를 뜰 때 요시노는 무사시를 붙들어 앉혔다. 덴시치로의 복수를 위해 요시오까 일문의 검객들이 무사시가 나오기를 기다리고 있었기 때문이다. 요시노는 마주앉은 무사시에게 "나으리 몸에 살기가 느껴져요"라는 충고와 함께 조그만 손도끼로 옆에 세워 둔 비파(琵琶)의 몸통을 내리찍어 두 동강을 내버렸다. 그런 다음 하는 말이 이러했다.

"아아… 그대는 위태롭기 짝이 없는 사람, 팽팽하게 조여져 있기만 할 뿐, 조금의 이완도 보이지 않으니 무서워요. 만약 이런 비파가 있어 발목으로 켠다면 음의 자유스런 변화도 구사하지 못하고 제 소리도 내지 못한 채 줄은 끊어지고 몸통은 두 동강이 나고 말 거에요. … 외람된 말씀이지만 저는 나으리의 모습을 보고 속으로 이런 걱정을 하고 있었읍니다만…"

불같이 조급한 성미의 무사시의 협량을 은근히 충고한 것이다. 요시노의 이 말에 처음에는 격노한 무사시도 마침내 수그러들고 말았다는 이야기이다. 교양있고 영특한 품성 – 여성으로서의 이상상 – 을 이 요시노따유는 갖추고 있었던 것이다.

다음에는 점잖고 조용한 학자들과 명기들과의 연애담. 유학자이며 교육가이자 본초학자였던 가이바라 에끼껭(貝原益軒; 1630~1714)과 고무라사끼(小紫)와의 연애담이다. 교또 유학을 온 에끼껭은 요시노따유의 의매(義妹)이기도 한 고무라사끼와 열렬한 사랑을 주고받았는데 이 두 사람 사이의 사랑은

"찌꾸젠(筑前)의 가이바라 에끼껭 선생, 교또 遊學時, 아직 나이 어린데도 가끔 청루에 올라 고무라사끼라는 고급 기녀와 정분을 맺었는데…"

라는 어느 고서의 표현처럼 뜨겁고도 진한 것이었다. 그런 그가 유학을 마치고 귀향 길에 오를 때 이별을 아쉬워 한 고무라사끼는 자신의 모습을 그림으로 그려 "용모야 말로 그림에 옮겨 담을 수 있을지언정 애틋한 정만은 좀처럼 붓에 담기 어렵구나"라는 시와 함께 증정하고 있다. 그 후 고무라사끼는 어느 부호의 후처로 들어가는 신세가 되고 말지만.

▶가이바라 에께껭 초상.

그런가 하면 명기들과의 사랑에 빠져 재산을 날리고 신세를 망친 저명 인사도 있다. 유명한 국학자이며 가인인 무라다 하루미(村田春海; 1746~1811)선생. 하루미는 11살의 어린 나이로 당대 국학계의 제1인자인 가모노 마부찌(賀茂眞淵: 1697~1769)의 문하에 들어가 국학과 와까를 배우는 한편, 미나가와 기엥(皆川淇園; 1734~1807)에게 한학을 수학하였다. 그 때문에 그의 문장은 한문을 골격으로 하면서도 우아한 고어를 자유자재로 구사할 만큼 유려한 것으로 '海內無類(일본 안에 비길 자가 없다)라는 칭송을 받았다. 그러한 그가 젊은 시절 형의 죽음과 함께 가업인 어물 도매상을 물려 받았는데, 요시와라 유곽에 연애질 하러 다니면서 재산을 다 날려 버린 것이다. 아사쿠사의 누옥으로 옮겨 살며 후일 그의 학문이 세상의 인정을 받을 때까지 와까 선생으로 근근히 생활을 꾸려갔는데, 그래도 에도 한량 18걸(十八大通)에 끼는 영광(?)만은 누렸다니 남아로서 행복했다 할 밖에.

그밖에도 이들 고급 유녀들은 지체높은 대명이나 고급 무사들과 깊은 정분을 맺었는데, 특히 에도 요시와라 제1의 명기들로 소문난 역대 다까오 따유(高尾太夫)들 중 초대는 센다이(仙台)번의 다떼 쯔나무네(伊達綱宗)에게 낙적되고, 2대는 기슈(紀州)번의 가신에게, 3대는 미도(水戸)번의 돈많은 어용상인에게, 4대는 아사노(朝野) 잇끼수(壹岐守)에게, 각각 낙적되어 화류계 신세를 면하는 행운(?)을 누리게 된다. 특히 비슈(尾州)번의 17대 번주 도꾸가와 무네하루(德川宗春) 같은 사람은 화려한 대명행렬을 갖추고 수많은 부하들과 함께 요시와라 유곽 나들이를 한 것으로 유명하다.

8. 맺지 못할 사랑 비관, 동반자살 꾀한 연인들

17세기 말, 겐록(元祿)~교호(享保) 년간의 30년 동안에는 남녀간의 정사사건이 많이 일어나 당국의 골치를 썩였다. 특히 화류계 여성과의 이루지 못할 사랑을 비관한 정사사건이 세인들의 눈길을 끌었다.

다음은 세상을 떠들썩하게 했던 대표적인 정사사건의 두 장면.

하나는 천한 유녀와 돈많은 상갓집 양자와의 사이에 벌어진 정사 미수 사건이다.

1731년(享保 16년) 6월 23일. 이날 요시와라의 유녀옥 효고야(兵庫屋)의 창기 오토와(音羽)와 간다 마쓰다죠(松田町)의 거상 단파야(丹波屋)의 양자 단시찌(丹七)가 정사 미수사건을 일으켰다. 아들이 없는 단파야의 양자로 들어온 단시찌는 후손을 바라는 양부와 주위의 친척들로부터 결혼을 재촉받는다. 그런데 그는 전부터 부부가 되기로 약속한 요시와라의 애인 오토와와 헤어지기는 아쉽고 그렇다고 일개 천기를 아내로 들일 수도 없는 일인지라 고민 끝에 저 세상에서나 함께 살자고 요시와라 효고야의 오토와의 방에서 동반자살을 기도한다. 그런데 일이 성공리(?)에 끝났으면 좋았을 터인데, 불행하게도 목을 맨 채 신음하고 있는 두 연인은 불침번에게 발견되어 목숨만은 건졌으나 정사 기도는 실패로 끝나고 만다.

그리고 그 다음에 온 것은 무서운 처벌. 당시의 법률의 "정사 미수로 양인 모두 살아났을 경우, 3일간 시중에 조리돌림을 한 다음 호적을 말소하고 천민으로 격하시킨다"는 조항에 따라 두 사람은 니혼바시 일대에서 만인에게 조리돌림을 당한 뒤 각각 아사쿠사와 시나가와의 천민 거주지역으로 이송되어 잡역에 종사하게 된다.

또 하나의 정사사건. 이번 경우는 성공으로 끝나 목적 달성에 이른 경우. 미수자들처럼 굴욕적 삶의 나락으로 떨어지지는 않는다.

1785년(天明 5년) 8월 14일. 이날 대명(大名)급 대우를 받는 장군가 직속의 고급 무사인 기본(旗本) 후지에다 게끼(藤枝外記, 25세)가 요시와라의 유녀 아야기누(綾衣, 19세)와 대명 저택가인 미노와(箕輪)에서 우중의 정사 행각을 벌인다. 게끼는 그때 이미 아내 미쓰와의 사이에 3남 1녀의 자식을 둔 가장이었다. 그런 그가 홍등가 여자와 정사를 벌인 것이다. 게

▶탁발승. 선종의 일파인 보화종의 승려로 골풀 삿갓을 깊숙이 눌러쓴 채 탁발수행을 하였다.

끼가 아야기누와 처음 눈이 맞은 것은 그해 초여름의 요시와라의 우라봉 축제 전날 밤의 풍물시장에서였다.

그로부터 요시와라 출입이 잦아진 그는 곧 품위 손상 혐의로 징계를 받아 변방인 고후(甲府)의 낀방(勤番; 수비대장 격)으로 좌천 발령을 받는다. 당시 고후낀방으로 발령받는 것은 최악의 좌천발령으로 누구나 가기 싫어하였다. 전도를 비관한 게끼는 결국 가정을 버리고 나와 아야기누와 동반자살을 하기에 이른다. 그런데 두 사람은 목적을 달성하여 행복했을지 모르지만 남은 가족들은 큰 화를 당하고 만다. 처벌을 두려워 한 조모와 아내 미쓰는, 정사로 죽은 남자는 실제로는 28세의 하인 쓰지단에몽이라고 허위신고를 하였는데, 곧 바로 들통이 나 후지에다가(家)는 가록(家祿)과 저택을 몰수당하고 평민신분가로 격하되는, 무사 최대의 형벌인 가이에끼(改易) 처분을 받는다. 여자 잘못 사귄 죄로 본인은 죽고 집안은 쑥대밭이 되고 말았으니 정말 사랑이란 인력으로는 어찌할 수 없는 일이란 말인가?

이상의 두 사건은 남녀간의 사랑이 정사에까지 이른 사건이고, 다음은 가난한 화가와의 사랑이 맺어지지 않아 상사병으로 죽은 한 유녀의 애달픈 사랑 이야기이다.

상대남은 깐세이(寬政)~교와(享和)년간의 풍속화가 까노 소센(狩野素川; 1765~1826). 소센은 요시와라 유곽의 풍물화를 그리기 위해 요시와라에를 드나들다가 유녀옥 에찌고야(越後屋)의 유녀 오꾸니(和國)와 사랑하는 사이가 된다. 그러나 가난한 화가의 처지에 자주 찾아올 수 없음을 안 오꾸니는 소센을 유곽 안의 싸구려 하숙에 유숙시키고 밀회를 거듭하나 곧 바로 주인에게 들켜 금족령이 내려지고 번민 끝에 상사병이 도져 드러 눕고 만다. 마침내 주인도 오꾸니의 사랑에 감동하고 창기문서를 되돌려 주며 애인인 소센과의 결합을 허락하나 소센의 간호를 받는 가운데 다음날 숨을 거두고 만다. 사랑에 울고 사랑에 웃다가 죽어서야 겨우 사랑을 얻은 셈이다.

9. 스님과 맹인들도 유곽의 단골손님

에도 전기의 풍속화가 히시가와 모로노부(菱川師宣; ?~1694)의 풍속화 첩에는 칼을 차고 삿갓을 쓴 무사들이 곽내를 걸어가고 있는 모습이 자주 등장하여 이 시기 무사들의 빈번한 유곽 출입상을 보여주고 있다. 공인 신분으로 사창가 출입이 금지되어 있는 이들 낀방(勤番) 무사들이 막부 공인 유곽인 요시와라로 몰려든 것도 어찌 보면 당연한 일이기도 했다. 에도 초기 무사정권 시대의 일이다.

그러나 무사들이 요시와라 공창가의 주빈 행세를 한 것도 얼마 동안의 일. 깐붕시대(1661~1673) 말에서 겐록시대(1688~1704)로 접어들면서부터 단골 유객층에도 세대교체 아닌 신분교체 현상이 일어난다. 유곽의 주된 단골층이 무사 대신 시중의 상공업자 그룹으로 바뀐 것이다.

이 시대가 되면 막부정권도 안정기에 접어들고 경제상으로도 미곡경제 대신 상업의 발달로 인한 화폐경제 시대가 도래하여 봉록에만 의존해 온 무사들의 생활은 인플레의 위협으로부터 무방비상태에 놓이게 된다. 많은 가신단을 거느린 대명이나 장군가 직속의 고급무사인 기본(旗本)들이 영지의 산출미를 담보로 빚을 얻어 쓰는 것은 물론이요, 하급무사들도 봉록으로 지급되는 미곡을 담보로 사채업자로부터 돈을 꾸어 쓸 만큼 무사들의 생활은 곤궁하게 된다.

▶요시와라 유곽(화류계) 사정에 정통한 에도의 한량(난봉꾼).

이리하여 새로 요시와라 유곽의 주도권을 장악하게 된 것이 돈푼깨나 만진다는 도시의 상공업자 그룹이었다. 그리하여 이들 '신흥부자' 유객꾼들은 요시와라 유곽에 자기네들 독특의 새로운 '유흥문화'를 구축해 가는 것이다. '논다니'임을 자처하면서도 그동안 봉건적 신분제도하에서 억압만 받아온 이들 신흥부자 계급 사람들은 요시와라 유곽의 주빈으로 입성, 경제적 신분상승을 과시하고 구가하기 위한 방편으로 돈을 물쓰듯 하며 향락에 몰두하게 된다.

이렇게 되고 보니 무사들이 유곽에서 찬밥 신세로 전락하게 된 것도 당연한 일, 특히 지방에서 파견근무차 올라와 고달픈 타관생활을 하는 근번무사들은 평소의 그 촌스러운 행동거지까지 빗대어 '부자(武左)', '신고자(新五左)', '아사기우라(淺黃裏)' 등의 멸칭으로 불리우며 천대를 받는다. '武左', '新五左'는 시골 무사들의 어수룩하고 촌스러운 행동거지를, '아사기우라'는 그들이 입은 하오리의 안감 색깔이 옥색인 것을 빗대어 붙인 별명이다.

이처럼 인기없는 시골 무사들 가운데는 그래도 '주눅' 들지 않고 돈많은 상인으로 변장하고 유곽출입을 하는 '배짱있는' 난봉꾼들도 있었다. 『北里見聞錄』(1817년 간행)이란 풍속기에 이런 이야기가 나온다.

"덴메이(天明)년간(1781~1789), 오슈(奧州) 난부번(南部藩)으로부터 에도 번저에 파견근무 나와 있던 올곧고 착실하기만 한 한 하급 무사가 있었다. 어느날

타번 출신의 동료 무사들이 착실하기만 한 이 샌님을 놀려먹을 겸 담력시험의 목적으로 유곽으로 불러내었다. 여자 경험이 없어 보이는 순직한 촌뜨기 '숫총각'의 숫기없는 행동을 '술안주' 삼아 한 판 즐겨보자는 짓궂은 심사에서였을 것이다. 그래서 이들 일행이 비번의 날을 택해 단골 유녀옥에 들어가 각기 색시들을 청하였는데, 뜻밖에도 숫보기인 줄만 알았던 이 샌님이 소문난 명기인 하나오기(花扇)를 청하는 것이 아닌가? 일행은 분수에 넘치는 이 남자의 청이 수포로 돌아가 창피만 당하게 되기를 은근히 고대하고 있었다. 마침내 주석에 나온 하나오기는 뜻밖에도 이 남자를 오래된 단골처럼 대하므로 모두들 놀랄 수밖에. 실인즉, 올곧고 순직하기만 한 이 남자, 전날 돈마련을 하고 미리 하나오기를 찾아가 사정을 이야기하고, 주군 난부공(南部公)의 체면이 깎이지 않도록 잘 알아서 적당히 꾸려 달라는 부탁을 해놓았던 것이다."

일견 미담처럼 보이기도 하지만, 이 시기 시골 무사들의 유곽 출입을 둘러싼, 신분에 걸맞지 않은 비굴성이 엿보여 흥미롭다. 이처럼 무사들은 여러모로 요시와라 유곽의 주빈 자리에서 밀려나 있었던 것이다.

상인들에 의해 새로운 모습으로 번창하기 시작한 요시와라 유곽은 에도의 재목상 기붕(紀文)과 나라모(奈良茂) 등 '에도 한량 18인'이 활보하는 다누마(田沼)시대(1764~1786)에 전성을 이루는데, 이 한량들은 에도인들의 의기를 담은 죠루리(淨瑠璃) 가또부시(河東節)를 사랑하며 멋과 풍류를 자랑했다.

이들은 돈을 물쓰듯이 뿌리며 호사를 부렸는데, 요시와라의 대표적 명기 다마기꾸(玉菊; 1702~1726)가 우연한 병으로 25살의 젊은 나이로 요절을 하자 생전 가또부시의 명수로 단골들의 사랑을 받았던 그녀를 추모하기 위하여 새로이 〈傾城水調子〉라는 가또부시 한 곡을 창작하여 영전에 바치고 추모행사를 치룰 정도였다.

한편 엄격한 격식과 예법이 몸에 밴 무사 계층 사람들로부터 돈많고 호협한 기질의 상공인층으로 요시와라 유곽의 주도권이 넘어가자 이들 외에도 여러 신분의 다양한 유객꾼이 등장한다. 승려와 돈많은 맹인들도 출입하게 된 것이다.

원래 정토진종의 승려 이외에는 결혼이 허락되지 않았음에도 불구하고, 여범(女犯)의 계율을 깨고 은밀히 요시와라 유곽 출입을 하는 '번뇌승'들도 많아졌다. 우에노(上野)의 깡에이지(寬永寺), 아사쿠사의 홍간지(本願寺) 별원, 아사쿠사의 센소지(淺草寺) 등의 '수양 부족한 땡초승'들이 여색을 찾아나선 것이다.

"외모는 민대가리에 의원(醫員) 행색을 하고/ 여자를 사러 유곽 나들이를 하는 탁발승…"

풍속소설『大通俗一騎夜行』은 승려가 둥그스런 민둥머리에 의원 복장을 하고 유곽 나들이를 하는 모습을 신랄하게 풍자하고 있다.

이 땡초승들이 변장을 하는 곳은, 손님을 창기 집으로 안내하는 '요시와라 안내소' 겸 휴게소격인 나까야도(中宿)라는 곳. 짚신을 걸치고 그 길고 긴 니혼즈쯔미(日本堤) 뚝길을 걸어온 이들은 이곳에서 손발을 씻고 동저고리 차림으로 변장, 삿갓을 쓰고 부채를 펴서 얼굴을 가린 채 유곽의 대문을 들어섰던 것이다. 마치 상가의 지배인이나 고참 종업원이 유곽에 들어가기 위해 이곳에서 무명옷을 비단옷으로 갈아입고 몸단장을 했듯이.

"찻집에 중이 들어가더니/ 곧바로 의원님이 나오신다./ 뚝길을 걸어가는 의원님은/ 우에노 스님인가 아사쿠사 스님인가."

이렇게 조심스레 유곽 출입을 한 것도 잠시, 『新五左出放題盲牛』(1781년 간행)에 의하면, "이전에는 의원으로 변장을 하고 드나들었으나 지금은 (가사차림) 그대로 드나들며, 고기안주는 물론 계집까지…"라 할 정도로 대담해졌으니, 이 표현에 허풍과 과장은 좀 있을지라도 승려들의 유곽 출입은 도를 지나칠 정도였음이 분명하다.

승려들의 유곽 출입 못지않게 맹인들의 출입도 잦았다. 당시의 맹인들은 삭발을 하고 비파나 샤미센을 타거나 안마, 침질 등을 업으로 하여 생계를 유지하였는데 이들 중 돈많고 지도적 위치에 있는 고위 품계의 맹인인 자또(座頭), 껭교(檢校)들도 안에이(安永) 년간(1772~1780)에는 유곽 출입을 자주 하였다.

"…1~2년 이래로 껭교 고또(匃當)의 유곽 출입 매일처럼 빈번해져, 이제는 남의 눈도 꺼리지 않고 공공연해 졌으니, 초정월 5명절(人日 上巳 단오 칠석 중양)은 물론이요, 달구경 하는 날인 팔월 보름날 저녁과 구월 열사흗날 밤까지 달 구경을 핑계로 유곽은 많은 맹인 손님들로 꽉 들어차…"

라는 기록처럼, 맹인들의 유곽출입은 성시를 이루고 마쓰바야(松葉屋)의 세가와(瀨川)라는 명기는 안에이(安永) 6년 한 돈많은 맹인에게 낙적되어 후처로 들어가는 행운(?)을 누리게도 된다.

한편 네즈신사(根津神社)를 중심으로 한 네즈(지금의 東京都 文京區 동부의 지역) 일대의 사창가는 깡에이 년간(1624~1644) 이후 번창하였는데, 이곳에는 주로 목수, 미장이, 이발사 등 장색(匠色) 계급 사람들이 출입하였다. 권세도 돈도 없는 이들 하층계급 사람들에게는 까다로운 격식과 절차도, 많은 돈도 필요없는 이 사창가가 훨씬 드나들기에 마음 편했을 것이다.

성에는 부귀귀천의 구별이 없는 법, 이처럼 에도의 유곽가에는 고위 신분의 권력자, 돈많은 부자, 고급 무사는 물론이요 하천민 신세인 직인, 하급무사, 의원, 맹인 등 다양한 계층의 사람들이 드나들며 인생고와 스트레스를 풀었던 것이다.

일본판 일지매의 탄생
-괴도 내즈미고로 지로끼치(鼠小僧次郎吉)

1. 서민의 고통을 덜어준 의도들

네즈미고조라는 별명을 갖는 도적이 에도 시민들의 화제에 오르게 된 것은 분세이(文政) 6년(1823년)경부터이다. 쥐새끼처럼 동작이 민첩하고 도적질하는 수법이 신기(?)에 가깝다 할 만큼 신출귀몰하여 이런 별명이 붙은 에도시대 최대의 괴도 지로끼치는 1832년에 체포되어 참수될 때까지의 10여년간에 걸쳐 온 에도 시내를 누비며 도적질을 하고 다녀 당국자들을 괴롭혔는데, 후년 그는 고위급 무가 주택만 턴데다가 훔친 금품을 가난한 사람들에게 나누어 주었다는 등의 선행으로 '의적'으로까지 불리게 되니, '일본판 일지매'란 영예(?)스러운 또 하나의 별명을 훈장처럼 달아줄 만도 하다.

그러나 이것은 어디까지나 사실 아닌 허구로 되어 있다. '대도 네즈미고조'의 존재와 범죄 행각은 실재하나 그의 도적질이 '의적질'에까지는 이르지 못했다는 – 후세의 호사가들이 그럴싸하게 각색하고 미화하여 서민들의 대리만족 욕구를 충족시켜 주려 한 허구적 전설에 지나지 않는다는 – 것이 지금까지 밝혀진 정설이기 때문이다.

정사에 기록된 지로끼치의 본령은 어디까지나 훔친 금품을 유흥과 도박으로 탕진한 한 사람의 '손큰 도적'(파렴치범)에 불과한 것으로 되어 있을 따름이다. 그러면서도 그의 출생 성장의 배경과 도적질 수법, 그리고 대도가 된 사연은 꽤나 이채롭고 극적이라 할 만큼 흥미진진한 모습을 보여주고 있어 세인의 관심을 끈다.

깐세이(寬政) 9년(1797년; 1795년 출생설도 있다), 에도의 가부끼극장 나까무라좌(中村座)의 한 문지기의 장남으로 태어나 16세의 소년시절부터 창호 가게의 견습공으로 들어가 일하고 있었던 지로끼치는 얼마 후 동네 자치소방대의 소방수로 전직을 하지만 오래 견디지 못하고 뛰쳐 나온다.

실업자가 되어 건달생활을 하다가 마침내 유흥과 도박에 빠져든 그는 성실하고 정직한 아버지로부터 의절을 당하여 부랑자 신세가 되고 만다. 이것이 분세이 4년(1821년), 그의 나이 25세 때의 일이다.

유흥비와 노름돈에 궁한 그가 도적질을 하기 시작한 것이 바로 이때부터이다. 어릴 때부터 나무를 잘 타고 높은 데를 잘 올라갔던, 조그만 체구의 지로끼치는 소방인부 시절 단련한 건강한 체력과 타고난 민첩한 동작에 힘입어 좀처럼 붙잡히지 않고 장기간에 걸친 도적질을 계속하는데, 주로 권력자의 고급 저택가만을 골라서 터는 것이 그의 장기로서, 도적질 수법이 대담하면서도 인명을 손상하거나 서민들에게 누를 끼치지 않은 점 때문에 그는 후일 '대도'라는 별명을 얻는다.

그러던 그가 처음으로 체포된 것은 분세이 8년(1825년) 2월. 사가미수(相模守) 쓰찌야 히꼬나오(土屋彦直)저(邸)의 내정 담을 뛰어 넘다가 붙잡힌 것이다. 그러나 이때 그는 아직 미수상태였으므로 절도죄 아닌 도박죄로, 얼굴과 팔뚝에 문신을 새겨 넣는 자자형(刺字刑)과 중추방형(中追放刑)[1]을 선고받는 것으로 끝난다.

그로부터 2년 후 그는 절도혐의로 재차 정봉행소(町奉行所)의 조사를 받는데 이때도 그는 범행을 자백하지 않고 버티는 바람에 증거 불충분으로 석방되고 만다. 이처럼 중추방형 기간중에도 거처를 옮겨가며 절도 행각을 계속하고 있었던 것이다.

그러나 꼬리가 길면 잡히는 법. 덴뽀(天保) 3년(1832년) 5월 8일 밤 하마마찌(浜町)의 마쓰다이라저(松平邸)에 잠입하여 절도행각을 벌이고 있던 그는 공교롭게도 지병인 천식의 발작으로 하인들에게 들켜 담을 넘어 도망치던 중 운나쁘게도(?) 야간 순찰중이던 정봉행소의 순라꾼과 맞닥뜨려 체포되고 만다.

증거품과 함께 범행 현장까지 포착되고 만 그는 도저히 법망을 빠져나갈 수 없음을 알았음인지 이번에는 체념한 채 범행을 자백하고 나온다. 그러나 웃지 못할 일은 하도 범행 건수가 많아 언제 어느 곳을 얼마나 털었는지 - 조서작성에 필요한, 육하원칙에 부합해야 할 범행 내용을 - 본인 자신도 정확히 기억하지 못하므로 취조관들은 하는 수 없이 고위층 인사들의 인명·계보·관위·저택·가문·봉록 등의 인적사항을 수록한 『부깡(武鑑)』을 대조해 가며 역으로 범행 일시와 장소를 본인으로 하여금 연상해 내게 하는 기묘한 취조방법을 써야 했던 사실이다.

이런 방식의 3개월간에 걸친 철야조사 끝에 그가 자백한 과거 10년간의 침입 저택 수는 99개소, 범행 횟수 120회, 절취금 총액은 3,120냥(지금 돈으로 환산하여 일화 약 1억 4,000만엔 상당)임이 밝혀진 것이다. 그러나 증거만 없으면 얼마든지 오리발이 통하는 곳이 도적들 세계이므로 드러나지 않았을 여죄까지 감안한다면 희유의 대도 - 아니 '多盜'라 아니할 수 없는 엄청난 규모와 죄질의 범죄행각이었으니 세상을 깜짝 놀라게 했을 수밖에. 이쯤 되면 범행 횟수만으로 비교해 보더라도 우리 시대의 대도(?) 조세형이나 신○○을 훨씬 능가하는 초대형급이라 할 수밖에 없는 일이다.

더욱 놀라운 것은, 그가 구사한 범죄 수법의 치밀성·과학성(?)이었으니 그는 평소에 금전관리와 문단속에 철저하기 마련인 상가지역보다는 일견 경비가 철통같이 엄중한 것같아 보이면서도 예상외로 경비가 허술한 대명 저택과 고급 무사저택 - 그것도 여자들만 거처하는 금남의 구역인 내정만을 골라 잠입하는 신중성(?)도 잊지 않았던 것이다. 그러니 많은 재물을 털리고도 신고조차 하지 못했던 1970~80년대의 어느 나라 고관이나 부호들처럼 자신의 치부가 드러날 것을 꺼려해 전전긍긍, 피해 사실 자체를 감추며 쉬쉬 했을지도 모를 당시의 에도막부 권력층 인사들의 행태를 감안하면 또 그의 범행횟수나 절도액이 얼마나 축소 누락되었을는지, 그 개연성을 충분히 남겨놓고 있다고도 할 것이다.

또 훔친 재물과 돈의 거의 대부분을 유흥과 노름에 쏟아 부었을 뿐, 세상 사람들의 호기심이나 기대감과는 달리 가난한 사람들에게 나누어 주었을지도 모른다는 '일지매식' 선행은 결코 베풀지 않았던 것으로 공식 수사 결론에는 나와 있다.

그리하여 장장 3개월간의 지루한 취조 끝에 그해 8월 19일 관할 재판부인 기타마치봉행소(北町奉行所)로부터 '回示(조리돌림형) 후 참수형' 선고2)를 받은 지로끼치는 그날로 즉시 형이 집행된다. 그런데 그가 형의 집행시에 남긴 또 하나의 일화가 있으니, 그는 인솔자들에게 특청을 하여 얼굴에는 옅은 화장을 하고 화려한 기모노로 성장을 한 채 안장 없는 말에 실리어 고즈까바라(小塚原)형장으로 끌려갔는데, 마상의 지로끼치는 웃는 얼굴이었다고도 하고 그냥 지그시 눈을 감고만 있었다고도 한다.

2. 유전 무죄 무전 유죄의 세태

'유권(전)무죄 무권(전)유죄'의 불합리한 세태와 권력(자)에 대한 은근한 저항의 의지 – 혹은 맹목적인 뒤틀림의 심사 – 를 마지막으로 대중들에게 전하려고 했는지도 모른다. 이상이 정사에 기록되어 있는 '사실과 부합' 되는 행적이다. 걸레는 아무리 빨아도 걸레일 뿐 – 도적은 아무리 한두 가지 아름답게 보이는 돌출적 선행으로 포장을 한다 해도 도적일 수밖에 없다는 식의 평범하고도 진부한 교훈을 이 공식 수사 결론은 보여주고 있는 셈이다.

논의가 좀 비약되는 것 같기는 하지만 권희로(김희로)와 조세형의 참회 후의 무의식적(?)인 습관성(?) 절도 폭력행위의 재현현상을 이 경우와 비교해 보면 어떨지 자못 흥미로운 가상이 될 듯싶다. 걸레로서의 단순한 도벽의 순간적 재발작 행위로만 보아 넘겨야 할 것인지, 이면에 감춰진 그 무엇 – 호소하고 싶은 절박한 어떤 메시지 같은 것 – 이 있어서의 행위였을 것인지?

이에 반해, 사실과 부합되지 않는 허구의 부분 – 전설과 소문에 속하는 부분 – 네즈미고조 '義賊'설은 주로 그의 사후에 굳혀진다. 그러면 '의적 네즈미고조 지로끼치' 전설이 세상에 나돌게 된 것은 언제 어떤 연유에서 였을까?

실은 네즈미고조 지로끼치 이외에도 괴도나 대도로 불린 손 큰 도적들은 여럿 있었다. 일본 도적사상 최대의 도적으로 불리는 아즈찌모모야마(安土桃山; 1568~1600)시대의 갱단 두목 이시까와 고에몽(石川五右衛門; 1558~1594)3)을 비롯하여 이나까고조(田舍小僧), 이나바고조(稻葉小僧)4) 니혼자에몽(日本左衛門)5). 이찌마쓰고조(市松小僧), 아오이고조(葵小僧)6) 등 내로라 하는 도적들이 이름을 떨치며 각각 자기 시대 도적계를 주름잡고 있었다.

그중 지로끼치 전성기보다 50여년 앞선 덴묘(天明; 1781~1789) 년간의 죠슈(上州) 태생의 땡초 파계승 출신의 도적 이나바고조(稻葉小僧)는 세도 높은 대명저택이나 고위급 무가주택만 골라 집털이를 하였는데 그 신출귀몰한 행적과 권력자의 집만 골라 – 그것도 주로 도검류 등 점잖은 물건만 골라 – 터는 선택적 절도수법이 어딘지 대도의 기풍이 있는 것으로 비추어져 서민들의 은근한 인기를 얻은 적이 있는데, 지로끼치도 고급 무가저택만을 골라 턴 점이 또 마찬가지로 서민들의 동정심과 인기를 얻어 우리의 '도생원', '양상군자', '도선생'쯤의 의미를 갖는 '네즈미고조'라는 추상적 보통명사적 변명(變名)과 함께 '반권력의 영웅'처럼 여겨지고 있었던 것이다. 그러나 그뿐, 당시는 아직 '의적'으로 공식 추앙(?)을 받는 단계에는 이르러 있지 않았다.

지로끼치의 본격적인 '의적화 작업'은 『네즈미고조실기(鼠小僧實紀)』라는 실록본(實錄本) 발간에서 비롯된다. 이것은 덴묘기(天明期)에 출몰하였던 이나바고조와 네즈미고조 지로끼치의 실화를 묶어 일관된 하나의 주제와 줄거리를 갖는 이야기로 통합한 것으로, 이후 곧잘 고샤꾸(講釋; 야담의 일종)의 소재화(素材話)로 원용되었다. 그것을 또 가부끼 각본 작가인

가와다케 모꾸아미(1816~1893)가 각색을 하여 '네즈미고몽하루나싱가따(鼠小紋東君新形)'란 이름으로 이찌무라좌(市村座)애서 상연을 하였는데 이것이 예상외로 크게 히트를 쳐 이때부터 '의적'이라는 관형사가 부동의 지위를 갖고 네즈미고조 지로끼치의 이름 앞에 붙어 다니게 된다.

이는 지로끼치 처형 후 25년이 되는 안세이(安政) 4년(1857년)의 일로서 이후 이 대도 이야기는 우끼요에(浮世繪)의 화제(畵題)와 고샤꾸의 소재화가 되는 등, 네즈미고조 지로끼치의 의적으로서의 인기는 계속 상승세를 타게 된다.

예를 들면, 주인공 네즈미고조가 에도 꼬우지마찌(麴町) 3정목에 있는 주점 미까와야(三河屋)에서 훔친 99냥의 돈을 가난한 바지라기 조개 장사꾼인 기꾸마쓰(菊松)에게 나누어 준다거나, 100냥의 돈을 사기당하고 주인 볼 면목이 없어 애인과 함께 강에 투신자살 하려고 하는 도검(刀劍)공장의 기술자 신스께(新助)의 딱한 사정을 듣고 한 세도가 집에 잠입하여 훔쳐 내온 100냥의 돈을 두 사람에게 나누어 준다는 식의 - 부자로부터 돈을 훔쳐내어 사회의 밑바닥에서 허덕이는 극빈자들에게 나누어 준다는 식의 - 인정에 넘친 '서민의 영웅으로서의 씩씩한 모습'으로 그려지고 있는 것이다.

이리하여 네즈미고조는 당대의 의적으로 영웅시 되는데 이렇게 조성된 네즈미고조 붐은 당대는 물론이요 막말 메이지시대에까지 이어지고, 언제부터인가 지금의 도꾜 스미다구 료꼬꾸(兩國)에 있는 정토종의 사찰 에꼬잉(回向院)에 묘지가 만들어져 참배객들의 끊임없는 조문 행렬이 이어지고, 또 그의 묘석을 깨어 몸에 지니면 돈이 붙는다 하여 너도 나도 그 비석 돌조각을 주워갈 만큼 인기가 상승하였다고 한다.

그러면 사실 아닌 허구로서의 이 네즈미고조 의적설이 어찌 이토록 오랜 기간 서민들의 지지와 인기를 모을 수 있었을까? 그것은 오사라기 지로(大佛次郎; 1897~1973)의 네즈미고조 소재 단편소설 〈鼠小僧次郎吉〉의

한 구절 "…도둑이라고는 하지만 그 남자는 좀 달라요. 노리는 대상도 대명저(大名邸)나 고급 무사저택 뿐이고… 또 훔친 돈은 가난한 사람들에게 나누어 준다는 이야기이거든요"라는 대목에 보이는 것처럼 억강부약해 줄 구원자를 메시아처럼 기다렸던 당시의 가난하고 힘없는 에도시대 서민들의 정서에 그의 행적의 일정부분이 딱 들어맞았기 때문이었을 수도 있고, 또 다른 측면에서 본다면 억압적 권력에 반발하는 서민의 마음을 잘 간파하고 그들의 구미에 맞도록 고샤꾸 작가나 가부끼 작가들이 서둘러 시대정서에 맞고 재미있게 이 네즈미고조 의적설을 각색했기 때문이라고도 볼 수 있을 것이다.

괴도 루팡의 출현이 프랑스 제3공화정의 부패와 무관하지 않고, 비록 가상공간에서나마 또 그가 그만큼 대중의 정의감 발현의 대행자 기능을 수행할 수 있었던 것과 마찬가지로 네즈미고조 지로끼치 전설 출현도 당시의 부패한 시대상과 무관하지만은 않은 듯싶다. 김지하의 담시 〈오적(五賊)〉 파동을 연상케도 하여 자못 흥미롭다.

■ 주(註)
1) 에도시대 서민 범죄자들에게 가해진 형벌의 하나로, 범죄자를 에도 교외 100리 사방 밖으로 추방하거나 범죄지나 거주지로부터 일정기간 다른 무연고 지방으로 추방한 일.
2) 판결문은 이렇다. "피고는 10년 전부터 각처의 무가저택 28호를 32차례에 걸쳐, 혹은 담을 뛰어넘거나 혹은 버젓이 통용문을 거쳐 침입하기도 하고 부녀자들만 거처하는 내정에 잠입하기도 하여, 자물쇠를 비틀어 따거나 혹은 토장(土藏) 문을 톱으로 켜서 열기도 하여… (중략; 구체적 죄상을 열거하고)… 그 훔친 금품을 주색과 유흥과 노름에 쏟아붓기를 마치 생업과 같이 여기고, 이곳저곳 시골에까지 가지고 다니며 남김없이 다 써버리는 등, 그 소행이 지극히 패덕스러우므로 회시(廻示; 대중들 앞에 끌고 다니며 조리돌림 시키는 일) 후, 시나가와(品川)에서 참수할 것을 선고…"
3) 일본 도적사상 최대의 도적으로 불리는 이시가와 고에몽은 당시의 도성인 교토 안팎을 넘나들며 도적질을 하고 돌아다닌 흉악 갱단의 두목이었는데, 체포된 후 분로쿠(文祿) 3년(1594년) 8월 23일, 본보기로 일족 동료들과 함께 교토 산죠 강변의 형장에

서 열탕 가마솥에 던져 넣어지는 극형을 당할 만큼 악행을 거듭하였다. 일설에 의하면, 그는 이가(伊賀)식 둔갑술의 명수로서 교토 난센지(南禪寺)의 산문에 본거를 두고 있었는데, 도요토미 히데요시의 목숨을 노려 야음을 타고 오사카성의 히데요시 침실에 잠입하였으나, 히데요시의 머리맡에 놓아둔 명품 청자향로로 '찌도리(千鳥)향로'의 물떼새(千鳥)가 울어대는 바람에 둔갑술이 깨지고 말아 같은 이가식 둔갑술의 첩자들에게 붙잡혀 열탕형에 처해졌다고도 한다.

4) 덴메이(天明)년간(1781~1789)에 활약한 도적인데, 일설에 의하면 부친은 이나바(稻葉) 단고수(丹後守)의 가신으로서, 그는 어릴적부터 도벽이 심해 부친과 의절했다고 한다. 이나바고조는 변명이고 본명은 알려져 있지 않다. 그가 한창 활약한 덴메이 5년(1785년)에 그의 나이는 불과 21세였다. 그가 체포 포박되어 정봉행소로 끌려가는 도중 포박을 풀고 시노바주노이께(不忍池)에 뛰어들어 모습을 감춘 이야기는 유명하다. 그는 죠슈(上州; 지금의 群馬縣)까지 도망쳐 숨어 지냈으나 잠복중 병에 걸려 죽었다고 한다. 그는 대명저택 전문 털이범으로서, 주로 도검이나 협도(脇差; 허리에 차는 호신용의 작은 칼)를 훔쳤다 한다.

5) 본명은 하마시마 쇼베(浜島庄兵衛). 오와리 도꾸가와가(尾張德川家)의 하급무사의 아들이라고도 하는 니혼자에몽은 어릴 때부터 영리하고 똑똑한 소년으로 통했으며 어른이 되어서는 또 키큰 미남자로 소문이 났다. 그런 그는 후일 엔슈(遠州)에서 도적단을 결성, 수십명의 도적들을 이끌고 미쓰께(見附) 가께가와(掛川)를 중심으로 한 엔슈 일대를 도적질하고 다녔다. 이 지역이 대명령(大名領) 막부령(幕府領) 사찰령이 섞여 경찰권이 분산되어 있는 허점을 이용하여 각처를 넘나들며 당국자들의 추적을 따돌리는 등 지능적인 수법으로 도적질을 해댄 그는 주민들에게 너무 많은 피해를 입혔으므로 마침내 지역 농민들의 탄원을 받아들인 막부에 의해 전국에 지명수배를 당한다. 일본 최초의 전국 지명수배범이 된 그는 더 이상 도망칠 수 없음을 알고 1747년(延享 4년) 1월 교토정봉행소에 자수, 2개월 후인 3월 11일 29세의 나이로 조리돌림을 당한 후 고덴마죠 감옥에서 참수, 엔슈 미쓰께역(驛)에 효수된다.

6) 도적들 중에서도 아오이고조는 그 극악무도한 범형(犯形)으로 유명하였다. 출동(?)길의 아오이고조는, 무슨 의식이나 치루듯, 가마에 타고 창을 든 수하들을 거느리고 도꾸가와가의 가문(家紋)이기도 한 접시꽃(葵) 무늬의 초롱을 들리고 행차(?)하는 대담무쌍한 모습을 보이기도 하였다. 무가 상가 가릴 것 없이 닥치는대로 침입하였으므로 야간에 무가에서는 하인들의 외출도 제대로 못 시킬 정도였으며 동네마다 요소요소에 검문소를 설치하여 임검을 강화하였으나 좀처럼 그를 붙잡을 수 없었다.

그러나 꼬리가 길면 결국 잡히는 법, 1791년(寬政 3년) 4월말, 그는 막부의 방범국장인 히쓰께도족아라따메(火付盜賊改) 하세가와 헤이조(長谷川平藏)에게 체포된다. 조사를 맡은 헤이조는 재빨리 결심을 마치고 서둘러 막각(幕閣)의 재결을 얻어 체포된 지 열흘도

안 된 5월 3일 효수형에 처하고 만다. 헤이조가 이처럼 초스피드로 결심을 하고 처벌을 서두른 이유는 아오이고조가 침입한 가택에서 꼭 부녀자 폭행을 하였는데 처단이 늦어질 경우 혹시라도 그가 폭행한 부녀자의 구체적 신상이라도 폭로하고 나올 경우 피해자에게 2중의 고통을 안겨 주지나 않을까 염려해서였다고 한다.

에도시대의 전래병과 외래병

1. 피부병과 기생충으로 고생한 서민들

"에도의 서민들은 청결을 좋아하여 가난한 사람들이라 할지라도 공중목욕탕에만은 열심히 다니고 언제나 깨끗이 빨아 다린 옷을 입는 등, 유럽 사람들보다는 훨씬 위생상태가 좋아 보였다."

이는 17세기경 에도참부(江戶參府)차 에도에 들른 네덜란드인들의 눈에 비친 당시 에도 서민들의 위생관념과 청결의 모습이다. 그러나 서양인들의 눈에 경이의 모습으로 비쳤던 에도인들의 몸에 밴 청결 습관과 위생 관념에도 불구하고 당시의 생활사를 기록한 문헌이나 세태를 익살스럽게 노래한 풍자시 센류(川柳) 등을 보면 피부병을 비롯한 많은 종류의 질병이 등장한다. 습관화된 청결과 위생관념에도 불구하고 에도인들이 많은 질병에 시달려야 했던 근본 원인은 결국 영양 부족과 의료 혜택 부족에서 찾을 수밖에 없는 일이기는 하지만.

화농성 악성 피부병으로는 각종 옹창(癰瘡)과 절양(癤瘍) 그리고 창병(瘡病)인 매독이 나돌았다. 옹창과 절양은 화농균의 전염으로 생기는 혹이나 악성 종기인데, 피부나 피하조직에 이 옹창이 생기면 몹시 아프고 가려울 뿐 아니라 악화되면 죽기까지 하는 무서운 병이었다. 1950년대에 우리나라 사람들 몸에 많이 돌았던 악성 등창이나 발치가 이에 속한 질병이 아니었나 싶다.

기생성 피부질환으로는 옴(疥癬), 안창(雁瘡; 기러기가 날아드는 늦가을에서 겨울철에 걸쳐 악화하는 만성 습진), 잉꼉다무시(陰金田蟲), 제니다무시(錢田蟲; 돈짝버짐, 음부나 사타구니에 생기는 홍색 습진), 전풍(가슴 등에 회백색 혹은 갈색의 반점이 생기는 피부병), 백선(白癬), 마른버짐(乾瘡), 수충(손바닥이나 발바닥에 생기는 물집) 등이 있다.

그밖의 피부질환으로는 주부코(石榴鼻; 얼굴, 특히 코와 뺨에 대칭성으로 생기는 만성 피부질환; 酒客에 많으나, 반드시 음주 습성 때문에 생기지는 않는 원인불명의 병), 사마귀, 주근깨 혹, 동상, 못(손발에 생기는 굳은 살), 물집, 티눈, 여드름 등이 있었고, 좀 특이한 것으로는 인면창(人面瘡)이라는, 무릎에 생기는 사람 얼굴과 모양이 비슷한 종기도 있었다.

이들 피부병 외에도 에도시대의 서민들은 많은 기생충병으로 시달려야 했으니, 특히 농작물에 속효성 비료로 미처 다 삭지 못한 인분을 많이 썼던 관계로 생기는 회충, 요충, 촌백충은 으레 서민들의 몸 속에 파고들어 살아 영양분을 빼앗아 영양실조로 인한 빈혈증을 불러 일으키고 심한 경우에는 다른 장기나 뇌에까지 옮아가 목숨을 빼앗거나 반병신을 만들어 버리기도 하였다.

또 이·벼룩과, 특히 막말(幕末)에 번지기 시작한 빈대의 일종인 낭껭무시(南京蟲; 동남아시아 원산의 외래종) 등은 생활환경의 불결에서 만연한 체외성(體外性) 기생충병으로서 사람의 피를 빨아 영양소를 빼앗는 질병원(疾病源)이 될 뿐 아니라 각종 병을 옮기는, 전염병의 매개물이기도 하였다.

에도시대의 서민들은 으레 이런 피부병이나 기생충병들 몇 개씩은 몸 안팎에 달고 다니거나 키우고 다닌 셈인데, 그래도 약간의 경제적 여유가 있어 동네 의사에게 치료를 받거나 약이라도 사 먹을 수 있는 - 소위 제도권 의료혜택을 받을 수 있는 - 사람들 이외의, 의료혜택을 제대로 받지 못해 '누렇게 뜬 얼굴이나 부은 몸'을 끌고 다녔던 가난한 서민 - 도시 빈민이나 농민들 - 은 민간요법을 찾아, 몸에 좋다는 약효성 나무 줄기나 뿌리·열매를 채취하여 달여 먹거나 환부에 갈아 붙이거나 싸매는 게 고작이었다.

기생충을 떼거나 피부병을 낫게 하기 위해 우리의 1950년대 사람들처럼 석유를 마시거나 환부에 문질러 바르는 일은 물론 상상도 할 수 없었고, 서민들도 손쉽게 사 먹을 수 있는 산토닌의 일종인 회충약 세멘엥이나 살

충제용 분말성 빈대약 제충국 제제(除蟲菊製劑)가 등장한 것은 메이지 시대 이후의 일이다.

2. 소아병 · 노인병 · 안질 · 각기 · 소화기병

이러한 피부병과 기생충병 외에도 에도시대의 서민들은 많은 만성 질환에 시달렸다.

소아들에게는 감병(疳病)과 태독이 많았다. 감병은 한방에서 말하는 소아성 신경질증의 하나로, 밤에 자다가 일어나 발작적으로 울어대거나 무서운 꿈을 자주 꾸거나 경련을 일으키거나 짜증을 잘내는 증상을 보이는 병이고, 태독은 태내에서 받은 독이나, 생후의 체질변화 또는 세균이 원인이 되어 소아의 얼굴과 머리에 생기는 피부병으로 치료를 제대로 하지 않으면 죽거나 병신이 되는, 당시로서는 매우 무서운 병이었다.

감병은 약을 사 먹이거나 민간요법으로는 뱀잠자리나 물방개의 애벌레, 붉은 색 개구리, 도롱뇽, 유충 등을 구해 달여 먹이거나 또는 '무시후지(蟲封じ) 기도'라는 경기 예방 액막이 기도를 드린 다음, 부적을 만들어 몸에 차게 하기도 하였다. 태독에도 매약과 민간요법이 병행되었다.

중·노년층에 많은 중풍과 영양소 장애를 주원인으로 하는 각기병. 이 각기병은 '에도병'이라 하여 백미의 상식이 정착된 에도인들의 식생활 습관 때문에 지방에서 에도로 상경한 시골 사람들에게 많이 걸려 풍토병 취급을 받기도 하였는데, 전지요양을 하든가, 맥반 혼식요법이나 팥밥 상식요법이 당시의 유일한 치료수단이었다. 밤소경(야맹증)에는 영양결핍이 원인이라 하여 뱀장어나 닭의 생간을 구해다 먹이기도 하였다.

또 눈이 짓무르거나 다래끼가 자주 나는 습진성 화농성 안질도 만성병의 하나였는데, 특히 미포장도로 일색인 에도 거리에서는 바람이 한 번 불었다 하면 흙먼지가 높이 날아 올라가는 황사현상이 일어나 많은 눈병 환자가 생겨났다. 그래서 에도매약(江戶賣藥)의 시초도 실은 에도성 구축공사에 동원된 토목기술자나 인부들에의 안약 공급에서 시작되었다 한다.

그밖의 소화기성 질병으로는 곽란, 황달, 식중독 등이 빈발하였는데, 황달에는 바지라기 국이 잘 들었다.

또 각종 부종(浮腫)과 상피증(象皮症), 복통이 빈발하였으며, 부인병으로는 월경불순이나 히스테리, 갱년기 장애가 일상화 되다시피 하여 이에 관련된 즉효약이 많이 개발되어 있었다.

그밖의 특수질병으로는 유암과 위암이 있었으며, 신허증(腎虛症)이라 이름하는 정력 감퇴증이 있었는데, 19세기 초에는 유암의 외과적 수술이 시행되었고 정력 감퇴증에는 식보(食補)라 하여 겨울철에 강정과 강장을 위해 특별식으로 육고기를 먹기도 하였다.

또 충치도 많았는데, 에도기의 의치술은 서양의 수준을 능가할 정도였다 한다.

3. 도시의 재앙이 된 전염병들

그러나 무어라 해도 에도시대 사람들을 공포의 도가니로 몰아넣었던 것은 '역병(疫病)' 또는 '시역(時役)'이라 일컫는 전염병이었다. 이 역병이 한 번 창궐하면 소수의 생존자를 제외한 감염자는 모두 죽고 마는 떼죽음의 대참사를 당해야 했기 때문이다. 특히 인구가 밀집해 있는 대도시에는 그야말로 도시 하나가 송두리째 날아간다 할 정도의 재앙으로 여겨졌다.

에도시대의 여러 전염병들 가운데 특히 천연두(마마), 마

▶천연두 예방 접종을 권장하는 전단지. 소등에 올라타고 천연두 귀신을 퇴치하는 모습이 인상적이다.

진(麻疹; 홍역), 수두(水痘; 작은마마)는 '구실을 치른다' 하여 일생에 한 번은 꼭 치러야 할 병으로 여겨질 만큼 발병률과 전염성이 강한 공포의 전염병으로, 이 병을 예방하거나 무사히 치러 내는 일이 에도시대 서민들의 최대의 양생(養生) 목표가 될 정도였다.

또 이질의 일종인 적리병(赤痢病), 장티푸스, 디프테리아도 수시로 유행하였으며, '유행성 독감' '돌림감기'라 불린 인플루엔자도 다발하였다.

흔히 에도시대의 전염병으로 알기 쉬운 콜레라만은 막말에 처음 일본에 상륙한 것으로, 시대적으로 에도시대 전기(全期)에 걸친 유행성 전염병으로 구분짓기도 하여 의사학상(醫史學上) 좀 문제가 있지 않을까 하는 견해들도 있지만 어쨌든 콜레라도 일본상륙 후 수많은 사망자를 내었을 뿐만 아니라 메이지 시대에 접어들어서도 수차례 유행하여 무수한 인명을 앗아 갔다.

한편 유행성은 적으나 목숨을 빼앗거나 나아도 종신 폐인을 만들어 사람 구실을 못하게 하는 불치의 전염병으로 폐병과 매독이 있었다. 에도시대에는 로가이(勞咳)라는 이름으로 불리고, 메이지 시대 때부터 '폐병'으로 불리기 시작한 폐결핵은 가계성 유전병으로 기피되었으며 특히 사춘기층의 젊은 목숨을 많이 빼앗아 가는 통에 망국병으로 불리고 또 유유아(乳幼兒) 사망률이 높은 무서운 병이었다.

4. 천연두는 곰보 팔자, 마진은 죽을 팔자

인간 일생에 꼭 한 번은 치러야 할 구실로 각오해야 할 만큼 발병률과 사망률이 높고 전염성이 강했던 천연두와 마진. 에도시대에 이 천연두는 거의 매년 유행하다시피 했고, 마진도 20년 주기로 유행하여 수많은 인명을 앗아갔다.

천연두는 인두접종법(人痘接種法)이라는, 다소 위험성과 실패율을 수반

하는 인공면역법에 이어 안전성과 성공률이 보다 높은 우두(牛痘) 접종법이 전래되어 안세이(安政) 5년(1858년)에는 에도에 종두(種痘) 사업을 실시하기 위한 사립종두소가 간다(神田)의 오다마가이께(ぉ玉ヶ池)에 세워지는 등 그런대로 민간 차원의 예방책이 강구되었으나, 이는 19세기 중엽의 일이고 그 이전에는 특별한 예방법도 치료법도 없이, 그저 민간 전래의 미신이나 신불에만 의존하여 주술이나 기도요법에 몰두하다가 죽는 수밖에 없었다. 이러한 실정이므로 사망률은 높아, 1773년(安永 2년) 4~5월에 유

▶마진(홍역) 예방 부적. 수미요시대명신(住吉大明神)을 정성스레 모시면 병이 낫고, 호랑가시나무 잎을 출입문에 매달아 놓으면 마진이 예방된다는 주술적 의미를 담고 있다.

행했을 때는 시체를 치우기 위한 관만 해도 19만구나 팔려 나갔는데, 실제로는 그보다 훨씬 많은 사람이 목숨을 잃었을 것이라는 전언들이다.

이에 반해 마진은 상당기간까지도 유효한 예방책과 치료법이 개발되지 못하여 더욱 애를 먹였는데, 실제로 의사들도 일생에 한 번(20년 주기로 유행하였으므로 경험 많은 老醫도 기껏 두 번 정도) 정도 밖에 환자를 만날 수 없었던 이유 등도 있고 하여 이것이 또 그만큼 처치기술(경험)의 미숙을 불러와 더욱 무서운 병으로 여겨지고 그만큼 인명 손실의 확률과 수치도 상대적으로 클 수밖에 없었는데, 실제로 1862년의 대유행 때는 27만 명의 사망자를 내고 있을 정도이다.

그래서 항간에는 '(나으면 마마 자국이 남아 흉물스럽기는 해도 목숨은 건지므로 용모에만 관련되는 병이라 하여) 천연두는 곰보팔자요 (마진은 잘 낫지 않고 치사율이 높으므로) 마진은 죽을 팔자' 라는 속언이 나돌았던 것이다. 특히 1862년(文久 2년) 여름에 대유행한 마진은 전회(1836년; 天

에도시대의 전래병과 외래병 155

保 7년), 전전회(1824년; 文政 7년) 때보다 격심하여 4년전인 1858년에 에도에서 유행했던 콜레라 때보다 더 많은 사망자를 내었을 뿐만 아니라, 또 바로 그 콜레라 참사를 겪은 수년 후의 일이기도 하여 더욱 큰 사회 불안을 야기하였던 것이다.

마진 예방 부적인 '하시까에(麻疹繪)'라는 목판화가 바로 이 붕뀨(文久) 2년의 유행 때 가장 많이 팔렸는데, 발행검열관의 검열일지를 보면 마진이 한창 유행중인 음력 6~7월의 것이 압도적으로 많고 또 단기간에 이처럼 집중적으로 팔려나간 것도 따지고 보면 4년 전에 겪은 콜레라 대참사 때의 공포심 때문이었다. 목판화는 또 음식물의 금기와 방사(房事; 섹스)의 금지도 강조하고 있어 마진이 어린애뿐만 아니라 면역성을 잃은 어른도 걸리는 병임을 일깨워 주고 있다.

천연두나 마진 등 유행성 전염병에 대한 당시인들의 대처방식을 보면, 한 두가지의 대증적 약물요법을 제외하고는 뾰족한 과학적 예방 치료책이 없어 주로 옛날부터 전해져 내려오는 속신과 주술을 동원하여 '하늘이 살려주기'만을 비는 것이 고작이었다.

천연두의 경우, 에도에는 죠시가야(雜司ヶ谷)의 사기신사(鷺神社) 등 25개사에 포창신(疱瘡神; 천연두 예방신)이 배향되어 있어 널리 신봉되고 있었는데, 일단 환자가 발생하면 우선 환자의 머리맡에 조그만 신단을 마련하고 이 포창신의 분신을 모셔 와 조석으로 배향한다. 또 병이 가벼워지라는 뜻에서 소금을 짚에 싸서 대문에 걸어놓기도 하였다. 아직 환자가 발생하지 않은 집에서는 무슨 예방접종 하듯 포창 퇴치의 부적을 사서 몸에 차고 다녔다.

또 환자가 고통을 참지 못하고 괴로워하거나 열에 들떠 신음할 때는 가호신에게 빌어 고통을 면케 해주려고 하였는데, 이때의 가호신으로는 신농씨(神農氏), 수꾸나히꼬나(少彦名)와 같은 의약신을 비롯하여, 사귀를 쫓는다는 종규신(중국에서는 역귀와 마귀를 쫓는 신으로 추존되고 있으며,

일본에서는 이 마귀상이나 인형을 단오절에 내걸어 액막이를 하였다), 우두천왕(인도의 祇園精舍의 수호신으로 약사여래의 환생신이라고도 함; 京都 祇園社의 제신), 이즈모(出雲)의 마진퇴치신(麻疹除御神)이 등장하고 있다.

또 무위(武威)의 신인 수사노오노미꼬또(天照大神의 아우로 여러가지 무공을 세움)와 찐제이하찌로우다메또모(鎭西八郎爲朝; 平安 말기의 무장; 1139~1170)를 각각 본존신사로부터 모셔와 제향하며 역병의 퇴치를 빌었다. 새도 날아들지 않

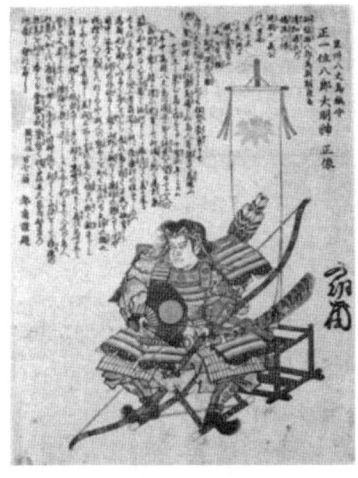

▶콜레라 퇴치 부적. 헤이안 시대의 무장 찐제이하찌로 다메또모가 콜레라 균을 꼼짝 못하게 한다는 내용을 담고 있다.

을 만큼 외진 팔장도(八丈島)에 유배된 다메또모 장군의 무위 때문에 이 섬에는 마진이나 천연두 같은 무서운 역병도 유행하지 못할 것이라는 가상신심(假想信心)에 의탁하고자 함에서였을 것이다(우리나라의 남이장군 전설과 유사한 점이 있다).

쇼또꾸(正德) 원년(1711년), 에도에 천연두가 창궐하였을 때 당시의 6대 장군 도꾸가와 이에노부(德川家宣)의 제3자 나베마쓰마루(후의 제7대장군 家繼; 1709~1716)가 이 병에 걸렸는데, 병 치료차 영험하다는 하찌죠지마(八丈島)의 물과 하찌죠도의 하찌로우 신사(八郎神社; 제신은 포창신으로서의 鎭西八郎爲朝明神) 발행의 부적을 날라 오고 또 하찌로우신사의 신체(神體)까지 모셔와 에도성 안에서 기도회를 열었는데, 그래서 그랬는지 병이 나았다.

그 포상으로 에도 근교 아사쿠사에서의 신체개장(神體開帳)이 허용되고 또 하찌로우신사에는 정일위(正一位)의 윤지(綸旨)까지 내려진다. 또 이것이 전례가 되어 에도에 천연두가 유행할 때는 개장(開帳; 감실을 열어 평

소에 보이지 않는 불상이나 신체를 공개하는 일)하여 널리 일반인들의 참예를 허용함으로써 에도 서민들의 인기를 모았다.

또 이 가호신들의 화상을 걸어놓고 기도를 올리거나 다라수(多羅樹) 잎사귀에 주문을 써 가지고 다니면서 외워 천연두 마진 예방과 퇴치를 소망하기도 하였다.

또 봉제 원숭이나 남천촉(南天燭) 나무로 만든 말 구유를 머리에 뒤집어 쓰고 이들 역병의 퇴치를 기원하기도 하였다.

그렇다고 이런 황당무계(?)한 주술 요법에만 의존했던 것은 아니다. 약간의 과학적 근거를 갖는 대중요법도 시행되었다.

우선 마진은 체내에 남아 있는 태독이 여기의 작용으로 열병을 일으킨 것이라는 병인설에 따라 그 여기를 몰아낼 목적으로 실내를 청결히 하고 방향성(芳香性) 식물·광물·향약류를 실내에서 태워 연기를 피워 올렸는데, 이는 일종의 훈증(薰蒸)식 소독 요법에 해당하는 것으로, 그런대로 전염 방지 효과는 상당히 거두었을 것으로 보인다.

또 복숭아 잎과 냇버들의 수피(樹皮)를 넣고 끓인 목욕물에 목욕을 시키는 입욕요법도 널리 시행되었는데, 이는 냇버들과의 식물이 해열효과를 갖고 있다는 과학적 근거에 착안한 요법이었음은 물론이다.

또 내복약으로는 인도코뿔소의 뿔과 승마갈근탕(升麻葛根湯)이 발진의 해독에 효험이 있다 하여 널리 이용되었다. 막말에는 마진 치료제로서 키나수(規那樹) 껍질을 말린 키나(키니네의 원료)가 널리 사용되어 많은 효험들을 보았다.

난방의(蘭方醫) 오쓰끼 겐따꾸(1757~1827)는 이 키나의 약효에 대해 『麻疹啓迪』이란 책에서 "오란다 무역선이 수입해 들여온 해열제에 키나라는 것이 있다. 교와(享和) 3년(1803년)에 이것을 마진에 써서 기험(奇驗)이 있었다는 이야기를 듣고 써 보았더니 과연 효험이 있어 열이 내렸다"고 그 효험을 격찬하고 있는데, 이처럼 마진의 약물요법은 해열제가 주를 이루고 있었다.

또 천연두가 맹위를 떨쳤던 1773년(安永 2년) 4월, 막부는 구급약으로서 전부터 뛰어난 약효를 자랑해 온 조선인삼을 각 정(町)마다 닷 냥(兩)씩 배분하고 있는데, 그냥 그뿐, 천연두와 같은 악성 감염성 질병에는 그다지 효험을 보이지 못했던 것 같다.

아무튼 1700년~1750년까지의 50년간은 일본 근세사상 최대의 역병 유행기로 불리는데, 특히 도꾸가와 요시무네(德川吉宗)가 장군이 된 1716년에는 에도와 그 주변지역에 까닭도 이름도 모를 열병이 유행하여 한 달 동안에 8만여 명이 목숨을 잃는 통에 미처 시체 담을 관도, 화장터도 묘지도 마련하지 못해 시나가와(品川) 앞바다에 수장시켜 버리고 말 정도였다고 한다.

5. 수입병 콜레라와 인플루엔자

원래 인도의 풍토병으로 19세기 초엽부터 각국으로 번져 나간 콜레라가 일본에서 처음 유행한 것은 1822년(文政 5년)이다. 이해 8월에 산잉(山陰)과 산요(山陽) 지방에서 첫 환자가 발생한 후 곧 바로 이웃 지방으로 전파되어 한 달 만에 교토 주변에까지 만연한다. 당시의 기록을 보면 "병세가 몹시 격렬하여 그 참상 차마 눈뜨고는 못 볼 지경"이었다 한다.

▶분큐 2년(1862) 무렵 콜레라에 걸린 아내의 머리맡에서 화덕에 고추를 태워 푸닥거리를 하고 있는 모습.

그 전파 경로를 보면, 2년 전인 1820년과 바로 전해인 1821년에 걸쳐 당시의 오란다령(領)이었던 자바에서 유행한 콜레라가 오란다 무역선을 타고 유일한 개항장인 나가사키를 거쳐 일본에 들어온 것으로 보인다. 그래서 콜레라를 수입병 혹은 외래병이라고도 부르는 것이다.

　일본에서 두 번째로 콜레라가 유행한 것은 1858년(安政 5년)으로 이때의 유행은 3년간 맹위를 떨치고 수많은 사상자를 낸 다음 1860년(万延 1년) 말에 종식되고 있다. 이때의 콜레라도 1855년에 자바와 말레이군도에서 폭우 끝에 창궐했던 콜레라의 여파였을 것으로 의사학자들은 보고 있다.

　이해 7월 나가사키에서 첫 환자가 발생, 한 달 후에는 벌써 에도에까지 전파된다. 8월 상순부터 중순에 걸쳐서는 매일 사망자수가 1,000명을 헤아리고, 하순까지의 에도에서의 사망자수만도 10만명 이상에 이르렀다 한다.

　이 안세이 5년의 콜레라도 나가사키를 거쳐 들어온 것으로, 당시 나가사키의 양생소(養生所)에서 서양의학을 교수했던 오란다의 군의 뽐뻬(Pompe; 1829~1908)는 자신의 회고록『일본 체재 5년』에서 밝히고 있다. 미국의 군함 미시시피호가 중국의 콜레라 유행지역을 거쳐 나가사키 항에 들어왔는데, 그 속에 콜레라 환자가 섞여 있었다는 것이다.

　이렇게 상륙한 콜레라는 곧 바로 교토와 오사카에까지 전파되고, 그대로 북상하여 도호꾸(東北)와 홋카이도에까지 이르러 무수한 인명을 앗아갔다.

　처음 이 환자를 접한 의사들은 중국의 한의학서에 실려 있는 곽란의 일종으로 보고 '인도곽란'이란 병명을 붙이기도 하고, 심한 설사를 동반하므로 폭설병(暴泄病)이란 이름을 붙이기도 하였다. 또 세간에서는 그 증상이 심하여 걸렸다 하면 거의 3일 안에 사망하므로 '삼일고로리(三日虎狼痢)'라 부르기도 하였으며, 고로리(虎狼痢; 古呂痢), 뎃뽀(鐵砲) 등의 속명으로도 불렸다.

또 난학자들은 콜레라(cholera;네델란드어)를 음역하여 '酷烈辣' '格列刺' 등의 한자를 붙이기도 하였으며, 당시 난의학의 대가로 추앙받던 오까다 꼬앙(緖方洪庵; 1810~1863)은 '虎狼痢'라는 한자를 갖다 붙였는데, 이것이 공식적인 병명으로 정착하게 된다. '호열자(虎列刺)'라는 병명이 공식 의료행정 용어로 쓰이게 된 것은 메이지시대에 접어들어서이다.

아무튼 당시의 치료방법으로서는 민간요법이나 주술, 그리고 약간의 서양의학적 대증요법 외에 뽀족한 치료방법이 없었으므로 그냥 죽어 나가는 사람의 시체 처리나 하고 있을 수밖에 없었을 것이나, 그래도 1862년 막부 직속의 양학 교육 연구기관인 요쇼시라베쇼(洋書調査所)의 교수들이 번역 간행한 『疫毒豫防說』에 의거하여 콜레라의 정체와 유럽식 전염병 대책으로서의 피병원(避病院; 격리병원)제, 검역제도에 대한 새로운 지식에 눈을 뜨게는 된다. 또 늦게나마 막부에서도 검역계획을 수립하는 등 적극적인 예방 대책을 취하게 된다.

또 18세기 후반부터 19세기 전반에 걸쳐 자주 유행했던 인플루엔자도 외래병의 하나로, 이는 언제나 나가사키로부터 칸사이(關西)지방을 거쳐 도카이도(東海道)를 따라 에도에 전파되어 오므로 에도 사람들은 우편·화물 운송업자인 히꺄꾸(飛脚)들에 묻어 들어온 것이라고들 하였다.

6. 중국과 류큐에서 전래된 매독

콜럼버스의 아메리카 대륙 발견시 유럽에 묻혀 들어온 매독은 스페인, 프랑스, 이태리를 거쳐 곧 바로 유럽 전역에 퍼진다. 그것이 포르투갈의 항해가 바스코 다 가마(Vasco da Gama; 1469~1524)의 인도 상륙(1498년)으로 인도에 전파된 것은 15세기 말에서 16세기 초의 일이다.

이어 광동창(廣東瘡) 혹은 양매창(楊梅瘡)이라는 이름으로 이 매독이 중국에 전파된 것이 홍치(弘治; 1488~1505)~정덕(正德; 1506~1521) 년간이다. 이는 콜럼버스의 스페인 귀착 후 10년, 바스코 다 가마의 인도 상륙 후 5~6년 되는 해의 일이다. 최초의 유행지는 광동으로, 이 역시 얼마 후 양자강 연안을 따라 중국 전역에 확산된다. 당시의 교통사정을 감안하면 무척 빠른 속도의 전파이다.

일본에서는 당창(唐瘡) 옥은 유구창(琉球瘡)이라는 병이 에이쇼(永正) 9년(1512년)에 처음 칸사이(關西)지방에서 발병하고 다음 해에 곧 바로 칸토(關東)지방에 전파되어 갔는데, 이것이 바로 매독이다. 그 이름으로 보아 중국이나 류큐에서 전파된 것으로 추측된다. 이는 포르투갈인의 첫 내항보다 앞선 일인데, 따라서 그 전파자는 유럽인이 아니고 중국인이거나 중국과 조선 연안을 무대로 활약했던 왜구(倭寇)들이었을 것으로 의사가들은 보고 있다.

이러한 신병(新病)이 낯선 땅에 들어오니 면역성이 없는 주민들에게 맹위를 떨칠 수밖에. 일본에서도 순식간에 상하귀천을 막론하고 전국으로 퍼져나갔다.

전국시대 말기의 무장이며 도꾸가와 이에야스의 둘째 아들인 유끼 히데야스(結城秀康; 1574~1607)도 당창(唐瘡)으로 죽었다는 기록이 있고, 세키가바라(關ケ原)전투에서 용맹을 떨쳤던 오다니 요시다카(大谷吉隆)의 사인도 공식적인 사인인 나병과는 달리 실은 매독 말기증상이었다고 한다.

에도시대 이전에 벌써 이렇게 일본 전역에 퍼진 매독이 그후 두고두고 얼마나 많은 일본인들을 괴롭혔는가는 당시의 의사들의 회고록에 잘 나타난다. 그 좋은 예를 에도 중기의 난의(蘭醫) 스기다 겐빠꾸(杉田玄白; 1733~1817)의 『形影夜話』를 통해 보면, 겐빠꾸는 젊었을 때 적어도 한 가지 병에 대해 자신있게 치료할 수 있는 권위자가 되어 보겠다는 생각 끝에 매독 치료의 전문의가 되기로 결심, 모든 노력을 기울여 매독의 임상치료와 학술연구에 몰두하는데, 그 경과를 다음과 같이 회고하고 있다.

"그럭저럭 하는 사이에 나의 보잘 것없는 이름이 헛되이 높아져 나에게 치료를 부탁하는 병인의 수가 해마다 늘어나 1년에 1,000명 남짓 되는 환자를 치료하게 되었는데, 그중 매독환자가 7~8백명을 차지하였다. 이렇게 4~50년을 지나고 보니 매독환자만도 수만명을 치료한 셈이 된다. 그리고 내 나이 이제 70이 되어, 매독 치료가 얼마나 어렵고 힘든 일인가를 겨우 깨달았을 뿐, 그 점 젊었을 적의 기분과 조금도 다를 바 없다."

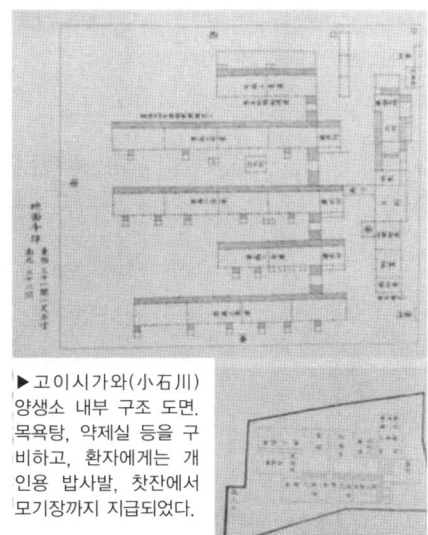
▶고이시가와(小石川) 양생소 내부 구조 도면. 목욕탕, 약제실 등을 구비하고, 환자에게는 개인용 밥사발, 찻잔에서 모기장까지 지급되었다.

매독의 참화가 얼마나 컸던가를 짐작케 해준다.

그 당시 매독에 관한 치료는 수은을 환부에 바르거나 태워 연기를 들여 마시거나 심한 경우에는 먹기까지 하였는데, 게이훈(輕粉)이라는 백색의 수은 분말을 주제(主劑)로 쓰는 한편, 해독제로 청미래덩굴의 뿌리 삶은 물을 투여하여 수은의 체내 과잉 축적분을 배설시키는 방법을 썼다. 그러니 낫더라도 수은 중독환자가 되어 일생을 고통스럽게 보낼 수밖에.

에도 중기 이후에는 민속신앙으로 창병(瘡病)의 수호신을 모시는 습속이 성행하였는데, 에도 야나까(谷中)의 카사모리(笠

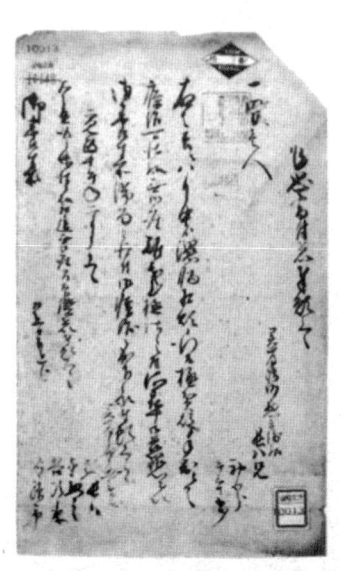
▶당시의 양생소 입소 원서.

森; 瘡守) 신사도 이 신을 모시는 대표적 신사의 하나였다.

　에도 말기, 구미열강의 압력하에 체결된 불평등조약으로 개국한 일본은 본격적으로 밀려들어 오는 외국인 기항자나 거류민들로부터의 성병 이환을 막기 위해 개항장에서의 검역 실시와 매독 전문치료 병원의 설립 등, 한바탕 망국병 매독과의 전쟁을 치르지 않으면 안 되었다.

　매독이 임병(淋病)과 함께 화류병이라는 점잖은(?) 명칭으로 불리게 된 것은 메이지 30년대의 일인데, 메이지 33년(1900년)부터는 일본 전역에 공창제도가 실시되면서 성병도 적극적인 국가검역 체제하에 들어가게 된다.

에도시대의 의사와 병원

1. 낯익은 풍경이 된 왕진 행차

에도시대 사람들은 병에 걸리거나 몸이 아프면 어떤 치료를 받았던가. 가벼운 증세이면 집 근처 약방에서 제조약을 사다가 먹거나 바르기도 하고 민간약에 의존하여 자가치료를 하였지만 병세가 좀 심하다 싶으면 가까운 동네 의사를 찾아가 진료를 받거나 왕진의를 불러 집에서 치료를 받거나 하였다. 또 약마저 사먹을 형편이 못되는 무의탁자나 극빈자들은 빈민 구호병원인 양생소(養生所) 신세를 져야 했다.

"의원 집 문 너댓 곳 두드려야 겨우 일어나고/ 명의의 막 벗어놓은 옷 되껴입는 소리…"

세태풍자시 센류(川柳)의 구절처럼 분주하게 뛰어 돌아다니는 의사들의 왕진 행차는 에도 시중의 낯익은 풍경이었다.

에도시대의 의술은 헤이안(平安)시대(794~1192) 이래 1,000여년간 연면히 이어져 내려온 한방(漢方)이 국가 의료체계의 주류를 이루고 있었으나, 그리스도교의 전래와 함께 들어온 선교사[1], 그리고 교역을 목적으로 내항한 스페인, 포르투갈, 네덜란드인들에 의해 전파된 서양의술[2]도 사실상 이 시대 국가 의료체계의 한 축을 이루며, 특히 에도시대 중기 이후에는 난방의(蘭方醫)들에 의해 도입된 서양의 선진적 외과술이 한방이 미처 다 수행해 내지 못하는 난삽한 외과적 진료기능을 보완 혁신하는 등, 사실상 한난(漢蘭) 절충식 의료체계가 유지된다.

에도시대의 의사에는 그 역할과 진료 대상에 따라 세 종류가 있었다. 우선 마찌이(町醫)라 하는 시중의 개업의가 있었는데, 이는 숫자도 가장 많고, 주로 도시 거주 상공인 직인 등 중하층 서민들을 상대로 하여 시술을

하였다. 그밖에 각 번의 어용의사인 공의(公醫) 오까까에의사(ぉ抱え醫)가 있었고, 막부에는 직속의 어전의사인 오꾸고이시(奧御醫師)가 있었다. 또 어전의 중에서도 만인지상 – 일인지하의 권세를 누린 막부장군을 친견할 수 있는 최고위급 오꾸고이시를 오메미에이시(御目見醫師)라 하였는데, 그만큼 책임도 무거워 여러가지 특전과 함께 파격적인 대우를 받았다. 한 마디로 의사라 해도 이처럼 종류와 신분과 업태에 따라 여러가지 구분이 있었다.

또 이들 의사 가운데는 외국인도 있었다. 선교사 신분의 의사, 오란다상관(商館) 소속의사 외에 또 평의사 신분으로 무역선을 타고 내항한 난의(蘭醫)들이 많았는데, 이들은 공식 비공식 차원의 진료 외에도 서양의학 교육에 의한 일본인 의사의 양성과 의학서 번역 편찬 등에 힘써 서양의학 전파에 크게 공헌하였다.

의사는 이시(醫師), 이샤(醫者), 구수시(藥師) 등의 여러 호칭으로 불렸는데, 보통 중인 신분인 이들은 상투 틀듯 긴 머리를 올려서 꼭뒤에서 묶고 그 끝을 짧게 늘이는 꾸와이아다마(慈姑頭) 머리형을 하고 골풀로 엮은 왕진용 약상자를 시종에게 들리고 도보로 혹은 가마를 타고 외진(外診)을 다니기도 하였다.

또 각각 전공별로 나누어, 내과는 혼도(本道), 외과는 낀소이(金瘡醫)라 불렀다. 특히 외과술은 상당히 발달하여 한난 절충의 외과의사 하나오까 세이슈(華岡靑洲; 1760~1835) 같은 사람은 벌써 전인미답의 외과 수술로 여겨지고 있었던 쇄항(鎖肛), 쇄음(鎖陰), 요도결석 탈저(脫疽; 괴저, 신체 조직의 일부분이 생활력을 잃고 썩어 문드러지는 병), 치루(痔漏; 치질의 일종), 이구찌(兎脣; 언청이) 수술을 할 정도였고, 특히 손수 개발한 마취제 통선산(通仙散)을 써서 붕까 2년(1805년)에 단행한 유암절제 수술은 일본 최초의 외과수술로 후일 세계외과학회의 공인을 받을 정도로 뛰어난 외과수술이었다.

그밖의 전문의로 안과인 메이샤(目醫者)와 치과인 고우츄이(口中醫), 산과 정골과(整骨科; 접골과) 등이 있었는데, 특히 외과와 안과의 경우에는 의사 집에서 장기 입원치료를 받는 환자들이 많았다. 그래서 규모가 큰 유명 의원들은 병원 안에 제약소·수술실·입원실·대기실·약품창고·기구창고 까지 갖추어 놓고 밀려드는 환자를 맞이해야 했다

2. 신분을 뛰어넘는 출세 수단이 된 의사 되기

이 시대에는 의사 지망자가 많았다. 신분을 뛰어넘어 입신출세하고 양명하려면 학자나 의사가 되는 길 밖에 없었기 때문이다. 그러나 의사가 되는 일은 침구사나 약제사가 되는 일보다 훨씬 어려웠다.

의사가 되려면 막부나 각 번(藩)에서 설립한 의사 양성기관인 의학관(醫學館)이나 유명 의사, 학자들이 운영하는 사설 의학교를 다녀야 했다. 의학관에서는 한방의술을 주로 가르쳤는데, 이는 1765년(明和 2년)에 오꾸이시(奧醫師) 다끼 모토다네(多紀安元; 789~827)가 에도 간다의 사꾸마정(佐久間町)에 설립했던 사설 의학관(館)을 막부 관할로 확대 개편한 것으로, 관의(官醫)와 그 자제들의 의학교육을 맡아 하는 한편, 의관(醫官) 추천업무도 관장하였다.

의학관에는 관의와 그 자제들 중 40세 이하의 자만이 입학이 허가되었는데, 사서오경, 안과, 침과(鍼科), 아과(兒科) 등의 한방의학과 본초학의 강의를 받는 외에 임상실습을 받아야 했다. 특히 관의가 되기 위해서는 이 의학관에서 교육을 받든가 이곳에서 실시하는 엄격한 검정시험에 합격해야만 했으므로 그 권위가 높고 입학문이 좁을 수밖에 없었다. 의학관은 그 뒤 1806년에 아사쿠사(淺草)로 이전, 강당·학사·서고·약초원·객청(客廳)·식당·휴게실 등을 갖춘 대규모 의학교로 확대 개편되는데, 막말의 서양의학의 융성기를 맞이하여 모습을 감추고 만다.

사설 의학교의 대표적인 것으로는 교토의 순정서원(順正書院)이 있었다. 이는 당고(丹後) 출신의 신구우 료떼이(新宮凉庭; 1787~1854)가 일찍이 나가사키로 나가 네덜란드인과 일본인 통역사들을 통해 서양의학을 배우고 상관장 즈브의 신용을 얻어 난관(蘭館)의 부속의사가 되었다가 교토에서 개업하여 명성을 얻은 여세를 몰아 1839년(天保 10년)에 교토의 유명 사찰 난젠지(南禪寺) 근처에 설립한 서양의학 교육기관으로서, 세이쇼(生象; 해부학) 세이미(舍密; 화학) 생리 병리 내과 외과 박물 약성(藥性) 등의 8개과를 설치하여 많은 난방의들을 배출하였다.

이들 정규 의학교에 다니지 못한 사람들은 유명의(有名醫) 문하에 들어가 사숙하며 개인적으로 의술을 익히거나 독학으로 의술을 익혀 의사가 되는 수밖에 없었다. 소위 어깨 너머로 배운 의술이란 것이다. 그래서 자천타천의 돌팔이 의사도 많았는데, 이들을 야부이샤(藪醫者)라 불렀다. 의사 수업은 도제(徒弟) 수업 방식을 원칙으로 하였으며, 의업은 세습하는 것이 보통이었다.

그러면 의사의 진료 수입은 어느 정도였을까? 당시 에도 시중에는 상당수의 개업의가 있었다. 그러나 진료비는 다른 물가에 비해 상대적으로 비싸고, 특히 서민들이 정식 한방치료를 한 번 받으려면 일년 농사 지은 것 다 쏟아 부어야 한다 할 정도로 비쌌다. 그러니 몸이 좀 안 좋다고 그리 쉽게 병원에 갈 수도 없는 일이었다. 약을 사다가 먹거나 민간요법에 따라 자가치료를 하거나 미신에 의존하여 굿을 하거나 그도 못 하면 절로 병이 낫기를 앉아서 기다리는 수밖에 없었다.

그러나 증세가 심하거나 악화되면 병원에 가거나 왕진을 청하지 않을 수 없었다. 이때 내는 진료비를 야꾸레이라 하였는데 꽤 비쌌다.

왕진을 청할 경우에는 왕진료를 추가로 지불해야 했는데, 그것도 가마를 타고 오는 경우에는 도보왕진과 달리 가마 삯을 추가로 지불해야 했다. 또 시종이 있을 경우에는 식대 명목의 수당을 더 얹어 주었다. 진료비에 꼭 공정가격이 있는 것은 아니고 환자측의 형편이나 피차간에 오가는 정의에 따라서 차이가 있었다. 때로는 금전 대신 물품으로 보답하기도 하였다.

17세기 말경의 통상 진료비를 보면, 도보왕진의 경우, 진료비 명목의 약대는 첩당 은 두 푼, 가마 왕진의 경우는 가마 삯까지 포함하여 은 닷푼을 지불하였다. 당시 쌀 한 섬 값이 한 냥(兩)이었으니 꽤 비싼 편이었다. 그러니 용하다는 의사는 많은 수입을 올릴 수밖에. 앉아서 에도 사람들 돈을 다 긁는다 할 정도였다.

에도의 니혼바시(日本橋)에서 개업하고 있었던 오바마번(小浜藩)의 어용의사 스기다 겐빠꾸(杉田玄白; 1733~1817)는 당대의 손꼽히는 명의였는데, 진료비로 받는 야꾸레이와 소속 번으로부터 직무수당으로 받는 하이료낑(拜領金)을 합하여 년수입이 300~600량(兩)쯤 되었다. 이는 석고(石高) 200석인 중견급 무사의 실수입의 2~3배 되는 수입이었다.

그렇다고 의사들 모두가 돈방석에 올라앉은 것은 아니었다. 그중에는 인기가 없거나 벽지에 있어 손님이 적은 의사는 남아도는 시간에 동네 아이들의 습자 지도를 하거나 농사일을 할 정도여서 "의사 집 현관에 수북한 고구마…"라는 풍자시의 주인공으로 묘사되기도 하였다.

또 그보다 더 심한 극빈의사도 있었는데 이들은 생활의 위협을 느낄 정도로 빈궁하였다.

에도 기타핫쵸보리(北八丁堀)에서 개업한 다무라 산찌(田村三智)라는 의사는 어떤 연유에서인지 병원이 잘되지 않아 생활이 몹시 곤궁하였다. 처와 외동딸과 노부모를 모신 다섯 식구 입치레도 제대로 못할 정도였다. 그래도 노부모에 대한 효성이 지극하여 자기들은 제대로 못 입고 끼니를 거르면서도 부모님에게는 고기반찬과 솜옷을 지어 올려 극진히 봉양하였다. 이를 보다 못한 노부(老父) 교따유(淸太夫)가 아들의 생활을 조금이라도 펴줄 요량으로 가전의 비약 다이뀨강(大救丸)의 판매 허가를 막부에 출원하였던 바, 막부는 판매허가를 내주었을 뿐만 아니라, 산찌의 효행까지도 표창하여 많은 금품을 내려주었다(1741년 12월 21일). 조금 특별한 예화이기는 하지만 이 일화의 전반부는 극빈의사의 한 모습을 잘 보여주고 있다.

명의로 소문이 나 돈방석에 앉은 의사이건, 위에 말한 다무라 산찌처럼 파리만 날린 가난한 의사이건, 대체로 에도시대의 의사들은 안정된 수입이 보장되고 주민들로부터도 존경과 신뢰를 받는, 사회적으로 '선택된' 신분이었다. 그래서 동네 유지로 행세하며 취미(?)로 주민들의 혼담이나 취직 알선도 곧잘 하는 '인생복덕방' 구실도 톡톡히 하였다. 그것을 증명해 주는 말로, 지금은 거의 사어가 되어버려 잘 쓰이지 않지만 결혼이나 취직 중개인을 메이지시대 때 까지만 해도 '게이앙(桂庵)'이라 하였는데, 이는 에도 교바시(京橋)에서 개업하고 있던 야먀또 게이앙(大和慶庵)이라는 의사가 곧잘 여기로 중매와 취직 알선을 잘해 주었으므로 결혼 중매인이나 취직 알선자를 게이앙(慶庵)이라 부르게 되고 그것이 또 '桂庵'으로 바뀌었다는 것이다.

그러면 가난하여 병원에도 가지 못하고 약마저 사 먹을 수 없는 극빈자나 무의탁자 걸인 떠돌이, 방랑자들은 어떤 식으로 치료를 받았던가. 이들은 나라에서 세운 무료진료소의 신세를 져야 했다. 양생소가 그 대표적인 것이다. 우리나라 허준 시대의 혜민서(惠民署)와 같은 역할을 하였다.

막부는 1722년(享保 7년) 12월 7일, 에도 고이시가와(小石川) 하꾸산(白山)의 막부 직영 약원에 빈민 상대 무료병원인 양생소를 개설한다. 이것은 오가와 쇼셍(小川笙船; 1672~1760)이라는 한 개업의의 건의를 받아들여 설립한 일종의 '국립빈민병원'이다.

이해 정월 고이시가의 정토종 사찰 덴즈잉 앞에 사는 개업의 오가와 쇼셍(51세)은 막부 평정소(評定所) 앞에 설치해 놓은 정책 여론 건의함인 메야스바꼬(目安箱)[3]에 한 통의 의견서를 투입하였다. 가난하여 치료는커녕 약도 사 먹을 수 없는 병자나 독거병인 치료를 위해 무료 시약원(施藥院)

을 세워 달라는 내용의 투서였다.

이 투서를 받아 읽은 당시의 8대장군 요시무네(吉宗;1684~1751)는 즉시 에도마찌부교(江戶町奉行) 오오까 따다스께(大岡忠相)에게 내용의 검토를 명하였고, 따다스께는 쇼셍을 불러 그의 구상과 운영법을 소상하게 청취 검토한 다음 7월에 구체적 설립안을 정리하여 장군에게 설립허가를 상신하였다. 그리하여 1,000평의 부지 안에 환자 입원실 4채, 약전소(藥煎所), 약조합소(藥調合所) 등의 시설을 갖춘 고이시가와 양생소가 개설된 것이다.

에도시장격인 마찌부교(町奉行)가 운영을 총괄하였는데, 처음 배속된 의사는 오가와 쇼셍(笙船) 부자 등 8명이었으며, 설립에 공이 큰 쇼셍의 자손은 대대로 근무할 수 있는 특전이 주어졌다.

정원은 처음에는 40명이었으나 다음해에는 100명, 1729년에는 150명으로 늘었으나 1733년부터는 다시 117명으로 줄어 이 상태로 막말까지 갔다. 양생소는 입원환자를 수용하는 한편 통원치료도 받아 주었다. 치료비는 무료이고 입원환자에게는 이부자리와 의류 외에 일용품도 지급되었다. 병원 운영비는 물론 국고에서 지출하였는데, 처음에는 1년분이 750량(兩)이었으나 호레끼(1751~1764) 년간부터는 840량으로 증액되어 막말까지 갔다.

설립 당초에는, 무료입원 의뢰서를 작성해 주어야 할 오늘의 동장격인 정명주(町名主)들이 신원확인과 실태조사 과정에서 까다롭게 굴기도 하고 또 무료입원 과정에서 환자들은 약초의 효능검사 등 의료실험의 대상이 된다는 등의 소문 때문에 입원을 꺼려하여 환자가 적었으나 나중에는 입소 희망자가 줄을 서게 된다. 그러나 막말에는 다시 반수로 줄어드는데, 이는 의사수의 증가와 함께 이루어진 의료대중화의 결과 병원 문턱이 좀 낮아진 때문이기도 하다.

■주(註)

1) 포르투갈 국적의 외과의사이며 예수회 소속의 선교사였던 아르메이다(Luis Armeida; 1525~1583)는 1552년(天文 21년) 일본에 건너온 후 죽을 때까지 그리스도교의 전교와 의료사업에 몸을 바친 사람이다. 그는 붕고(豊後)의 후나이(府內;지금의 大分縣)에 당시의 영주 오오도모 소린(大友宗麟; 1530~1587)의 비호를 받으며 일본 최초의 서양식 병원과 육아원을 설립한다. 아르메이다는 수많은 외과 수술을 하여 명성이 높아져 원근으로부터 많은 환자가 몰려들었다. 당시 일본의 의술에서 외과 분야는 서양의술에 비해 아직 상당히 지체되어 있었으므로 아르메이다의 병원에서도 외과만은 서양인 의사가 진료를 맡고 내과 치료만은 천주교 신자인 일본인 의사가 맡았다. 이처럼 선교사들은 그리스도교 전파의 수단으로서 첨단 서양의술을 이용하였는데, 후나이뿐만 아니고 천주교 신자가 많이 확보된 지방에서는 병원 등의 자선 구호시설이 많이 세워졌다. 그러나 예수회의 포교방침 변경으로 선교사들의 의료행위가 금지되자 아르메이다는 병원을 떠나 규슈(九州) 일대를 순회하며 전교사업에만 전념한다.

2) 1587년에 도요도미 히데요시의 금교령 발포 이후에도 지나인과 네덜란드인 상인들만의 입국은 허용되었으므로, 데지마(出島)의 오란다상관(오란다 동인도회사 소속)에는 카피딴(甲比丹)으로 불리는 상관장과 약간명의 관원, 그리고 이들을 진료할 부속의가 와 있었다. 1858년(安政 5년)의 안세이가조약(安政假條約)으로 에도 일본의 쇄국시대가 끝날 때까지 오란다상관 소속의로서 나가사키에 머문 사람은 약 100명이었는데, 그들은 일본 의학에 많은 영향을 끼쳤다. 그들은 주로 네덜란드인들이었으나 독일인 스웨덴인, 포르투갈인 등의 외국인들도 많이 있었다. 상관 소속 의원들은 상관장의 에도참부(江戶參府)에 동행하는 것이 관례가 되어 있었는데, 이것이 쇄국의 굳은 껍질 속에 갇혀 있던 일본의 의사들에게 서양사정과 서양의술을 알리는 좋은 기회가 되었다. 이리하여 홍모외과(紅毛外科)로도 불리는 오란다외과술(학)이 일본에서 붐을 이루게 된다.

또 나가사키 상관의 일본인 출입자들 가운데는 외국인과의 통역을 직무로 하는 통사(通詞)들이 있었는데, 이들이 데지마(出島)의 오란다상관에 출입, 네덜란드인들과 교제하는 가운데 그들의 서양의학과 서양학문에 접촉, 다른 일본인들보다 앞서 서구의 지식과 기술을 몸에 익히고 일본에 전파한다. 통사 한 사람은 게이안(慶安) 2년(1649년)에 나가사키에 온 카스팔(Casper Schaemburger) 밑에서 의술을 배웠는데, 그것이 소위 '카스팔식' 외과의술로서 일부 의사들 사이에 전파되었다. 카스팔은 이런 연유로 1650년 봄에 장군을 특별 알현하고 수개월간 에도에 머물며 일본인들에게 서양의술을 가르쳤다. 또 한 사람의 통사 나라바야시 친잔(楢林鎭山; 1648~1711)은 오란다 상관원들과의 빈번한 접촉과정에 서 오란다의학을 배워 오란다 의학 관련 의서까지 저술하고 있다. 그는 후일 통사직을 사임하고 개업을 하여 의업에만 전념하면서 진료와 연구를 거듭한 끝에 '호프만식' 외과술의 개조가 되었다. 그밖의 '니시(西)식 외과' '요시오(吉雄)식 외과' 술도 이런 식으로 통사 출신 난방의들에 의해 개척된 외과술들이다. 1674년에는 나가사키에 난의(蘭醫) 텐 레이네(Willem ten Rhejne; 1647~1700)가 초빙되어 왔는데, 그는 막부가 오란다 측에 유능한 의사의 파견을 요구한 데 따른 '국가초빙' 형식의 내일(來日)이었다. 그는 라이덴대학 등에서 화학의학 해부학을 배우고, 또 파리에서 나병을 연구하기도 하였는데, 2년 정도 나가사키에 머물며 두 차례 에도 여행을 하는 과정에서 일본인 의사들과 여러 의학 관련 질문을 주고 받는 한편 많은 환자를 치료해 주었다. 그러나 레이네는 장군의 특별 초빙으로 내일한 데 대한 상응한 대우를 받지 못한 처지에 불만을 품고 나가사키를 떠나 인도네시아의 바타비아로 이주해 살며, 1678년에는 일본의 장뇌(樟腦)에 관한 연구논문을 발표하기도 하고 또 그 후의 논문으로 1683년에는 침구술을 처음으로 서양에 소개하기도 한다.

또 레이네의 뒤를 이어 1690년에 일본에 온 켐펠(1651~1716)은 독일 태생의 의학자로, 2년간 나가사키에 머물면서 일본인들에게 의학을 가르치며 환자 진료도 하였는데, 그런 한편으로 일본의 역사 정치 종교 풍속, 물산, 동식물 전반에 관한 조사와 연구를 진행, 그 업적은 그의 사후 1727년에 발표되고 있다. 켐펠은 또 1691년(元祿 4년)과 1692년의 두 차례에 걸쳐 에도로 올라가 8대장군 요시무네를 알현하고 요시무네의 청에 의하여 그 앞에서 자작시를 읊고 춤을 춘 일화도 남기고 있다.

그런가 하면 엄중한 쇄국의 금령을 깨고 해외에 유학한 일본인들도 있다. 1658년(天治 1년)경 죠슈(長州) 이와꾸니(岩國) 사람 하도노 소하(鳩野宗巴)는 몰래 난선(蘭船)에 숨어들어 오란다로 건너가 서양의술을 배우고 5년만에 돌아왔다고 한다. 또 1660년대의 라이덴대학의 의과에 하르칭(Pertus Hartingius)이라는 오란다명(名)의 일본인 의학생이 재적하고 있었던 것으로 알려지고 있다. 이중 앞에 나온 소하는 어디서 의학공부를 하였는지 분명치는 않으나 오란다의학을 배우고 일본에 돌아와 우선 나가사키에서 개업, 명성을 쌓은 후 구마모도(熊本)번의 번의(藩醫)로까지 초빙된다.

3) 메야스바꼬(目安箱); 1721년(享保 6년) 8대장군 도꾸가와 요시무네(德川吉宗)가 서민들의 요구와 불만사항 등, 시중의 여론 수집을 위해 막부 최고재판소인 에도성 다쓰노구찌(辰の口)에 있는 평정소(評定所) 문앞에 설치하여 많은 건의문을 접수, 정책에 반영하였다.

서민들의 목숨 구한 명약

1. 압도적으로 많은 위장약

동네 가까운 곳에 의사가 없거나 있더라도 비싼 치료비 때문에 몸이 아파도 병원에 갈 수 없었던 에도시대의 서민들에게 약은 건강 유지를 위한 최소한의 생활필수품이었다. 그중에서도 예상되는 병증에 맞추어 미리 조제하여 두었다가 병자에게 팔았던 '매약(賣藥)'이라 불리운 조제약들 - 에도시대의 서민들은 곧 죽을병 - 숨 넘어가는 위급한 병 - 이 아닌, 가벼운 급만성(急慢性) 질환에는 주로 이 매약으로 자가치료를 하였으니 이를 경의료(輕醫療) 혹은 경치료(輕治療)라 하였다.

그러니 병원 문턱이 높아 약방을 찾을 수밖에 없었던 이 시대의 서민들에게 매약은 생명줄과 같은 것일 수밖에. 그만큼 매약이 근세 이후 의료의 대중화에 공헌한 바는 컸다.

중국으로부터의 수입약인 당약(唐藥) 대신 국산약인 와야꾸(和藥)가 겐록(元祿)~교호(享保)년간(1688~1736)의 상품·화폐경제 대두기에 본격적인 대중약으로 시장에 등장하는데, 이는 8대장군 도꾸가와 요시무네의 교호개혁기에 본격적으로 개발된 것들이었다.

▶여우고약의 간판. 맨 위에 '여우 狐' 자가 보인다.

쵸꾜(貞享) 4년(1687년)에 발간된 『江戶鹿子(에도까노꼬)』란 책에는 30여 종에 이르는 판매약품 목록이 나와 있는데, 분세이(文政) 7년(1824년)에 나온, 시중 판매상품 안내서(종합목록)인 『에도가이모노히도리안나이(江戶買物獨案內)』에는 300여 종에 이르는 약품명이 등장하고 있다. 150

여 년 만에 무려 10배 가까운 증가세를 보이고 있다. 질병의 종류와 약에 의존하려는 환자의 수가 상대적으로 그만큼 늘었다는 증거이기도 하겠지만, 한편으로는 서민들에 의한 의약품 수요의 증대와 활발한 신약 개발을 통한 의약품 제조공업의 대중화 현상을 반영하는 수치로도 볼 수 있을 것이다.

먹기 좋고 휴대하기에 편리하도록, 주로 환약이나 연고 형태로 만들어 판 이들 매약 가운데 압도적으로 많은 것이 위장약이고, 그 다음이 소아병약, 부인병약, 강장약, 호흡기병약 순서인데 이 종류만으로 벌써 200종이 넘고, 그 다음이 구강약, 안약, 성병약, 최음약 순이다. 또 구충제, 쥐약도 있었다. 특히 에도 시민들에게 큰 인기를 얻은 매약은 진통제와 폐결핵약과 고약이었다.

진통제의 일종이면서 만병통치약으로 통했던 긴다이엥은 아주 잘 팔려 우에노 이께노하(池之端) 소재의 깡가꾸야(勸學屋)약국은 폭이 12.7m나 되는 긴 판매대를 나무창살로 막아 놓고 그 너머로 약을 팔아야 할 만큼 손님이 줄을 이었다. "손만 내밀어 (약을) 파는 이께노하약국"이라는 세태풍자시 센류(川柳)의 소재가 될 정도였는데, 그 붐비는 가게 모습이 에도 명소안내도에까지 실려 막말의 외국 서적에도 소개되었다.

꼬우지마찌 히라가와죠(平川町)의 야마다 아사에몽(山田淺右衛門)은 막부에 소속되어 도검의 성능 시험과 함께 죄수의 목이나 베는 망나니 비슷한 직역에 종사하고 있었던 사람인데, 그는 직분상 입수 가능했던 사람의 간을 배합하여 폐결핵약 아사야마깡(淺山丸)을 만들어 팔았는데, 도덕적으로 공서양속에 반한다는 비난도 받았으나 당시로서는 '죽을 병'에 걸려 절망적인 삶을 살아야 했던 폐결핵 환자들의 환영을 받아 알게 모르게, 공식 비공식 루트를 통해 '단방약'으로 많이 팔렸다.

에도 료꼬꾸(兩國)의 씨름 심판원 종가인 시끼모리가(式守家)에서 만들어 판 아까고약(赤膏藥)도 열상(裂傷)환자들에게 인기가 있었는데, 용혈수

(龍血樹) 줄기에서 뽑아낸 붉은 색의 수액을 배합하여 만든 적색의 지혈제 겸 열상치료제인 이 고약은 만능고약으로 통할 만큼 약효가 뛰어났다. 씨름판에서의 열상환자들에게서 힌트를 얻었음에 틀림없다.

2. 서민 치료를 위해 고약이 등장하다

고약 하면 우리나라의 이명래고약, 조고약, 차고약처럼 그 제조 방법은 비전(秘傳)에 속하면서도 터진 데나 곪은 데 즉효가 있어 외과술이 아직 부진했던 당시의 서민들에게 많은 인기가 있었는데, 특히 허리 삔 데는 또 '여우고약'이란 것이 대단히 인기가 있었다. 기후현(岐阜縣)의 한 사찰에서 만든 이 여우고약은 300년 전 지금의 나까쓰가와시(中津川市) 근교를 통과하는 당시의 나까센도(中山道)의 짓꼬꾸재(十曲峠) 중허리에 있던 이오우지(醫王寺) 소속의 즈이돈(瑞頓) 스님이 고안한 요통 치료용 고약인데, 여기에는 그 제조 과정에 그럴싸한 전승이 있다.

즈이돈 스님은 싹싹하고도 친절한 성품 때문에 많은 신자와 주민들로부터, 그리고 또 여우나 너구리 같은 산짐승들로부터도 추앙을 받고 있었다. 그러한 그가 어느날 이른 아침, 새벽 독경을 마치고 마당 청소를 하던 중 뒷산의 수풀 속에서 뒷다리를 가시에 찔려 피투성이가 되어 신음하고 있는 여우를 발견, 가시를 빼내고 약을 발라 치료를 해준 적이 있었다는 것인데 그 다음해 화재로 절이 불타는 와중에 불끄기와 불구(佛具) 운반에 정신없던 즈이돈 스님이 허리를 세게 삐어 그만 드러눕는 처지가 되고 말았다는 것, 그러던 어느날 밤 비몽사몽간에 전에 치료를 받고 살아났던 그 여우가 나타나 보은하는 뜻으로 요통에 잘 듣는 고약 제조법을 가르쳐 주었는데, "감탕나무 열매를 계곡의 맑은 물에 잘 씻어 물에 타서 묽게 한 다음 지금 내가 여기 가져온 이 약초들과 섞어 잘 이겨 아픈 데 바르시오" 하는 가르침대로 해보니 허리 통증이 금세 가시고 말았다는 것. 그 뒤 즈이돈 스님이 근처 마을의 요통환자들에게 이 고약을 만들어 나누어 주기 시작한 것이 계기가 되어 널리 퍼져 나가 인기를 얻게 되었다는 것이다. 그리고 지금도 그 절의 산문에 내어 걸었던 '狐膏藥' 세 글자를 새긴 간판과 그 효능서를 인쇄했던 판목(版木)이 그대로 이오우지에 보존되어 있다 한다.

또 가래(痰)에는 우이로약(外郎藥)이 잘 들었다. 이 약은 원(元)나라 예부(禮部)의 하급직인 외랑(外郎) 진종경(陳宗敬)이 1370년경 일본에 건너와 하까다(博多)에 정착한 뒤 창제한 약인데, 후일 후손들에 의해 교또와 에도에까지 전해져 에도 중기에는 오다와라(小田原)의 약제상 도라야(虎屋)에서 대량으로 제조 판매하였다. 또징꼬(透頂香)라고도 부른 이 약은 가래에 잘 들었을 뿐 아니라 구취 제거에도 큰 효험이 있었다.

특히 우이로는 가부끼 연극으로 더 유명해졌는데, 유명한 가부끼 배우 이찌가와 단쥬로가 1718년 모리다좌(森田座)에서 초연한 〈우이로약장사(外郎賣)〉에서는 주인공이 우이로 약장수의 익살스러운 동작과 목청을 흉내내면서 효능을 자랑하는 선전문구를 빠른 속도의 웅변조

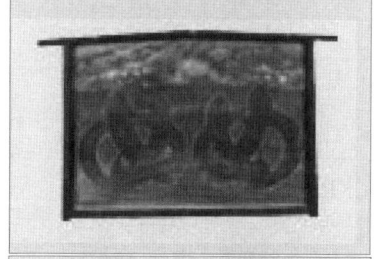

▶일종의 청량음료인 '비파엽탕(枇杷葉湯)' 행상. 단오절부터 8월까지 행상인들이 팔고다녔다. 메고 다니는 약상자 속에는 휴대용 곤로나 찻잔도 들어 있다.(위)
▶눈병 치유를 기원하는 그림 액자. 이 액자를 절이나 신사에 바치면 신불의 효험으로 눈병이 잘 낫는다는 속설이 있었다.(가운데)
▶안마 치료. 안마사는 피리를 불면서 손님의 부름을 받아 안마를 해주었다.

로 외워 넘기는 연기를 하여 관객들의 마음을 사로잡았다. 그래서 약도 날개 돋친 듯 잘 팔려 나갈 수밖에.

가부끼「요쓰야괴담(四谷怪談)」에서 막간의 점경(点景)인물로 등장하는 또하찌고몽(藤八五文) 약장사가 "또하찌고몽 기묘(奇妙), 또하찌고몽약 한 알에 단돈 닷푼, 단번에 쑤욱!" 하고 주워 섬기는 정제(錠劑) 내복약 또하찌고몽도 만병통치약으로 서민들의 사랑을 받았다. 기껏 우리나라 5,60년대의, 악극단을 거느린 매약 행상들이 사람이 많이 모여드는 역전 광장이나 공원에서 어수룩한 여행객들을 상대로 북치고 나팔 불며 팔았을 '활명수'류의 '만병통치약'이었을지도 모르고, 실제로 약효가 있었는지도 의문시 되지만 그래도 '만병통치약'으로 굳게 믿고 사 먹었을 그 '최면성(?) 믿음'으로 인해 씻은 듯이 병이 나았다 할 밖에.

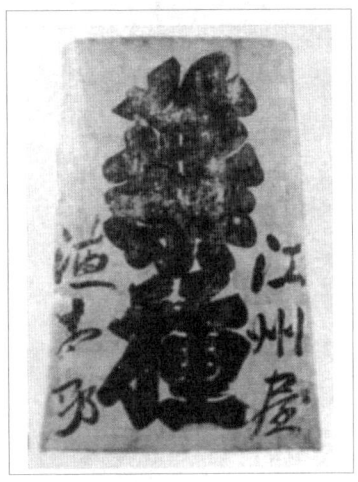

▶약종상의 간판. 오른쪽에 '에도상회'라는 가게 이름이 보인다. 생약 봉지를 본떠 종이로 만든 대형 약봉지 간판이다.

쥐 잡는 약으로는 이와미긴잔(石見銀山) 쥐약이 있었다. 이는 시마네(島根)껭의 이와미은(銀)광산에서 나는 비석(砒石)으로 만든 독성 강한 살서제(殺鼠劑)인데, 쥐에게는 독약이지만 인간에게는 해를 끼치는 쥐를 잡아 주므로 양약(?)이랄 수도 있었다. 그러나 독약은 역시 독약일 수밖에. 가부끼극『요쓰야괴담』에서 여주인공 오이와(お岩)가 남편과의 다툼 끝에 마시고 죽은 약이 바로 이와미긴잔 쥐약인데, 이처럼 이 약이 치료 목적 외의 자살용·타살용 극약으로 빈번히 악용되었다는 점에서 역시 독약일 수밖에 없었다. 그래서 이 약이 '쥐 잡으려다가 사람잡는다'는 교각살우론식 비난과 경계의 대상이 되기도 하였는데, 그래도 쥐를 잘 잡아 계속 시판되다가 메이지(明治)기에 들어와서야 판매가 금지된다. 그밖에도 서민들이 애용한 매약들이 많았는데 주요한 것들은 다음과 같다.

(1) 항꼰단(反魂丹); 식체 복통 등에 특효를 보인 건위제(健胃劑). 에도시대에는 도야마번(富山藩) 생산품이 특히 유명하였는데, 도야마번에서는 그 특유의, 전국적 조직망을 갖는 배치가정약(配置家庭藥) 판매 행상망을 통해 전국 각처에 보급하였다. 또, 에도에서는 시바(芝)의 다마찌(田町)의 약제상 사까이야에서 제조 판매한 '다마찌항꼰단'이 잘 팔렸다.
(2) 짓뽀산(實母散); 에도 나까바시(中橋)의 기타니가(木谷藤兵衛家)를 본가로 하여 전국에 걸쳐 널리 보급된 부인병약으로 산전산후의 부인병에 특효를 보였는데, 지금도 통용되고 있다.
(3) 오햐꾸소(ぉ百草); 여러 약초를 배합하여 만든 건위정장제(健胃整腸劑)로, 시나노(信濃)의 온다케산(御岳山)의 제조품이 특히 유명하였다.
(4) 망낀단(万金丹); 진통·각성·해열에 특효를 보인 환약.
(5) 지오센(地黃煎); 쌀 가루나 질금 가루에 지황즙을 섞어 이겨서 만든 환약으로, 보혈·강장제. 혈액 순환을 좋게 하였다.
(6) 지오강(地黃丸); 지황을 주제로 하여 만든 강장 보혈제.
(7) 엔레이단(延齡丹); 일반에게 널리 상용되었던 각성제. 아즈찌모모야마(安土桃山)시대의 의학자로 일본 의학 중흥의 시조로 추앙받았던 마나세 도산(曲直瀬道三; 1507~1594)의 양자 겐사쿠(玄朔; 1549~1631)가 창제하였다.
(8) 끼오강(奇應丸); 식중독 곽란 위경련 복통, 여자의 울화증, 어린아이의 감병(疳病) 등에 잘 들었던 환약.
(9) 시웅꼬(紫雲膏); 화상과 부스럼에 효험이 있는 연고제
(10) 상끼라이(山歸來); 매독약

이처럼 제조매약이 가난한 서민들의 의료 필수품으로 수요가 늘어남에 따라 각 지방으로부터 매약 행상들이 떼 지어 에도 등지의 대도시로 몰려 들어 왔다. 그중에서도 죠사이(定齋)탕약, 히와요(枇杷葉) 탕약 행상을 비롯하여 오슈(奧州)의 고약 행상 구마노 덴사부로는 특히 유명하였다.

죠사이는 모모야마시대(16세기 후반 豊臣秀吉가 정권을 잡았던 약 20년간)에 오사카의 약종상 죠사이가 명나라의 약제상으로부터 제약법을 전수

▶명약의 원산지 도야마(富山) 지방의 약종 행상들이 경품으로 딘골처럼 나누어준 판화 형태의 관광명소도.

받아 창제한 탕약의 일종으로, 여름철 질병에 - 특히 더위 쫓는 데 - 특효가 있다 하여 하절기에 많이 팔렸다. 이 약의 행상인들은 멜대 양 끝에 약장을 달아 메고 약장 서랍의 쇠고리를 엿장수 엿가위 소리 내듯 일부러 크게 짤랑거리며 손님들을 불러 모아 약을 팔고 돌아다녔다.

히와요탕도 히와 잎에 육계와 감차를 썰어 넣어 달여 마시는 탕제인데, 여름철 더위막이와 이질 예방에 효능이 있다 하여 많이 팔렸다. 교또의 번화가 가라스마루가(烏丸街)에 본점이 있었는데, 특히 에도 바꾸로죠의 야마구찌야 마따사부로(山口屋又三郞)상회에서는 이 약을 독점판매하면서 선전용으로 길 가는 행인들에게 무료시음을 시키는 등 공격형 상술을 써서 인기를 얻었고, 또 그만큼 죠사이 탕약 행상과 히와요탕 행상은 에도 등지의 도회인들에게는 빼놓을 수 없는 여름철 풍물시의 하나가 되어 버리고 말았다.

구마노 덴사부로는 대로변에서 간단한 흥행과 요술에 곁들여 큰소리로 약효를 선전하며 고약을 팔고 다닌 길거리 약장수이다. 곰 가죽으로 만든 소매 없는 하오리를 걸친 이 약장수들이 곰 기름으로 만들었다고 자랑하는 고약은 칼자국 난 상처나 손튼 데 효험이 있다 하여 서민들의 환영을 받았는데, 주로 교호(享保; 1716~1736), 분세이(文政; 1818~1830), 덴뽀(天保; 1830~1844) 년간에 대도회를 휩쓸고 돌아다녔다.

또 에찌로부터는 젊은 미혼여성들이 에찌 특산의 해독제를 팔러 에도

▶난방의(蘭方醫) 처방약으로, 오란다 수입 명약이라는 과대 선전문구로 대매출에 성공한 '우루우스(ウルウス)'라는 약의 광고.(왼쪽) ▶당시 약국에서 판매중이던 '웅담목향환(熊膽木香丸)'이라는 복통약의 선전 간판 그림.(오른쪽) ▶나라(奈良)의 요시노 명산의 복통약 '다라니수께(陀羅尼助)'의 선전용 입간판. 두텁게 옻칠을 한 나무 바탕 위에 금은장식 무늬와 글씨를 새겨넣은 호화스러운 입간판은 그 자체만으로도 권위와 신용의 상징으로 여겨졌다.(아래)

등지로 넘어왔다. 주로 여름철에, 식중독이나 더위먹이에 효험이 있다는 해독제와 해열제를 취급한 이 여자 행상인들은 비백 무늬의 통소매옷에 감색 토시를 끼고 지까다비를 신고, 검정 무명 보자기로 싼 커다란 약 보따리를 들쳐 메고 거래처를 돌아다녔다.

그러나 가장 독특한 매약 판매상 조직은 도야마번(富山藩)의 배치가정약(配置家庭藥) 판매행상인 조직이었다. 일찍부터 제약업으로 번창한 도야마번의 제약상들이 조직적으로 전국 각지에 파견한 현지 파견 외판영업 사원인 '배치원(賣藥人)'들에 의해 정기적으로 각 가정에 배달 비치된 가정상비약을 '배치가정약'이라 하였는데, 각 지역 담당 판매 행상인들이 1년 이나 6개월 단위로 단골처를 순회하며 사용한 만큼의 약대를 수금하고 또 그 사용한 만큼의 분량을 채워 놓고 가는 식의 영업방식이 바로 배치가정약 판매제도이다. 유교의 '先用後利' '先用後驗' 사상에 근거를 두었다고도 하는 이 배치가정약 판매제도는 원래 17세기 말 히젠(肥前)지방에서 시작되어 후일 도야마, 나라(奈良), 시가(滋賀), 사가(佐賀) 등지로 전파되어 가던 중 도야마번에서 크게 정착 개화한 것이다.

도야마매약(富山賣藥)의 기원은, 도야마의 약종상들이 편찬한 유래서에 의하면, 겐록(元祿) 3년(1690년), 에도성 회합에서 급성 복통을 일으킨 이와시로 미하루(岩代三春)라는 한 지방영주에게 도야마번주 마에다 마사토시(前田正甫)가 마침 지니고 있던 진통각성제 항꼰단(反魂丹)을 준 것이 즉효를 보이자 열석한 지방영주들이 자신들의 영국(領國)에도 판매해 줄 것을 요청한 데서 본격적인 개발이 시작된 것이라 한다. 또 도야마매약의 간판스타격인 이 각성제 항꼰단도 그 유래를 더듬어 보면 오까야마(岡山)의 의사 모즈 죠깡(万代常閑)이 마사토시의 초빙과 권유를 받고 가서 창제한 것이 그 시초라 한다.

이런 식으로 도야마번의 제2대 번주인 마에다 마사토시의 번(藩) 특화산업 육성 차원의 권유와 독려에 의해 개발된 항꼰단, 기오깡 이하 수십종의 도야마매약은 도야마번 특유의 배치가정약 판매행상인 조직에 의해 처음에는 쥬꼬꾸(中國)지방으로, 뒷날에는 멀리 센다이, 이즈모 지방으로까지 그 판매망을 확장해 나간다.

또 번에서는 일종의 전매(專賣)기능을 갖는 항꼰단야꾸쇼(反魂丹役所)라는 제약 관련 부설기관을 설치하여 생산의 장려, 영업망의 확장, 품질관리, 신용유지를 위한 제반 단속업무와 지도사업을 펼쳐 나갔다.

이렇게 번창해 나간 도야마매약의 영업 신장세를 보면, 파견 행상인의 수만 하더라도 붕까(文化)년간(1804~1817)에는 1,700명, 붕뀨(文久)년간

(1861~1864)에는 2,200명을 넘고 있으며, 년간 매상고도 20만냥을 넘어서고 있다.

또 도야마매약은 그 역사가 매우 길어 일부 품종의 약은 쇼와기(昭和期)에까지 제조와 판매가 계속되었는데, 위장약의 경우 1930~40년대의 2차 세계대전기에는 만주개척단과 필리핀의 군영에까지 보급되어 갔다. 그러니 도야마매약에 관한 한 에도기를 통하여 그 신세를 지지 않은 일본인은 한 사람도 없다는 말이 나올 법도 한 것이다.

이처럼 에도시대의 대중약들은 돈 없어 병원에 갈 수 없는 가난한 서민들과 산간벽지의 농산어촌 사람들의 질병 치료와 생명 연장에 큰 공헌을 한 것이다.

일본의 화장실 문화
-뒷간 풍속도

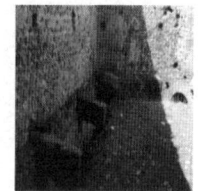

1. 잇따른 변소 터 발굴

최근 일본에서는 옛 사람들의 주거지(住居址)로부터 잇따라 변소 터가 발굴되어 학계는 물론 일반인들로부터도 당시의 생활상과 관련하여 비상한 관심과 흥미를 불러 모으고 있다.

1996년 1월에는 도쿄의 한복판 미나토구(港區)에 있는 시오도메(汐留) 유적지의 대명가(大名家) 집터에서 에도(江戶)시대의 변소 터가 800기(基)나 발굴되었으며, 1997년 11월에는 아오모리(靑森)시의 헤이안(平安)시대 집락터인 노기(野木)유적지(9세기 후반~11세기 전반)에서 칸막이된 1인용 재래식 변소로 보이는 유구(遺溝)가 발견되었다. 또 400여 년 전인 아즈찌 모모야마(安土桃山)시대, 도요또미 히데요시(1536~1598)가 조선출병의 전진기지로 축성한 사가(佐賀)현 찐제이정(鎭西町)의 나고야(名護屋) 성터 근방의 공방(工房) 터에서 당시의 변소 터가 발견되고 또 화장지 대신으로 당시 사람들이 사용했던 주목(籌木)과 게따짝이 출토되었다.

이들은 모두 도시계획에 따른 신개지 개발이나 학계의 매장문화재 조사 발굴작업의 일환으로 발굴된 것인데, 당대인들의 생활실태를 문헌이나 전승이 아닌 고고학적 유물을 통해 실지로 목격 체험할 수 있는 귀중한 실물자료로 평가되고 있다.

도쿄의 시오도메 유적(汐留遺蹟)은 구국철(舊國鐵) 시오도메 화물역(1986년 폐지) 터에 있는데, 이번에 발굴된 변소 유구들은 17세기 중엽 이후에 건축된 타쓰노 번저(藩邸)(2.7㏊)와 센다이번저(9.7㏊) 터의 것이다. 이 출토물들은 모두 두 번의 에도(江戶) 재주(在住) 하급 번사(藩士)들의 저택 내 공동숙소 입구 부근의 토방 근처에서 출토되었는데, 대소변용 목제 변기통 721개와 도기 항아리(독) 72개가 애초에 묻었던 그 모습대로 드러난 것이다. 특히 타쓰노 번저 터의 것은 점토질 지반 때문에 유존(遺存) 상태가 양호하여 전체의 95%를 차지하고 있다.

이들 분뇨통들은, 목제 변기통이 구경 40cm, 깊이 50cm에, 용량은 약 50리터이고, 아이찌(愛知)현 도꼬나메(常滑) 산 도기 항아리는 각각 60~70cm, 70~80cm의 구경과 깊이에 용량은 약 240리터 나가는 대형의 것이다. 이로써 당시 저택 거주자의 신원과 인원수, 그리고 이들이 사용한 생활용품의 소요량과 소속 번의 번세(藩勢)까지도 추정해 볼 수가 있게 된 것이다.

발굴에 참여한 도꾜도(都) 매장문화센터 관계자들은 (1)도내(都內)의 다른 유적지의 동형의 유구로부터 다량의 기생충 알이 검출되고 있고 (2)대변에 섞여 배설된 것으로 보이는 포도씨가 확인된 점 (3)유구가 들어 있던 건물 터의 초석과 전면의 배수구 터 등과의 위치 관계 (4)당시의 '타쓰노저(邸) 평면도'에 나와 있는 장옥(長屋)의 각 동 입구 부분에 표시되어 있는, '변소' 자리로 보이는 장방형의 설계부호 등으로부터, 매장된 나무통과 독이 변소의 분뇨통이었던 것으로 판단한 것이다.

이 유구 발굴의 의의에 대해 전문가들은 '근세 도시와 농촌 연구의 일급 자료'라며 기쁨을 감추지 않는다. 에도시대에는 인분이 중요한 거름의 하나였기 때문에, 대명가에는 많은 농민들이 수시로 출입하면서 쌀이나 야채와 교환조건으로 인분을 수거해 간 생활사가 남아 있기 때문이다. 또 에도가 세계 굴지의 위생적인 도시였다는 증거로도 해석한다. 요즘처럼 하수도로 분뇨를 흘려 보내는 비위생적(?)인 방법이 아닌, 위생적이고 자연친화적인 수거식 분뇨 처리 방식이었다고, 그 구조와 기능을 칭찬하는 전문가들도 많다.

또 아오모리(靑森)시의 노기(野木) 유적지에서 발굴된 1인용 재래식 변소 유구는, 지금까지 헤이안시대 이전의 도시나 지방 거주 유력자의 집터에서 여러차례 발굴된 20여기의 변소터와는 달리, 지방의 서민용 변소터의 첫 발굴이라는 점에서 헤이안시대 서민생활사 연구에 큰 도움이 될 것으로 보고 있다. 유구는 수혈식 주거가 늘어선 집락지 안에서 발굴된 것으로 9세기 후반~10세기 중반의 것으로 전문가들은 추정한다. 가로 2m, 세로 6m 넓이의 토반(土盤) 위에 사방 2m의 개실 3개가 나무판장으로 칸막이 되어 전체적으로 '目'자 형을 이루고 있는 구조이다. 각 개실의 중앙에는 장경(長徑) 1~1.5m, 깊이 70cm 정도의 타원형의 구덩이가 파져 있고 그 위로 기다란 나무 판장을 가로질러 놓아 그 위에 버티고 서거나 쭈그리고 앉아 대소변을 보게 되어 있다. 우리나라의 농촌, 또 도시 변두리의 일반 서민층의 주거지에서도 이러한 형태의 재래식 변소가 1970년대까지는 보편적·일상적으로 사용되고 있었음을 상기할 때, 천여년의 시차와 지역을 뛰어넘는 양국간의 화장실 문화의 유사성이 확인되어 매우 흥미롭다.

또 나고야성(名護屋)성 출토 유구는 본성으로부터 200m 쯤 떨어진, 당시 대장간 등의 공방이 들어서 있던 곳으로 추정되는 구역의 것으로, 가로 1m, 세로 1.3m, 깊이 5m의 사각형의 맨흙 구덩이인데, 발굴 당시에는 아즈찌모모야마 시대의 도기 파편이 섞인 흙으로 되묻혀져 있었으며, 바닥에는 두께 약 60cm의 흙덩이처럼 굳어진 똥이 엉켜 있었다 한다. 또 이 유구에서는 게타 네 짝과 나무조각을 젓가락처럼 가늘고 얇고 길게 깎은 길이 24~25cm의 주목(籌木) 수십 개가 발견되기도 하였다. 참고로 나고야성은 도요도미 히데요시가 1591년 축성에 착수하였으나 1598년 그의 사망으로 폐성이 되다시피 한 사실을 염두에 두면 당시의 상황 이해가 보다 빠르고 실감있게 다가올 것이다.

이 유구의 발굴에 대해 나라(奈良)국립문화재연구소 매장문화센터의 마쓰이 아끼라(松井章) 주임연구관은 "당시인들의 식생활, 건강 상태, 무사와 상공업자들의 생활사 연구에 귀중한 단서를 제공해 주는 자료"라고 커다란 의의를 부여하고 있다.

2. 헤이안시대 사람들의 변소는 큰길거리

그러면 옛날의 일본 사람들은 일상생활 속에서 어떻게 대소변을 처리해 왔을까? 역사 속의 화장실 문화를 한 번 들여다보자.

지금은 보통 화장실, 토일렛, 데아라이 등으로 간단히 부르지만, 옛날에는 각각 이 말을 쓰는 사람들의 지체나 격식에 따라, 혹은 그것이 유래된 내력에 따라 변소를 가와야(厠), 고후죠(御不淨; 주로 나이든 여성들 사이에서), 셋찐(雪隱), 고까(後架; 본디 승방 뒤에 설치한 세면장이라는 뜻에서), 깐죠(閑所; 조용한 곳), 깐죠(考所; 사색하는 곳), 쵸주바(手水場; 변소 옆에 손씻는 곳을 두었으므로), 하바까리(憚; 냄새 등으로 꺼리는 데서), 오시모(お下; 대소변 월경 등을 공손히 일컫는 여성어에서), 도오수(東司; 禪寺에서), 세이찐(西淨; 선종에서, 불전 법당에서의 座位가 서쪽에 있다는 의미에서 주로 西班에 속하는 役僧들이 이용했으므로) 등으로 불렀다.

가와야는 가와야(川屋) 혹은 가와야(側屋)로도 표기하는데, '川屋'는 강이나 냇물 위에 대소변용 건물을 지어 거기서 나오는 배설물을 냇물에 흘려 보내기 때문에, 또 '側屋'는 집 옆에 별도로 지은, 혹은 집 밖으로 달아낸 배변용 건물이라는 의미로 붙여진 이름이다.

셋찐(雪隱)은 가마꾸라(鎌倉)시대(1192~1333) 때 중국에서 건너온 일종의 도래어(渡來語)로, 그 어원에 관해서는 여러 설이 있는데, 일설에 의하면 "지금도 중국의 절강성 영파부(寧波府) 봉화현(奉化縣)에 진(晉)나라 때 창건된 설두사(雪竇寺)란 선사가 있는데, 송대(宋代)에는 전국으로부터 명승이 모여들어 더 한층 번성하게 되었다. 그런데 그 명승 가운데 설두명각선사(雪竇明覺禪師)란 고승이 있었는데, 이 선사가 젊었을 적에 절강성 임안(臨安)에 있는 설은사(雪隱寺)에서 도를 닦으면서 남들이 싫어하는 변소청소를 도맡아 하였다. 이 사실이 설두사 중들에게 알려지자 그에게 '칙간화상'이라는 별명이 붙고 또 그가 일찍이 변소청소를 하면서 도를 닦았던 설은사에 빗대어 변소를 설은(雪隱)이라 부르게 되었다."는 것이다(李家正文, 『厠(가와야)曼陀羅』)

이 변소의 역사나 기원과 관련하여, 비록 신화이기는 하지만 『古事記』나 『일본서기(日本書紀)』에 벌써 관련기사가 나온다. 이에 의하면, 일찍이 일본의 국토와 제신(諸神)을 낳은 여신(女神) 이자나미노미꼬또가 소변을 보았을 때 그 정령이 되어 태어난 것이 미즈하노메가미(彌都波能賣神)이고, 대변을 보았을 때 태어난 것이 하니야스히메(埴安姬)인데, 이 신들에 의해 또다시 생산을 주관하는 신들이 태어난다. 이 하니야마히메의 머리에는 누에와 뽕이 달리고, 배꼽 안에는 오곡이 주렁주렁 열매를 맺었다고 하는데, 이 여신이 또 아들을 낳아 도요우께히메신(豊宇氣毘賣神)이라 하였는데, 이가 바로 지금의 도요우께대신(豊受大神)으로 이세신궁(伊勢神宮)에 합사되어 있는 식물(食物)과 풍작(豊作)의 신이다. 농경민족에게만 있는 탄생신화인데, 지금도 간또(關東)·도호꾸(東北) 지방에 남아 있는 풍습으로 갓난아기의 첫 이렛날 잔치 때는 그 아이를 안고 변소 주변을 도는데, 셋찐마이리(雪隱參り)라고 하는 이 변소신 참배의식은 저 오랜 옛적의 일본신화의 전통을 이어받은 것이라 한다.

역사상으로는, 헤이안시대 때 대궐의 북동쪽 모퉁이에 변소를 설치했다는 기록이 처음으로 나온다.

헤이안시대 초기의 대궐 내 연중의식 관련 규칙을 기록한 『延喜式』에는 대상제(大嘗祭) 때 설치해야 하는 임시변소 설치규정이 있는데, 유끼인(悠紀院; 동쪽에 설치하는 祭場)에는 정전의 남동쪽 구석에, 수끼인(主基院; 서쪽에 설치하는 祭場)에는 남서쪽에, 각각 임시 화장실을 설치하도록 규정하고 있다. 또, 그 규모와 관련해서는 양쪽 모두 깊이 1장(丈), 너비 8자(尺), 높이 7자(尺) 치수의 - 오늘날의 공중전화 박스 비슷한 크기와 모양의 배변실을 세우고 문짝을 달도록 규정하고 있다. 요즈음 대통령 취임식이나 보라매공원 정치집회 같은 때 국회의사당 주변 잔디밭이나 공원의 잔디밭 주변에 임시로 설치하는 이동식 화장실과 같은 것이다.

　헤이안시대 때의 공경급 귀족들은 별도로 집안에 전용 화장실을 짓는 대신 중국의 풍습을 모방하여 실내에 휴대용 변기를 비치해 두고, '아름답게 옻칠을 한' 그 변기통 안에 용변을 보는 호사를 누렸다. 이 휴대용 변기통을 '시노하꼬(淸箱)'라고 불렀는데, 그것을 하인이 내다 버리고 물로 씻어 제 자리에 도로 가져다 놓는다. 또 궁둥이는 미지근한 물을 담은 조그만 시모다라이(아랫도리 속옷을 빠는 대야)에 씻는다.

　이는 물론 상류계급 사람들에 한한 일이고 서민계급 쪽은 몹시 더럽고 비참하였다. 헤이안시대 말엽에 그려진 〈가끼조시(餓鬼草紙)〉라는 두루마리 그림을 보면, 큰길 좁은 골목길 모두 분뇨 투성이이고, 야음을 틈타 몰래 일을 보아야 하는 관계로, 남이 벌써 보아 놓은 똥을 밟지 않도록 굽 높은 게타를 신은 여자가 궁둥이를 까고 앉아 있기도 한다. 그래서 근처의 귀족들의 저택이나 사원의 흙담 가에는 겹겹이 분뇨 더미가 쌓여 있을 정도였다. 제대로 된 변소가 없거나 아예 집안에 변소조차 갖추고 살 수 없었던 헤이안시대 서민들의 비참한 생활상이 엿보인다.

　중세(12세기 말~17세기 초) 초에는, 선종의 전래와 함께 선종풍 사찰건축 양식이 들어오는데, 이 선종풍 사찰건물은 중심이 되는 가람(伽藍)에 변소 건물을 부속시키는 구조를 이루고 있었다. 산문에서 각각 동서로 도는 회랑(回廊)이 북쪽으로 꺾어지는 지점에 변소와 욕실을 설치하는 구조이다. 그리고 선종에서는 배변과 변소에 관한 예법도 수행의 한 과정으로 엄격히 다스렸다.

　전국시대(1477~1573)의 유적인 후꾸이(福井)현의 아사쿠라(朝倉) 유적지에서는 무가(武家) 저택의 변소 유구가 출토되었는데, 본채 옆에 따로 지은 변소는 움푹 판 흙구덩이 위에 판장을 가로질러 놓았던 흔적과 나무로 만든 탁구채 비슷한 낑까꾸시(金隱し; 배변시 변기 앞쪽에 세워 치부를 가리는 가리개)가 사용된 흔적이 있다.

교또 시내와 교외의 명소와 생활풍속을 그린 병풍화 〈라꾸쥬라꾸가이주(洛中洛外圖)〉에 그려진 중세의 교또의 상가지역 그림에는 상가로 둘러싸인 일정 구획의 공터에 독립된 변소 건물이 서 있는데, 이는 그 구역 사람들의 공동출자로 세워지고 그 구역 사람들만이 독점적으로 사용한 일종의 '수익자 부담형 사설 공동변소'였던 것이다.

덴쇼(天正) 3년(1575년)에, 전국시대의 무장 다께다 신겐(武田信玄;1521~1573)의 부장(部長)이었던 꼬우자까 마사노부(高坂昌信)가 쓴 군학서(軍學書)『甲陽軍鑑』에는 변소와 관련된 다께다 신겐의 재미있는 일화가 실려 있다.

이에 의하면, 다께다공은 6조(疊) 크기의 넓은 전용변소를 가지고 있었는데, 다다미를 깐 그 화장실은 마루 밑을 통하여 목욕탕의 퇴숫물(退水)을 끌어 용변 뒤처리를 하는 구조로 되어 있었다 한다. 그런데 재미있는 일은, 다께다공은 향로에 침향을 피워 놓고 일을 보면서 두 명의 가신들의 시중하에 서류결재를 하는 소위 '칙간 속 집무'를 하였다는 사실이다. 그러고 보면 다께다공의 변환자재한 전략의 구상도 바로 이 칙간 안에서 이루어진 셈이다.

3. 에도시대의 변소

에도시대에 들어오면, 막부의 본거인 에도성(江戶城)을 비롯한 무가주택, 대궐을 비롯한 공가(公家)주택, 사원과 관련된 석가(釋家)주택, 그밖에 상가 농가 등 신분과 계층과 사회적 기능에 따른 다양한 구조의 건축물들이 지어진다. 또, 시대가 가까운 관계로 이들 시설과 저택들의 설계도면도 많이 전해져 오고, 또 상가와 농가의 유구도 많이 발견된다. 그만큼 당시의 실상을 파악하기가 쉬워진다.

무가주택, 공가주택, 석가주택 등 규모가 큰 저택급 건물에는 부속건물

형식으로 소변소와 대변소를 함께 갖춘 변소가 지어졌다. 또, 주로 하인이나 하급 무사들의 거처인 저택 안의 장옥(長屋)에도 소변소와 대변소를 함께 갖춘 독립된 별채 건물이 근접한 위치에 세워졌다.

근세 도시의 상가에서는 뒤뜰에 소변소 하나와 대변소 하나씩 딸린 별도 건물을 지었고, 농가에서는 소변소와 대변소가 하나씩 딸린, 본채에서 독립된 변소 건물을 짓는 것이 보통이었다.

또, 상가나 농가에서 객실을 두는 경우에는 객실 뒤쪽에 소변소와 대변소를 지었다. 요정이나 찻집 같은 데서는 뜰 한쪽 구석의 노지에 자연석과 냇가에서 실어온 모래로 별도로 노천변소를 꾸몄는데 이를 수나셋친(砂雪隱)이라 하였다. 이는 호사가들의 풍류취미를 반영한 것으로, 실용성을 갖는 것이라기보다는 다분히 장식적 성격을 갖는 것이었다.

4. 노상방뇨와 공중변소

교또나 오사카 에도 같은 대도시에서는 일찍부터 노상방뇨로 인한 도로오염, 풍기문란 때문에 당국자들이 골치를 앓았다. 더구나 꽃피는 봄철이라도 되면 교또 교외의 아라시야마(嵐山)나 오무로(御室) 같은 사꾸라의 명소는 꽃놀이 하러 몰려드는 상춘객들의 배변 수요 때문에 더욱 골치를 앓았다. 이런저런 이유로 대도회에서는 일찍부터 유·무료의 공중변소를 설치하지 않을 수 없었다.

그래서 교또나 오사카에서는 도로변에 소변통을 비치하기도 하였고, 에도에서도 분세이(文政; 1818~1830)년간에는 길모퉁이에 간장독을 묻은 가건물형의 공중변소를 설치하기도 하였다. 그러나 대부분의 통행인들은 여전히 근처의 담벼락에다 대고 '쏴-' 할 뿐 별로 효험이 없었다. 습관성 방뇨일 터이다.

노상소변은 남자들만의 전유물이 아니고 우아하고 정숙하기로 소문난

▶폼페이의 수세식 화장실 유적. 벽에 돌출된 돌 위에서 용변을 보면 그 아래 흐르는 물이 씻어 내려가는 수세식 구조이다.

경녀(京女)들까지도 실은 노상소변의 애용자들이었던 에도시대이고 보면 그것은 긴급 탈출용 방뇨 아닌 습관성 방뇨였다 할 밖에.

그래서 피해를 본 담벼락에는 가정과 지역의 수호신을 모시는 이나리 신사(稻荷神社)의 홍살문을 그린 벽보가 나붙고, 그 옆에 '이 구역 소변금지'라는 경고문까지 붙여놓았던 것이다. '이나리 수호신에게 소변을 보면 그것이(?) 구부러지고 말' 것이라는 함의가 담겨 있음은 물론이다. 그것으로도 부족하면 이번에는 시퍼렇게 날이 선 가위 그림이 나붙게 되는 것이니, 적발시에는 '싹둑 잘라버리겠다'는 협박성 경고임은 물론이다. 이상은 에도시대의 이야기이다.

막부 말엽이 되어 흑선이 내항하고 많은 외국인들이 항구에 상륙, 거리를 활보하게 되자 당시 일본 제일의 개항장이었던 요꼬하마(橫浜)의 번화가 모퉁이에는 '노상소변금지' 경고문이 나붙는다. 그중에는 외국인에게 노상소변으로 인한 수치스런 풍기문란의 모습을 보여주어서는 안된다는 의미의 문구가 들어 있었다. 또 1868년(게이오 4년) 9월 23일자 《もしほ草》신문도 노상소변에 대해 경고하고, 일본인이 미국이나 유럽에 갔을 때 노상에서 소변을 보다가 순찰경관의 단속에 걸려 5달러의 과료(科料)를 물었다는 예까지 들고 있다.

그래도 노상방뇨의 습관과 폐해는 사라지지 않아, 세상이 바뀐 훨씬 후인 메이지 4년(1871년) 11월에, 또다시 노상방뇨를 하는 자는 100문(文)의 과료에 처한다는 포고가 나오고, 또 가나가와현은 정회(町會)의 비용으로 공동변소를 설치하기로 계획한다. 그리하여 다음해 4월 요꼬하마에 83개소의 소변소가 생기는데, 이는 네 말(4斗) 들이 통을 파묻고 주위를 판장으로 두른 조잡하기 짝이 없는 것이었으나, 이것이 근대일본 공중변소의 효시가 되는 것이다.

이 공중변소 문제는 메이지유신 이후에도 당분간은 원활한 해결을 보지 못해 뜻하지 아니한 소동의 불씨가 되기도 했다.

최첨단을 자랑했던 긴자(銀座) 거리에도 메이지시대는 물론이요 소화 초기까지도 제대로 된 공중변소 하나 설치되어 있지 않아, 주간의 긴부라족(銀ぶラ族;별로 하는 일도 없이 긴자에 파고 사는 무리들)들은 급하면 가까이 있는 백화점이나 공공건물의 화장실을 이용하면 되었지만, 밤이 되면 긴좌 뒷골목은 취객들의 방뇨로 지린 냄새가 하늘로 치솟는 '향기높은(?) 거리'로 변신할 정도였다.

또 메이지 초기 목제 우편함이 거리마다 설치되자 이번에는 재빨리 이곳을 방뇨처로 선택하는 족속들이 생겨나기 시작했다. 그래서 '郵便'의 '郵' 자를 '垂(たれ; 대소변을 본다는 의미)' 자로 잘못 읽어 '垂便(たれへん)箱(용변함)'인 줄 알고 소변을 본다고들 빈정거리기도 했다. 1980년대까지의 우리의 도회 풍속과 거의 틀리지 않아 자못 흥미롭다.

노상방뇨나 공중변소 경우와는 좀 성격을 달리하지만, 메이지시대, 철도개통 초기에는 아직 객차에 변소 시설이 갖추어져 있지 않아 종종 차내에서 실례를 하는 족속들이 있었다. 넓은 의미로는 이것도 공공질서를 문란케 하는 노상방뇨 행위로도 볼 수가 있겠지만. 그런데 이 차내 방뇨 행위가 적발되면 10엔의 벌금을 물어야 했다. 메이지 6년(1873년)의 평균 미곡가는 쌀 한 섬이 4엔 80전 하였으므로 소변 한 번 잘못 보았다가 쌀 두 섬 값의 고액의 벌금을 물어야 했던 것이다.

또 메이지 6년에 개정된 형법에 의하면, 유죄판결을 받았지만 그럴만한 사정이 있는 경우에는 징역을 살지 않고 금전으로 보상할 수 있게 되어 있었는데, 그렇게 환산하여 10만원의 벌금형은 징역 5개월분에 해당했다고 한다. 실제로 그렇게 벌금을 낸 사람이 있었으니, 메이지 6년 4월 15일자 《東京日日新聞》 기사에 의하면, 도꾜부(府) 거주의 마스자와 마사요시라는 상인이 업무차 요꼬하마로 가는 기차에서 소변을 참지 못하고 차창 너머로 실례를 하다가 승무원에게 적발되어 도꾜재판소로 송치되었는데 재판 결과 10엔의 벌금형을 선고받았다는 것이다. 또 이 사건이 널리 알려져 그때부터 시중에는 "기차 창 너머로/ 소변 한 번 보았다가/ 기차 삯을 두 배나 물었다네"라는 속요가 유행했다고 한다.

더욱 걸작인 것은 메이지유신의 원훈으로 유신 후 우대신(右大臣)까지 지낸 이와꾸라 도모미(岩倉具視) 공작까지 기차 안에서 '漏水'의 위기에 직면, 하는 수 없이 쓰고 있던 실크햇 속에 '쉬-'를 했다고. 역시 산전수전 다 겪은 노혁명가의 기지라고 할 수밖에.

공중변소의 확충과 변소 시설의 개량으로 노상방뇨 행위가 사라진 것은 훨씬 후의 일이다.

5. 수세식 변소와 분뇨 처리

인구의 증가와 도시화의 진행은 오랫동안 사람들로 하여금 분뇨처리 문제로 고민하게 하였다. 동서양을 막론하고 이제는 최신식 주거 구조에 수세식 좌변기가 보편화 되어 오랜 숙원인 분뇨 처리문제를 해결해 주기는 하였으나 위생 환경문제 등과 관련한 여러 부작용이 나타나 새로운 고민거리를 안겨 주고 있다.

가장 자연친화적인 수세식 화장(?)법은 물론 흐르는 물에 배변물을 흘려 보내는 가와야(川屋)식 변소 구조이겠으나, 이는 고대 농경사회 때나 가능한 일이고 이제는 경제성을 잃은지 오래이다. 논자에 따라 또 논법의 각도에 따라 수세식 변소의 원조에 관한 논의는 여러가지 견해를 낳고 있다. 그래서 보다 위생적이고 경제성을 갖춘 수세식 변소의 원조를 찾을 수밖에 없다.

  사가들에 의하면 4,500년 전에 벌써 인도의 간지스강 유역의 도시들에 하수도를 이용한 수세식 변소가 있었다고 한다. 고대 로마에서는 오늘날의 좌변기식 화장실 비슷한 수세식 변소가 개인주택에까지 보급되어 있었던 흔적(그림 참조)이 폼페이 등지의 유적에서 확인되고 있다.

  중세 유럽의 성곽에서는 성벽 안쪽에, 혹은 성벽 밖으로 허공에 돌출시켜 지은 건물에 좌변기식 변소를 만들어 하수와 함께 배설물을 흘려 보내거나 혹은 성벽 밖으로 직접 배출하는 ─ 떨어뜨리는 ─ 방식으로 분뇨 처리를 하였다. 근세에 접어들어 프랑스의 베르사이유 궁전에서도 18세기 초기부터 좌변기형 수세식 변기가 만들어져 휴대용 소변기와 함께 사용되었다.

  또 1596년 영국 엘리자베스 왕조시대의 존 해링턴경이 지붕 위에 급수탑을 만들어 아래로 물을 내려보낸 것이 세계 수세식 변소의 원조라고 보는 설도 있다. 1775년에 영국의 커밍스라고 하는 시계포 주인이 세계 최초로 수세식 변기의 특허를 얻었으나 널리 세상에 보급되지는 않았는데, 그 이유는 당시의 유럽인들이 나라(奈良)시대나 헤이안시대 사람들처럼 침실에 상자형의 휴대용 변기(요강)를 들여놓고 용변을 보는 습성이 너무 강했기 때문이었다 한다.

  일본의 경우, 메이지유신 이후의 도시주택의 변소는 처음에는 건물 밖으로 본채의 부위를 약간 돌출시켜 만든 재래식 변소 구조였으나, 점차 그 돌출 부분이 건물 안으로 기어들어 오게 된다. 구조적으로는 재래식 수거형 변소였는데 저장고에 변이 차면 정기적으로 근교의 단골 농가에서 수거해 가서 비료로 사용하였다. 터키식-쭈그리고 앉는-수세식 변소가 보급되기 시작한 것은 다이쇼기(大正期) 이후이고 본격적으로 정화조를 갖춘 수세식 변소가 보급되기 시작한 것은 제2차세계대전 이후의 일이다.

수세식 변소가 등장하기 이전의 도시 주민들에게는 분뇨 처리가 커다란 골칫거리의 하나였다. 때로는 변이 차서 넘치기도 하여 악취가 진동하는 것은 물론이요, 파리나 구더기가 끓어 전염병 발생의 원인이 되기도 하였다. 그래서 비가 많이 오는 장마철에는 불법인 줄 알면서도 이웃끼리의 묵인하에 집집마다 하수도로 오물 퍼내는 일에 온 가족이 나서기도 하였다. 그래서 등장한 것이 '오물의 구조적이고 신속한' 처리를 전문으로 하는 인분 수거업자들이었다. 에도시대의 도회인들은 소변은 하수구를 통해 개천으로 흘려 보내고 대변만 인분 수거업자나 근교의 야채재배 농민들에게 팔았다. 분뇨 대금은 얼마나 되었을까? 10인 가족 1년분이 금 2~3분(分)과 맞먹었는데, 이것을 지금의 미가로 환산하면 쌀 반 섬에서 4/3섬 값쯤 되는 금액이라 한다.

또 오사카 지방에서는 년말에 근교의 분뇨 수거 농민들이 자기들이 생산한 햇솜이나 야채를 싣고 와서 답례를 하기도 하였다. 또 비료의 성질상, 대소변을 구별하여 처분과 환가(換價)의 기준을 각각 달리 하였는데, 소변은 가께고에(掛肥; 작물에 뿌리는 웃거름)라 하고, 대변은 모또고에(基肥;元肥; 밑거름, 파종과 이식시 또는 그 직전에 토양에 주는 비료)라 하여 값에 차별을 두기도 하였다.

또 교또에서는 다이쇼 6년(1917년)까지만 해도 "소변과 무 바꿔요!" "인분과 야채 바꿔요!" 하고 외치는 분뇨 수거인들의 커다란 고함소리가 골목마다 울려퍼졌다 하는데, 당시 퇴비와 분뇨에만 의존하던 농민들의 무공해 자연식 농사에 이들 인분이 얼마나 소중한 존재였는지 짐작이 갈 것이다.

상설 우편·통신제도가 가동되다
−비각(飛脚)을 통해서

1. 하루에 400리 길을 달린 비각

옛사람들은 원격지간에 시급을 요하는 문서나 편지의 송달을 어떤 방식으로 하였을까? 오늘날과 같은 통신·교통 수단이 있기 이전의 옛날에도 어떤 형태로든 그 시대 나름의 체계적이고 상시적인 전달 체계가 조직적으로 가동되고 있었을 것임은 분명하다.

긴급을 요하는 국가나 지방 행정기관 끼리의 급보(急報)나 문서의 전달에는 후세의 역참제도 비슷하게 인마가 동원되었을 것이고, 민간인들은 또 그들 나름대로 그 '튼튼한 다리'를 움직여 소나 말처럼 씩씩거리며 걷거나 뛰거나 넘고 건너서 이웃 고을 혹은 가까운 이웃 마을을 오가며 편지나 소식을 전하였을 것이다.

후일 이러한 원시적(?)인 전달체계가 인지의 개발과 교통기관의 발달로 더욱 보완 체계화 되어 나타난 것이 파발(把撥)이고 비각이다.

일찍부터 일본에도 - 비록 고전적인 방식이기는 하지만 - 이러한 우편통신제도가 시행되고 있었으니 그것이 바로 메이지유신 후 1871년에 선진적 서양식 우편제도가 도입될 때까지 1,000여 년 이상 시행되어 온 비각제도이다.

일본의 비각은, 에도시대 이후에는 개인간의 신서(信書), 소하물, 화폐, 귀중품 수송에까지 그 역할과 기능이 확장되지만 고대에는 역마제를 근간으로 하여 변경으로 부터의 경보(警報) 전달과 정령(政令)의 시달을 목적으로 하는 것이 주였다.

특히 율령시대(律令時代)에는 역마를 이용한 역사(驛使)와 비역사(飛驛使)가 있어 주로 공문서의 수송을 맡았다. 이들의 1일 주행 능력은 역사가 128km, 지급을 요하는 급행인 비역사가 160km였는데, 우리나라 잇수(里數)로 각각 320리와 400리, 하루에 서울에서 대전 정도까지 달린 셈이니 꽤나 신속한 편이었다. 만약 우리나라에서, 압록강변 의주 국경지대에서

변고가 일어나 그 사실을 봉화가 아닌 장계나 구두로 알려야 할 경우, 의주~한양간 1,050리 길을 이틀 반에 주파하여 조정에 알릴 수 있는 주행 능력을 갖추고 있었던 셈이다.

가마쿠라(鎌倉)시대(1185~1333)에는 막부의 소재지인 가마쿠라를 중심으로 교토~큐수 간에 전마에 의한 비각이 왕래하였다. 이 가마쿠라시대에는 대대적인 역제의 개편과 노선의 확장에 의해 운행시간이 대폭 단축된다. 막부의 소재지인 가마쿠라와 황거(皇居)가 있는 교토 간의 운행일수가 종래의 14~15일에서 3~4일로 단축될 정도였다. 그래서 그 빠르기가 나는 새와 같다 하여 비각을 '무馬(하야우마)'라고도 불렀다.

전국시대(1477~1573)에는 각지에 할거한 전국대명(戰國大名)들이 장군가나 타성주(他城主)들과의 합종연횡에 의한 군사상의 주도권 쟁탈을 의식한 전술·전략적 차원에서의 역제(驛制)를 매우 중시하였는데, 그러한 이유로 비각 또한 중시되고 장려되었다. 이들이 부린 비각 인부는 평소 성읍(城邑)이나 인근 촌락에 거주하는 수공업자들이 많이 동원되었는데, 이는 그만큼 비각의 상시 동원체제 구축에 전국 대명들이 얼마나 신경을 썼던가를 보여주는 증거이기도 하다. 그러다 보니 전마 사용허가도 없이 대명의 위세에만 의존하여 전마를 무단 불법으로 사용(私用)에 도용하는 불법 통행자들이 횡행하는 폐해를 낳기도 하였다.

2. 에도시대는 상업비각의 전성기

에도시대에 들어오면 비각제도는 공전의 발전을 이룩한다. 이제는 막부나 제번(諸藩)에서 내는 공문서나 서장의 수송 외에도 민간인들 간의 서신이나 소하물, 화폐, 귀금속의 수송에까지 비각의 손길이 뻗치게 된다. 민간 운영의 상업비각의 등장이 바로 그것이다.

또 이 시대에는 에도 니혼바시(日本橋)를 기점으로 전국으로 뻗어나간 5

가도(五街道)와 일본해를 운항하는 니시마와리(西廻)해로 그리고 태평양 연안의 각 항구를 도는 히가시마와리(東廻) 해로의 정비가 대충 끝나, 또 이것이 각종 비각의 발달을 더욱 촉진시키게도 된다.

에도시대의 비각을 운영 주체별로 대별하면 그것은 막부 직영의 쓰기비각(繼飛脚), 제번 전용의 다이묘(大名) 비각, 그리고 순수 민간 경영의 상업비각인 마찌(町)비각으로 나뉜다.

쓰기비각은 막부 공용(公用)의 비각으로, 역참에서 역참으로 비각인부들이 서장이나 공문 등을 계송(繼送)하였으므로 이런 이름을 붙였는데, 1590년(天正 18년), 에도막부의 창시자인 도꾸가와 이에야스가 간또입부(關東入府) 때 관용 서류함을 종복들에게 지우고 들어온 데서 유래한다. 막부의 새 정부청사가 들어선 신흥 권도(權都) 에도는 정치의 중심지로서, 교또, 오사카, 나가사키, 고후(甲府), 슘뿌(駿府) 등 주요 지방 거점도시들과의 신속한 정무 연락체계를 갖추어 둘 필요가 있었는데, 또 그에 수반한 방위상·교류상의 목적도 있고 하여 막부가 쓰기비각을 직영으로 창설·운

▶쓰기비각. 막부의 공용 비각으로, 에도를 중심으로 주요 도시 사이에 공문서를 송달하였다.(왼쪽)
▶민영 상업비각인 마찌비각. 전국 각지에 개설된 민영비각은 도시간의 송달은 물론, 도시 내 무가나 하층민 사이의 운송, 송달 업무를 담당하였다.

영하게 된 것이다.

쓰기비각은 막부가 숙역제(宿驛制)의 한 기구로서 공문서의 체송과 그에 부수된 소량의 하물 운송을 목적으로 설치하였으므로 원래는 막부 전용으로 그쳐야 할 것이었으나, 독자의 비각 조직을 갖지 못한 일부의 번에서는 공용의 구실로 이에 편승하여 숙역 관리자들에게 보수를 지불하면서 우송을 의뢰하기도 하였다.

쓰기비각은 노중문서(老中文書; 장군 직속의 최고위직인 노중들이 발한 문서로서, 지금으로 말하면 총리부 소관 문서쯤에나 해당하는 것으로 기밀을 요하는 사항이 많았다) 등 중요한 공문서를 체송(遞送)하였으므로 매우 중요시 되었다. 특히 장군의 서신을 휴대한 비각이 지나가기라도 하면 모두 길을 비켜 주행에 지장이 없도록 해야 할 만큼 그 권위가 대단하였다.

그런 관계로 1633년(寬永 10년) 이후로는 전용 인부에게 국비로 고정적인 보수를 지급하는 등 특수신분자로 우대하였는데, '가마꾼 세도'라고 권력의 주변에 있다는 구실로 일부 인부들은 도중에서 하부기관이나 민간인들에게 세도를 부리는 폐단을 낳기도 하였다.

쓰기비각 인부는 2인 1조로, 한 사람은 서류함을 메고, 또 한 사람은 교대예비자로 맨몸으로 함께 달렸는데, 야간에는 '御用(공무)'라고 쓴 초롱을 장대 끝에 높이 매달고 달렸다.

에도와 교또간의 운행 소요시간은 처음에는 90시간이었는데, 급행인 경우 82시간이 소요되었고 1763년에는 68시간으로까지 단축되었다. 또 에도와 오사카 간은 4~5일 걸렸다. 이 쓰기비각은 막부직영인 만큼 운영상 여러 특전이 있었는데, 홍수나 재해 등으로 인한 하천의 통행(도강) 금지가 풀릴 경우 최우선으로 도하하는 특권도 그 중의 하나였다.

반면 운송 과정에서, 전송을 지체하거나 문서를 파손·절취하는 경우도 많았고 국가기밀이 엄수되어야 할 공문서를 훔쳐보아 기밀이 누설되는 폐

▶마찌비각의 현장 운행을 지휘·감독한 재령(宰領)의 정장 모습.(왼쪽)
▶에도 지역 상업비각의 하나인 '쵸비각(定飛脚)'의 감독격인 재령의 신분 증명 패찰.

단도 가끔 있었는데, 이런 경우 위반자들은 법규에 따라 엄벌에 처하였음은 물론이다.

다이묘비각(大名飛脚)은 쓰기비각을 모방하여 각 번의 대명들이 에도와 영지간에 운용한 번(藩) 전용 비각인데 각 번은 주로 영지와 경저(京邸)인 에도야시끼(江戶屋敷)간의, 그리고 에도와 오사카에 상주시켜 자번(自藩) 생산의 쌀이나 특산물을 저장·판매케 한 구라야시끼(藏屋敷)간의 서신전달이나 업무연락을 위해 설치 운영하였다.

다이묘비각의 대표적인 것으로는 장군가의 측근 실세번(實勢藩)인 고상께(御三家)가 설치 운영한 비각을 들 수 있는데, 이들 3가 중 미도(水戶)번만은 영지가 에도와 근접해 있었던 관계로 설치하지 않았고 오와리(尾張)·기이(紀伊) 두 번만이 설치 운영하였다. 이들 두 번은 도까이도(東海道)에 7리(28㎞; 우리나라 단위로는 70리)마다 분소를 두어 번 소속 각부(脚夫)들을 배치하여 두고 공문서와 하물을 체송시켰으므로 '시찌리(七里)비각'이라고도 하였다.

감독격인 재령(宰領)은 번 소속 하급무사인 쥬우겐(中間)이나 아시가루(足輕) 중 신체 건강하며 재기있고 문자깨나 아는 사람을 골라 썼는데, 그것도 권세라고 이들 재령들도 나중에는 소속 번의 위세를 빌어 때로는 서류함 등의 운송을 민간 운송업자인 마찌비각 쪽에 강제로 떠맡겨 버리는 등의 월권을 행사하기도 하였다.

또 이들 재령이나 각부들은 고상께 소속임을 표시한 화려한 근무복 차림으로 가도를 활보하며 숙역의 관리자나 인근 마을 거주민 그리고 일반 여행객들에게까지 괜한 트집을 잡아 시비를 걸며 자기과시를 하기도 하고, 또는 여행객들이 머무는 숙장(宿場)이나 나루터 등지에서 행인에게 시비를 걸어 금품을 갈취하거나 무단취식 향응제공을 요구하기도 하고 유녀들과 집단유흥회를 개최하는 등 풍기문란 행위를 많이 저지르기도 하였다. 이런 폭거를 보고받은 막부는 소속 번에 수차에 걸친 항의를 하기도 하는데, 그것도 그때 뿐 근본적인 시정의 효과를 걷우지 못했을 뿐만 아니라, 이러한 일탈행위는 후일의 시찌리비각 폐지의 원인으로 작용하기도 한다.

그러나 모든 지방 영주들이 다 독자적인 비각을 둘 수는 없었다. 비용이 너무 많이 들었기 때문이다. 그래서 위에 든 오와리번과 기이번 외에 6개 번 정도가 독자적인 다이묘비각을 설치 운영하였을 뿐, 나머지 번들은 민간업자 운영의 마찌비각에 의탁하거나 청부를 주기도 하였다. 이런 등속의 원인이 마찌비각 번성의 토대를 마련해 주게도 되는 것이다.

3. 귀금속과 현금 운송까지 해준 마찌비각

마찌비각은 막부의 허가를 얻은 민간 운송업자들이 설치·운영한 비각인데, 최초의 허가는 1663년(寬文 3년)에 나왔다. 마찌비각의 기원은, 1615년(元和 원년) 니죠성과 오사카성에 파견근무 나가 있던 각 번 소속의 무사들이 도까이도(東海道)의 각 숙역장들과 협의하여 자번(自藩) 소속 하급 무사들을 각부(脚夫)로 삼아 편지 등을 전달, 가족들과의 통신연락을 하고 있었는데, 이에 착안한 오사카의 상인들이 순수 민간 경영의 우편 통신업으로서의 마찌비각업을 창안해 낸 데서 시작되었다는 것이다. 그런데 그 배경에는 상품경제 발달에 따른 물자와 정보의 신속한 입수·전달·교환의 필요성이 내재해 있었음은 물론이다.

실제로 이 시기에는 벌써 에도시대 제1의 상업도시 오사카로부터 무수한 상품들이 에도로 잇달아 실려 들어오고, 그래서 또 오사카 상인들은 에도에 많은 지점들을 내게 되었는데, 이처럼 에도~오사카 간의 폭주하는 상업통신의 수요가 마찌비각업의 번성을 부채질한 것이다.

그래서 1663년부터 3도(三都; 교또, 에도, 오사카) 상인들에 의해 매월 3회(三度; 산도) 산도(三都)를 왕복하는 '산도비각(三度飛脚)'이 설립되어 공사 구별없이 서신과 소하물 등을 운송하게 되었던 것이다. 처음에는 매월 3회, 8자일(8일·18일·28일) 혹은 2자일(2일·12일·22일)마다 비각편(便)이 출발하였는데, 차차 횟수와 편수가 늘어나 1741년(寬保 1년)부터는 매일 출발하게 까지 되며, 수송량이 폭주하거나 긴급을 요하는 일이 있을 때는 '야도이기리(雇切)'라는 임시 특별편까지 운행하게 된다.

소요일수를 보면, 에도~오사카 간의 경우 속달편이 6일, 보통편이 8일이었는데, 이 두 도시간의 대명행렬(大名行列)이 14일, 보통 여행객들의 도보 행정이 13일 정도 걸렸다. 이는 정상적인 조건하에서의 소요일수이고 만일 홍수라도 만나 강이나 하구(河口)에서 지체되기라도 하면 한 달 정도 걸리는 수도 있었다.

그런가 하면 대도시 에도 시내만을 돌아다니며 서신 전달을 하는 비각도 있었는데, 각부(脚夫)가 '찌링찌링 마찌비각'이라 불리우며 에도 명물의 하나로 여겨지기도 하였다. 요즘 서울 같은 대도시에 유행하는 '퀵 서비스'의 원조일지도 모른다.

실제로 운송을 맡은 각부들은 서장·하물·금은·화폐·서류 등을 '도쮸마꾸라(道中枕)'라는 특수고안된 목침 비슷한 상자 속에 집어넣고 운반하였는데, 이는 밤에 잘 때 도난을 방지하기 위해 베개 삼아 베도록 특수고

안된 운반함이다. 또 그밖에, 필요없을 때는 접어서 허리에 차게 되어 있는 가늘고 긴 오다와라등(小田原燈), 초, 주판, 휴대용 필기도구인 야다떼(矢立), 비상 구급약이 든 약합(藥盒) 등을 소지하고 다녔다.

이처럼 마찌비각은 타지 파견 무사들의 사적 통신문이나 일반서민들의 서장·하물 운송 뿐만 아니라 제번의 행정우편 업무까지 대행하는 우편기관으로서의 역할까지 톡톡히 해냈다. 다만 18세기 후반에서 19세기 전반기에 걸쳐 대유행한 인플루엔자를 나가사키나 오사카 등의 항구도시로부터 에도에 전파시킨 달갑지 않은 '질병전령사' 역할을 하기도 하였지만.

▶미곡 시세표. 오사카 도우지마(堂島) 곡물시장의 시시각각 변하는 미곡 시세를 인쇄하여 각지의 상인들에게 전달하였다.

이때 마찌비각의 현장운행을 실지로 지휘·감독한 자를 재령(宰領)이라 하였는데 그들은 주로 도시 서민층에 속하는 사람들로, 도중에 부리는 인마의 취사선택권을 행사하거나, 사고 등 운행 도중에 발생하는 분쟁의 조정역을 맡기도 하는 등 가도 연변에서는 꽤 얼굴이 알려진 실력자로 통하기도 하였다. 또 인부나 동원마의 공급은 연도 인근 마을 농민들의 부업으로 충당되기도 하였는데, 인부들 중에는 거처가 일정치 않은 떠돌이 부랑인들도 상당수 있었다.

그러면 마찌비각 업자들은 어떤 종목의 영업까지 할 수 있었던 것일까. 1806년(文化 3년)에 동업조합에서 고객들에게 배부한 영업안내장을 보면 다음과 같은 세목별 지침이 나열되어 있어 그 대략을 짐작할 수가 있다.

1. 운임은 지금까지는 지역이나 업자 등에 따라 구구각색 통일성이 없어 고객

들로부터 비난을 받아 왔으나, 이번에는 되도록 싸게 책정하였으니 의뢰인들은 위탁시마다 반드시 운임을 지불할 것

2. 종래의 경험에 의하면 도착지에서 운임지불을 둘러싼 분쟁이 많이 일어나므로 운임은 반드시 의뢰자가 선불하도록 할 것

3. 지금까지 현금 동봉의 봉투에 '현금재중'이라고만 기재하여 도난 분실시 변상액의 사정에 어려움이 많았으므로 금후로는 반드시 재중 금액을 명기할 것

4. 귀중품의 경우는 반드시 귀중품 표시가 있어야만 특수포장을 하므로 품명을 반드시 기재할 것. 미기재시에는 파손시 변상하지 않을 것임

5. 길이나 부피가 규정 이상으로 길거나 큰 것, 수분이 많은 물건, 자반 등 염분이 많은 물건, 얇은 상자에 넣어 터지기 쉬운 물건에는 3할의 할증운임을 받는다.

6. 파손되기 쉬운 대모갑(代瑁甲) 칠기, 도자기, 사기그릇 유리제품 등은 마상운송을 피할 것

7. 하물의 접수는 오후 8시까지만 하고, 그 이후 위탁분은 차회 발송분으로 돌릴 것

8. 하물과 서장의 도착 보증기한은 3년으로 하고 3년 이상 경과한 것은 장부에서 삭제하며 재조사하지 않는다

또 운송 소요 기일의 완급이나 편도 · 왕복 여부, 주문 · 위탁 여부, 편승이냐 정기편이냐의 여부에 따라 요금 지불에 차등을 두었다.

마찌비각은 서류나 편지 외에 하물도 수송하였지만, 일반적으로 비각편은 요금이 비쌌으므로 비각편으로 운송할 수 있는 하물은 주로 중량이 가볍고 소량이면서도 값이 많이 나가는 물품, 그리고 금 · 은화 등의 화폐류가 많았다.

현금 수송에는 금전수송 전문비각이 있어 현금수령인으로부터 소정의 수령증을 받아 발송인에게 보내 수수의 정확성을 기하기도 하였는데, 후에는 환어음 방식의 송금제도 실시로 수요가 감소하고 만다. 또 '미곡비각'이라 하여 오사카의 미곡시세를 매월 정기적으로 각지의 곡물상인이나

미두업자들에게 통보해 주는 '물가정보서비스'도 있었다.

이러한 비각노선은 5가도 연변 도시 이외의 주요 지방 도시 간에도 널리 뻗어갔고, 마찌비각업자들 중에는 죠슈(上州)의 다카사키(高崎), 이세사키(伊勢崎), 후지오까(藤岡), 오슈(奧州)의 후쿠시마, 비쮸(備中)의 마쓰야마 등지에 지점을 개설하는 자가 나올 정도로 전국은 점차 마찌비각에 의한 우편 수송망이 빽빽하게 구축되어 갔다.

그러면 이 마찌비각의 영업권 밖에 있던 수많은 농산어촌 사람들은 어떤 수단에 의존하여 서신교환과 하물 이송을 하였던가. 산간벽지에도 촌에서 촌으로 공무용의 서류나 하물을 계송(繼送)하는 릴레이식 통신 운송망이 거미줄처럼 구축되어 있었다. 다만 이 인촌(隣村)전달식 서류·하물의 수송체제는 이때 새로 등장한 것이 아니고 원래부터 지방영주들이 영지 내의 통신연락 기구로서 조직·운영해 오던 것을 마찌비각의 전성기에 그 장점을 본따 확장·개편한 것이다.

각 촌에는 '죠즈까이(定使)'라는 이름의 전령꾼이 있어 영주로부터 정기적으로 수당을 받거나 공유전(公有田) 소출미로부터 급료를 지급받고 있었는데, 이 사람이 바로 인촌에의 전령역을 맡아 영주나 대관(代官; 막부 직할의 지방행정관)의 공사 문서나 서신의 전달, 일반 민간인들의 서장 전달 업무를 맡아보았던 것이다. 이것이 바로 에도시대의 최말단 공용통신망에 해당하는 조직이었다.

마찌비각의 우편물 집배 방식은 오늘의 시각에서 보면 매우 유치해 보이지만 당시로서는 그런대로 적절한 수준의 합리성과 편의성을 갖추고 있었다 할 수 있다.

오사카에서 출발한 비각편이 종점인 에도에 도착하면 책임자격의 각부(脚夫)가 숙박소의 문앞에 거적이나 멍석을 깔아 그 위에 수송해 온 서장이나 소포를 진열해 놓고 연락을 받고 달려온 수취인에게 신분을 확인한 뒤 인도하고, 또 귀환시에는 답장이나 영수증을 받아가지고 돌아갔다. 또 니혼바시(日本橋) 옆의 광장에 매일 아침 가마니를 펴놓고 안내표지판을 세워놓으면 의뢰인이 탁송화물이나 서장에 소정의 운임을 끼워 집어넣어 놓고 가는데, 각부가 석양 무렵 이것을 모아 수송길에 나서는 것이었다. 오늘날의 최첨단식 우편제도와 비교해 보면 격세지감이 있어 흥미롭다. 그렇지만 그 기본원리는 지금과 똑같았으니, 인간생활의 최말단부의 생활 영위 방식이란 예나 지금이나 대차 없는 것이라 할 밖에.

옛날 일본인들은
어떻게 시간을 재었을까?

1. 시계가 없던 시절의 시간 측정

선사시대 때부터 인류는 시간을 의식하고 그것을 여러가지 방법으로 측정하여 실생활에 응용할 줄을 알았다. 다만 오늘날의 과학적 시선으로 들여다 본다면 그것은 유치하기 짝이 없는 원시시대적 발상에 근거한 것이었다 할지 모르겠으나, 시간이 경과함에 따라 나름대로 합리성과 과학성을 지닌 시간측정법을 몸에 익히게 되었다.

고대인들은 우선 오관을 통해 시간의 진행을 의식하고, 그 주기적으로 반복하는 시간과 맞물려 돌아가는 자연현상의 변화상에 착안하여 나름대로 생활에 필요한 시간측정법을 개발했을 터인데, 이를테면 시계 없이도 '동틀녘에' 일어나 '햇살이 퍼지기 전에' 들에 나가고 '새참 먹을 때'쯤 되면 잠시 논두렁에 올라가 쉬고, '해가 중천에 뜨도록' 일어날 줄 모르는 게을러빠진 자식을 두들겨 깨우고, '해질녘'에 집으로 돌아와 '땅거미가 질 때까지' 채마밭의 풀을 뽑다가 '초저녁을 훨씬 넘긴' 시간에 늦은 저녁을 먹고, '한밤중에' 깨어나 돼지우리를 돌아보는 – 비록 오랜 시간적 간격은 있을망정 어찌 보면 우리의 5~60년대식 생활 모습과 흡사할 – 그런 일상적으로 되풀이 되고 되풀이 되는 농경적 생활을 한 치의 오차도 없이 정확히 치러 냈을 것이니, 참 기가 막히도록 정확하고 지혜로웠다 할 밖에 없는 일이다.

그러나 그런 식의 지혜와 시간운용의 정확성이라는 것도 날로 진보해 가는 인간사회의 새로이 발생하는 수많은 불편을 모두 제거해 줄 수는 없는 노릇이었을 것이다. 당연히 오관에 길들여진 주기반복성 시간측정 관리법도 수정되어야 할 밖에. 보다 과학적이고 합리적인 시간 측정법이 요구되었을 것이니, 그래서 나타나기 시작한 것이 자연과학적 원리를 응용한 해시계, 물시계, 모래시계, 불시계(향이나 초를 태워 그것이 타들어 가는 속도로 시간을 측정) 등의 자연시계였다.

그러나 이렇게 등장한 자연시계도 개개인의 개별적·사적 차원의 시간측정에만 이용되어서는 아무런 사회적 공리성을 확보할 수 없어 무익하다 할 밖에. 그것은 어떤 획일적이고 강력한 통제력을 갖는, 중앙정부 차원의 관리와 통제를 받는 제도의 장치를 요구할 수밖에 없게 된다.

우리나라의 경우 그러한 차원에서 발달한 것이 신라시대의 물시계인데, 이 물시계에 관해 통일신라 시대 때인 718년(성덕왕 17년)에 누각(漏刻; 물시계)을 만들었고 누각전(漏刻典)을 두었는데, 이 관서에 6명의 박사와 직원이 1명 있었다고 『삼국사기』는 전하고 있다. 또 혜공왕 때는 구리 12만근을 써서 만든 큰 종을 쳐서 시각을 알렸는데, 그 소리가 100리 이상에 퍼졌다는 기록이 있다. 물론 물시계로 측정한 시간이었다. 이 물시계 등의 자연시계의 발달은 중국과 조선 삼국 그리고 일본에서 거의 비슷한 시기에 이루어지고 있다.

2. 일본 최초의 물시계는 660년에 만든 누각(漏刻)

그러면 일본은 어떠했던가? 일본 역시 물시계에서 시계의 역사는 시작된다. 이와 관련된 기사가 『日本書紀』의 덴찌천황(天智天皇; 제38대; 재위 661~671) 10년(671년) 4월 25일조에 나와 있다.

"누각을 새 천문대에 설치하고 시각을 알리게 하였는데, 종과 북을 쳐서 널리 울려퍼지게 하였다. 이날 처음으로 누각을 사용하였다. 이 누각은 천황이 황태자로 계실 때 친히 만드신 것이라 한다."

이 기사에 나오는 황태자는 나까노 오에(中大兄) 황태자로서, 그는 황태자 시절에 이 누각을 만들어 실제로 시간측정과 시각 예보에 활용하기도 하였는데, 즉위 이후에 이를 공식적으로 천문대에 설치하여 국가 표준시계로 정착시킨 것이다. 나까노오에(中大兄) 황자가 만든 이 누각은 중국

것을 모방한 것이라고도 하고, 삼국시대 백제 사람들의 도움을 받아 만든 것이라고도 한다.

이 일본식 물시계인 누각(漏刻; 漏剋)은 2~4단으로 된 나무상자나 단지를 장치해 놓고, 맨 윗단의 나무상자에 물을 가득 채운 다음, 가느다란 관(管)을 통해 서서히 아랫단의 나무상자에 흘려내려 보내어 맨 아랫단의 물통(水槽)에 이르게 하여 눈금을 새긴 측정용 부자(浮

▶도꾸가와 막부를 창업하여 일찌감치 일본 근대국가 탄생의 기틀을 다진 사실상의 '도꾸가와 왕조' 초대 이에야스 장군.

子)의 부침에 의하여 시각을 측정케 한 기구이다. 덴찌천황을 제향하는 오우미 신궁(近江神宮)에서는 매년 6월 10일의 기념일(時の記念日)에 누각제를 지내는데, 이날은 누각을 처음으로 신설한 671년 음력 4월 20일을 태양력으로 환산하여 1920년에 제정한 것이다.

또 1981년 9월부터 12월에 걸쳐 나라(奈良) 국립문화재연구소에서 실시한 아스카(飛鳥) 유적지 발굴조사에서는 660년에 일본 최초로 설치된 누각의 유적일 가능성이 큰

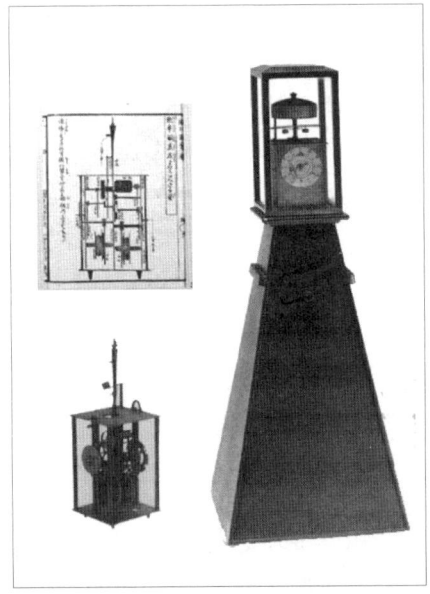
▶야구라시계(櫓時計). 기계부를 소방 망루와 같은 모양의 대 위에 고정시키고, 사각대 가운데 낸 구멍으로 추를 매달아, 그것을 동력으로 하여 움직이는 일종의 탁상시계이다. 가장 초기 일본시계(和時計)이다. 왼쪽 위아래에 시계의 내부 구조와 거푸집을 떼어낸 본체(本體) 내부를 보이고 있다.

유구가 발견되어 세인들을 놀라게 하였다고 한다.

이 누각을 이용하여 율령제(律令制)시대(645년의 大化改新 이후 약 300년간)에는 담당 관원들이 시각을 측정하여 시간을 알렸던 것이다. 조정에서는 음양료(陰陽寮)에 누각 박사(漏刻博士)를 두어, 누각을 관리하고 시각을 측정하여 윗전에 알리는 관원인 또끼모리(守辰丁; 時守)를 지휘 감독케 하였는데, 이들은 시간대별로 시각을 측정하여 상부에 보고하는 한편 종과 북을 쳐서 시간을 알렸다.

또 궁중에서는 해시(亥時) 초부터 인시(寅時)말까지의 야간에 당직 관원들이 두 시간마다 청량전(淸凉殿) 앞뜰에 세워놓은 시각판에 사동인 나이쥬를 시켜 목제 시각패(時刻牌)를 갈아 끼우게 하며 시간을 알렸다. 이처럼 일본의 고대~중세인들은 주로 누각에 의해 측정된 시간을 표준시간으로 삼아 그런대로 불편없이 일상생활을 영위해 갔던 것이다.

3. 일본식 기계시계 와도께이(和時計)

상당기간 계속된 자연시계 시대도 끝나고 마침내 일본에도 기계시계 시대가 찾아온다. 그것은 서양식 기계시계의 전래와 와도께이의 제작으로 시작된다. 인류역사상 기계시계의 발명은 서기 1300년 전후 유럽에서 비롯된 것으로 알려져 있다. 그리고 14세기에 들어서면 벌써 북부 이태리를 중심으로 한 유럽의 주요 도시는 시보장치를 갖춘 공공적 탑시계를 앞다투어 설치한다. 현존하는 세계 최고(最古)의 기계시계는 파리최고재판소의 탑시계인데, 이것은 1370년 독일의 시계제작 기술자인 드 비크(Henri de Vic)가 프랑스의 찰스 5세를 위해 특별제작한 것이다.

일본에 서양식 기계시계를 맨 처음 들여온 사람은 스페인 출신의 야소회(耶蘇會) 선교사 프란치스코 자비에르(Francisco Xavier; 1506~1552)이다. 그는 1549년(天文 18년) 가톨릭 전교를 위해 가고시마에 상륙하여

▶도꾸가와 이에야스가 애용한 탁상시계. 현존하는 일본 최고의 기계시계로 알려져 있다. 스페인 국왕이 선물한 것으로 1581년 마드리드에서 제작하였다.

일본에 그리스도교를 전하였는데, 당시의 수오국(周防國; 오늘날의 山口지방)의 영주였던 오우찌 요시타카(大內義隆; 1507~1551)를 만나 포교 허가를 청원하면서 태엽장치를 가진 서양식 기계시계를 헌상한다.

이때가 1551년(天文 20년)이다. 그 후 그리스도교의 교세 확장과 함께 서양식 기계시계의 일본 반입도 많아지게 되는데, 이 시계들은 교세 확장의 목적으로 당시 권력층 세도가들이나 민간인 유력자들에게 헌상하거나 기증되었던 것으로 보인다.

자비에르가 오우찌 요시타카에게 헌상한 시계는 소실되어 지금은 없고 현존하는 가장 오래된 서양식 기계시계는 시즈오카현의 구노산(久能山) 도쇼구(東照宮)박물관에 중요문화재로 소장되어 있는 도꾸가와 이에야스(德川家康) 애용의 탁상시계로서, 이는 스페인 국왕 훼립페 2세의 어용시계사 에바로(Hans de Evalo)가 1581년 마드리드에서 만든 것이다. 이 시계는 자비에르와는 다른 루트로 전해진 것으로 추정된다.

한편 그리스도교의 전파와 함께 각처에 교학기관이 설립되어 시계제작법도 전수되는데, 게이쵸(慶長)년간(1596~1615)에는 이 열기가 큐수로부터 멀리 깅끼(近畿)지방에까지 확산되고, 이후 닥쳐오는 막부의 쇄국정책에 의한 그리스도교 탄압과 금교정책에도 불구하고 국내에서의 시계제작열은 고조되어 마침내 와도께이(和時計)라고 불리는 일본식 기계시계의 제작에까지 이르게 된다.

이 와도께이는 서양식 기계시계를 모델로 하여 쇄국통치 시대에 일본의 시계사들이 당시의 일본의 시각제도와 생활 양식에 맞게 변경 개조하여 만든 일본식 시계인데, 일본 최초로 와도께이를 만든 사람은 일본 시계기술자의 아버지로 추앙받는 나고야의 시계기술자 쓰다 수께자에몽(津田助左衛門)이다. 그는 도꾸가와 이에야스 소유의 자명종을 수리하면서 그것을 본떠 일본식 기계시계 한 대를 만들어 헌상한 것이다.

그런데 당시의 일본은 서양과는 전연 다른 방법으로 시간을 측정하고 있었기 때문에 와도께이를 고안하는 데 애로가 많았다. 일본식 시간측정법은 정시법(定時法)을 채용하고 있던 서양과는 달리, 일출에서 일몰까지를 낮으로, 일몰에서 다음날 일출까지를 밤으로 정하고 주야를 6등분하여 하루를 12각(刻)으로 나누는 시각법을 쓰고 있었다. 따라서 계절에 따라 주야의 길이가 달라지고 1각(刻)의 길이도 달라질 수밖에 없었다. 춘분과 추분만이 주야의 길이가 같아지는 것이다. 따라서 하루를 24시간으로 등분한 서양시계를 모델로 하여 일본식 시각법에 맞는 시계를 만들려고 하니 시간도 많이 걸리고 비용도 많이 들 수밖에. 당시 와도께이 하나 값은 보급품이 3량 2푼(지금의 화폐가치로 10만엔 전후) 정도였다 하므로 일반인들은 도저히 구입할 엄두를 내지 못했음은 물론이다.

이 와도께이 제작열은 갈수록 증대되어 에도시대 중기에는 대명(大名)들이 많은 시계기술자들을 전속으로 고용하여 시계제작에 열들을 올렸는데, 이를 반영이라도 하듯이 1796년(寬政 8년)에는 호소카와 요리나오(細川賴直)에 의해 시계 제작법을 기술한 『機巧圖彙』라는 책이 발간될 정도였다. 현재 사용되고 있는 '도께이(時計)'라는 말도 에도시대 때부터 쓰이기 시작한 용어인데, 그 이전에는 '도께이(斗景, 斗鷄, 土圭)', '지메이쇼(自鳴鍾)', '지싱기(時辰儀)' 등으로 불렸다.

그러면 에도시대 사람들은 어떻게 시간을 알았을까? 게이쵸(慶長) 년간(1596~1614)의 에도성에는 이미 시보용 시계가 여러 개 비치되어 있었다.

그래서 그 시보용 시계로 오전 6시(일출시)와 오후 6시(일몰시)에 북을 쳐서 시간을 알렸는데, 그 시계들이 빨리 가거나 늦게 가는 등 제각각 시간이 틀리므로 여러모로 불편하였다. 이를 알게 된 막부의 제2대장군 도꾸가와 히데따다(德川秀忠; 1579~1632)의 부인 다이도꾸인(大德院)은 이 불편을 없애려고 시보용 시계의 시각을 하나로 통일하고, 그 시각에 북을 쳐서 시간을 알리게 하였기 때문에 이후로는 시각이 일정해졌다고 한다.

에도에서는 처음 시중 곳곳에 설치한 파수막의 파수꾼들이 딱딱이를 쳐서 시간을 알리며 성중을 순찰하였고, 또 제3대

▶에도 우에노(上野) 깡에이지(寬永寺)의 종시계(鐘時計). 덴메이 7년(1787)에 제작된 것으로, 오늘날에도 아침 저녁 6시와 정오에 세 차례씩 종을 쳐서 시간을 알려준다.

장군 이에미쓰(德川家光) 시대의 교또와 에도에서는 북 대신 종을 쳐서 시간을 알리기도 하였다.

북은 야반(夜半; 지금의 오전 영시)에 9번 치는 것을 시작으로 일각(一刻; 두시간)마다 1번씩, 치는 횟수를 줄여나가 8번·7번·6번·5번·4번(오전 10시)씩을 치다가 정오에 다시 아홉 번으로 돌아오고, 이후 똑같은 방법으로 반복하여 오전 영시의 9번 타고(打鼓)로 되돌아 오는 식으로 쳤다. 이리하여 시계를 갖고 있지않은 일반인들도 생활에 필요한 시각을 알 수가 있었으니, "暮六時(오후 6시) 종이 울리면 …에서 만나자"라는 식으로 시간 약속들을 하곤 하였다.

그러나 1873년(明治 6년) 1월의 개력(改曆; 태양력 채용)과 정시법(定時法)의 채용으로 와도께이는 실용성을 잃어 그 대부분은 폐기 처분되고 일부는 해외로 유출되는 운명을 맞이하고 만다.

■ 찾아보기

ㄱ

가께고에(掛肥) 200
가도마쓰(門松) 94
가라스마루 미쓰히로(烏丸光廣) 129
가마꾸라막부(鎌倉幕府) 110
가모노 마부찌(賀茂眞淵) 131
가엔(臥煙) 97
가와다케 모꾸아미 144
가와야(厠) 191 199
가이바라 에끼껭(貝原益軒) 130
가이에끼(改易) 133
각부(脚夫) 208 211
간다마쓰리(神田祭) 114
간또 대진재(關東大震災) 31
간또입부(關東入府) 204
갑양군감(甲陽軍鑑) 194
개님(犬樣) 56
개장군(犬公方) 56
게이세이국(傾城局) 110
게이세이마찌(傾城町) 116
게이쇼잉(桂昌院) 53
게이안(慶安) 농정고시 74

게이앙(桂庵) 171
겐지모노가타리(源氏物語) 19 127
경의료(輕醫療) 176
경치료(輕治療) 176
고젠부교(御膳奉行) 95
경화령(警火令) 94
고즈까바라(小塚原) 143
고까(後架) 191
고후죠(御不淨) 191
고낀와카슈(古今和歌集) 127
공창(公娼) 108
고노에 심뻬이(近衛信平) 129
광동창(廣東瘡) 161
고또(匂當) 138
교꾸데이 바낑(曲亭馬琴) 128
고로리(虎狼刺) 160
교닌자까대화(行人坂大火) 86
고무라사끼(小紫) 130
구노산(久能山) 218
고부신가따(小普請方) 95
구라야시끼(藏屋敷) 206
고사기(古事記) 192
구루와(廓) 110
고상께(御三家) 22 93 104 206
구마노 덴사부로 181
고샤꾸(講釋) 144
기교도휘(機巧圖彙) 219

찾아보기 221

고오시죠로(格子女郎) 120
기따마찌봉행소(北町奉行所) 143
고우따(小唄) 124
기따사토견문록(北里見聞錄) 135
고우츄이(口中醫) 168
기본(旗本) 39 96
고이시가와양생소(小石川養生所) 172
기축(己丑)의 대화 85
긴다이엥 175
김지하(金芝河) 144
까노소센(狩野素川) 130
까사이부네(葛西船) 74
까시세친(貸雪隱) 80
까찌교지(月行事) 71
깐죠(關所) 188
깐죠(考所) 188
깡에이지(寬永寺) 134 220
께이도(警動) 120
껭고법사(兼好法師) 124
껭교(檢校) 135
꾸가이(空海)대사 50 139
꾸와이아다마(慈姑頭) 165
뀨자에몽(九左衛門) 72
꾸지라부네(鯨船) 93 103
끼오깡(奇?丸) 179
낀소이(金瘡醫) 165

ㄴ

나가사끼야(長崎屋) 90
나까노오에(中大兄) 황자 215
나까무라좌(中村座) 140
나고야성(名護屋城) 190
나누시(名主) 41 112
난방의(蘭方醫) 158 166 167
난젠지(南禪寺) 169
남정봉행소(南町奉行所) 32
남천촉(南天燭) 158
낭낑무시(南京蟲) 151
네즈미고조실기(鼠小僧實紀) 144
네즈미고조지로끼치(鼠小僧次郎吉) 139
네즈신사(根津神社) 138
노기(野木) 유적지 188
노중문서(老中文書) 205
누각(漏刻) 215 216
누각박사(漏刻博士) 217
누각전(漏刻典) 215
니시노마루(西の丸) 89
니시마와리(西廻) 204
니시홍간지(西本願寺) 93
니혼자에몽(日本左衛門) 144
니혼즈쯔미(日本提) 114 119 137

ㄷ

다까가이베(鷹飼部) 18
다까노 쵸에이(高野長英) 103
다까죠마찌(鷹匠町) 59 60
다께다 신겐(武田信玄) 194
다떼 마사무네(伊達政宗) 21
다떼 무네나리(伊達宗城) 103
다떼 쯔나무네(伊達綱宗) 131
다라수(多羅樹) 158
다마기꾸(玉菊) 136
다무라 산찌(田村三智) 170 171
다이꼬모찌(太鼓持) 120
다이도꾸인(大德院) 220
다이묘비각(大名飛脚) 206
다이묘히께시(大名火消) 96
다이엔슈(大演習) 46
다이온지(大音寺) 119
다이하찌구루마(大八車) 61
단시찌(丹七) 132
당대기(當代記) 125
당약(唐藥) 176
당창(唐瘡) 162
따유(太夫) 120
대관(代官) 55 211
대명행렬도(大名行列圖) 85 208
데라꼬야(寺子屋) 37 38 40 41 44 46

데이낑오우라이(庭訓往來) 43
데지마(出島) 118 173
덴메이(天明) 대기근 67
덴모꾸잔(天目山) 128
덴뽀개혁(天保改革) 80 123
뎃뽀(鐵砲) 160
도가(道歌) 43
도까이도(東海道) 206 207
도꾸가와 무네하루(德川宗春) 131
도꾸가와 요시노부(德川慶喜) 52
도꾸가와 요시무네(德川吉宗) 67 159
 174 176
도꾸가와 이에노부(德川家宣) 157
도꾸가와 이에야스(德川家康) 20 29
 52 66 85 111 125 204
도꾸가와 쯔나요시(德川綱吉) 52
도꾸가와 히데따다(德川秀忠) 220
도꾸가와 이에미쓰(德川家光) 220
도라야(虎屋) 179
도래어(渡來語) 59
도쇼구(東照宮) 21 218
도야마매약(富山賣藥) 184
도오수(東司) 191
도오신(同心) 96
도오지교(童子敎) 44
도요또미 히데요시(豊臣秀吉) 22 110
 125 126 188

찾아보기 223

도우지마(堂島)곡물시장 209
도쥬마꾸라(道中枕) 208
도쥬부교(道中奉行) 55
동물애호령(動物愛護令) 23 25 52
또끼모리(時守;守辰丁) 216
또비(鳶) 98
또징꼬(透頂香) 179
또하찌고몽(藤八五文) 180

ㄹ

라꾸쥬라꾸가이주(洛中洛外圖) 194
레이간지(靈巖寺) 88 93
레이네(Rhejne) 174
렌다이노(蓮臺野) 128
렝게오우잉(蓮華王院) 129
로가이(勞咳) 154
로부교(牢奉行) 88
료쥰친왕(良順親王) 128
류꼬(隆光) 53 55
류도수이(龍吐水) 98

ㅁ

마나세 겐사쿠(曲直瀨玄朔) 181
마나세 도산(曲直瀨道三) 181
마루야마 유곽(丸山遊廓) 117 118

마르코 폴로 15
마쓰오 바쇼(松尾芭蕉) 104
마에다 마사토시(前田正甫) 184
마진(麻疹) 53 62 154
마찌부교(町奉行) 55
마찌비각(町飛脚) 207 208
마찌비께시(町火消) 95
마찌이(町醫) 166
만인총(万人塚) 92
망낀단(万金丹) 181
말(馬)애호령 53
매독 150 154 161 162
매부리 22 59
매사냥(鷹狩) 14 16
매약(賣藥) 152 176
매춘(賣春) 106
메시모리온나(飯盛女) 122
메야스바꼬(目安箱) 171 172
메이레끼 대화재(明曆大火災) 61
　68 87 89 91 93
메이샤(木醫者) 168
모또고에(基肥;元肥) 200
모또요시와라(元吉原) 115
모모야마식(桃山式)건축 93 104
모즈 죠깡(万代常閑) 184
무라다 하루미(村田春海) 131
무로꾸소(室鳩巣) 49

무로마찌 막부(室町幕府) 110
무시후지(蟲封) 기도 152
무엔데라(無緣寺) 92
미곡비각(米穀飛脚) 210
미나가와 기엥(皆川淇園) 131
미시시피호 160
미야모토 무사시(宮本武藏) 128 129
미즈노 따다구니(水野忠邦) 80

ㅂ

바쇼암(芭蕉庵) 104
바스코 다 가마(Vasco da Gama) 161
반죠오우라이(番匠往來) 44
방응사(放鷹司) 18
배치가정약(配置家庭藥) 181 183
배치원(配置員) 183
베끼리부네(部切船) 75
보주쓰유메모노가타리(戊戌夢物語) 103
뽐뻬(Pompe) 160
부깡(武鑑) 142
북정봉행(北町奉行) 114
비각(飛脚) 202 203 207
비역사(飛驛使) 202
비파엽탕(枇杷葉湯) 179

ㅅ

사기신사(鷺神社) 156
사기쵸(左義長) 94 106
사사봉행(寺社奉行) 95 123
사창(私娼) 108 122
산노공겐(山王權現)신사 93
산노마쓰리(山王祭) 114
산도비각(三度飛脚) 208
산야보리(山谷堀) 119
산지교(三字經) 44
살서제(殺鼠劑) 180
삼국사기 215
삼대실록(三代實錄) 19
삼일고로리(三日虎狼痢) 160
상끼라이(山歸來) 181
상업비각(商業飛脚) 203
상치회(尙齒會) 103 106
상피증(象皮症) 153
설두명각선사(雪竇明覺禪師) 191
설두사(雪竇寺) 191
설은사(雪隱寺) 191
성수대교 붕괴사고 28
세가끼공양(施餓鬼供養) 89
세끼가끼(席書) 46
세이간지(誓願寺) 111
세이미(舍密) 169

세이쇼(生象) 169
세이쇼(淸書) 45
세이찐(西淨) 191
센고꾸부네(千石船) 106
센뉴지(泉涌寺) 128
센류(川柳) 150 166
센소지(淺草寺) 114 119 137
셋찐(雪隱) 191
셍께이지(善慶寺) 88
소꾸슈(束脩) 44
솔론(Solon) 109
쇼바이오우라이(商賣往來) 43 49
쇼야(庄屋) 36
쇼오소꾸오우라이(消息往來) 43
쇼지지에몽(庄司甚右衛門) 112
쇼헤이자까 학문소(昌平坂學問所) 38 39
수꾸나히꼬나(少顏名) 156
수나셋친(砂雪隱) 195
숙역제(宿驛制) 205
순정서원(順正書院) 169
슈게이슈찌잉(綜藝種智院) 38 49
슈세끼시난(手蹟指南) 41 49
스가와라노 미찌자네(菅原道眞) 48
스기다 겐빠꾸(杉田玄白) 162 170
쓰기비각(繼飛脚) 204
쓰다 수께자에몽(津田助左衛門) 219

쓰레즈레쿠사(徒然草) 127
스미다가와(隅田川) 29 30 54 58 119
쓰보네죠로(局女郞) 120
승마갈근탕(升麻葛根湯) 158
시노하꼬(淸箱) 193
시마바라유곽(島原遊廓) 110 116
시서회(始書會) 46
시약원(施藥院) 171
시역(時疫) 153
시오도메 유적(汐留遺蹟) 188
시웅꼬(紫雲膏) 181
시찌리비각(七里飛脚) 207
신구우 료떼이(神宮凉庭) 169
신농씨(神農氏) 156
신마찌 유곽(新町遊廓) 117
신수응경(新修鷹經) 19
신연(神輦) 31
신요시와라(新吉原) 115
신체개장(神體開帳) 157
십리총(十里塚) 79

ㅇ

아까고약(赤膏藥) 177
아게야(揚屋) 117 120
아꼬의사(赤穗義士) 31
아나구라(穴藏) 93

아르메이다(Armeida) 173
아사야마깡(淺山丸) 177
아스카 유적지(飛鳥遺蹟地) 216
아시가루(足輕) 206
아오이고조(葵小僧) 144
아즈마까가미(吾妻鏡) 110
야구라시계(櫓時計) 216
야다떼(矢立) 209
야도이기리(雇切) 209
야리떼(遣手) 120
야마구찌야 마따사부로 상회 182
야마다 아사에몽(山田淺右衛門) 177
야마또 게이앙(大和慶庵) 171
야부이샤(藪醫者) 169
야찌요따유(八千代太夫) 127
양매창(楊梅瘡) 161
양생소(養生所) 160 166
에꼬잉(回向院) 91 145
에도(江戶) 66 85 188
에도가이모노히도리안나이(江戶買物獨
案內) 176
에도까노꼬(江戶鹿子) 59 176
에도마찌부교(江戶町奉行) 67 172
에도매약(江戶賣藥) 153
에도병(江戶病) 152
에도야시끼(江戶屋敷) 206
에도참부(江戶參府) 150 173

에도풍속화첩(江戶風俗畫帖) 111
에바로(Evalo) 218
에사시(餌差) 60
에이따이교(永代橋) 29 30 31
에이따이신전(永代新田) 70
에이따이지마(永代島) 68 69
엔레이단(延齡丹) 181
엣츄지마(越中島) 70
여우고약 178
역독예방설(疫毒豫防說) 161
역마(驛馬) 202
역병(疫病) 153 157
역사(驛使) 202
연희식(延喜式) 192
오가도(五街道) 204
오가와 쇼셍(小川笙船) 171
오가다 꼬앙(緒方洪庵) 161
오까바쇼(岡場所) 122
오께마찌(桶町)대화재 97
오꾸고이시(奧御醫者) 167
오꾸니(和國) 133
오나기가와(小名木川) 58
오다니 요시다카(大谷吉隆) 162
오다와라등(小田原燈) 209
오또와(音羽) 124
오라이모노(往來物) 40 49
오란다 상관(商館) 167

오메미에이시(御目見醫師) 167
오사라기 지로(大佛次郞) 145
오쓰끼 겐따꾸 158
오시찌(お七)화재 87 104 106
오오아쿠다다메(大芥溜) 69
오오까 따다스께(大岡忠相) 172
오오도모 소린(大友宗麟) 173
오우미신궁(近江神宮) 216
오우찌 요시타까(大内義隆) 218
오이에류(御家流) 43 49
오적(五賊) 146
와도께이(和時計) 217 218 220
와야꾸(和藥) 176
왜구(倭寇) 162
요도힛가꾸쇼(幼童筆學所) 41
요리끼(與力) 96
요비다시(呼出) 124
요쇼시라베쇼(洋書調査所) 161
요쓰야괴담(四谷怪談) 180
요시노따유(吉野太夫) 127
요시오까 검법(吉岡劍法) 128
요시오까 교쥬로(吉岡淸十郞) 128
요시와라 가마(吉原駕籠) 119
요시와라 아소비(吉原遊樂) 121
요시와라 유곽(吉原遊廓) 102 114 118
우끼요에(浮世繪) 121 145
우두(牛痘) 155

우이로약(外郞藥) 179
원도유배(遠島流配) 56
유교지(遊行寺) 59
유군벳또(遊君別當) 110
유구창(琉球瘡) 162
유끼 히데야스(結城秀康) 162
유나(湯女) 122
유녀정(遊女町) 110
육유연의대의(六諭衍義大意) 49
율령시대(律令時代) 202
음양료(陰陽寮) 216
응사(鷹司) 19 24
응장두(鷹匠頭) 25
의학관(醫學館) 168
이나까고조(田舍小僧) 144
이나리 신사(稻荷神社) 44 196
이나바고조(稻葉小僧) 144
이로하(伊呂波) 43
이세모노가타리(伊勢物語) 127
이세신궁(伊勢神宮) 192
이세오도리(伊勢踊) 124
이시까와고에몽(石川五右衛門) 144
이오우지(醫王寺) 178
이와꾸라 도모미(岩倉具視) 198
이와미긴잔(石見銀山) 180
이찌가와 단쥬로 179
이찌마쓰고조(市松小僧) 144

이찌무라좌(市村座) 145
인도곽란 160
인두접종법(人痘接種法) 154
인분뇨 73 74 75
인플루엔자 154 159
일본서기(日本書紀) 17 192 215
임병(淋病) 164

ㅈ

자또(座頭) 138
자바 159 160
자비에르(Xavier)선교사 217 218
자자형(刺字刑) 141
장옥(長屋) 76
장인소(藏人所) 19
재령(宰領) 206 207 209
전국대명(戰國大名) 21 203
정골과(整骨科) 168
정봉행소(町奉行所) 49 69 72 141 147
정시법(定時法) 219
정이대장군(征夷大將軍) 20 52
정자(程子) 53
제충국(除蟲菊) 152
조선인삼 159
조죠지(增上寺) 60 92
종두(種痘) 155

죠사이(定齋)탕약 181
죠즈까이(定使) 211
주군(酒君) 17
주목(籌木) 188 190
주응사(主鷹司) 18
중추방형(中追放刑) 141
쥬우겐(中間) 206
쥬자에몽(重左衛門) 59
즈이돈(瑞頓)스님 178
지까다(地方) 문서 36
지오강(地黃丸) 181
지오센(地黃煎) 181
진언종(眞言宗) 38
진종경(陳宗敬) 179
집창제(集娼制) 108
짓고교(實語敎) 44
짓뽀산(實母散) 181
징까이샤끼령(塵芥捨棄令) 70
찌옹인(知恩院) 126

ㅊ

참근교대(參觀交代) 66 85 104 110
창병(瘡病) 150 163
천부경 공양법회(千部經供養法會) 92
천수각(天守閣) 89 94
천연두 153 154 155 156 157

청량전(淸凉殿) 217
쵸끼부네(猪牙船) 118
쵸비각(定飛脚) 206
쵸주바(手水場) 191

ㅋ

카사모리신사(笠森神社;瘡守神社) 163
카스팔(Casper) 173
켐펠 174
콜럼버스 161
콜레라 154 156 159 160
키나수(規那樹) 158

ㅌ

태합검지(太閤檢地) 125
통선산(通仙散) 167

ㅍ

파괴소방 97
파발(把撥) 202
폐병 154
포창신(疱瘡神) 156
폭설병(暴泄病) 160
피병원(避病院) 161

ㅎ

하나오까 세이슈(華岡靑洲) 167
하도노 소하(鳩野宗巴) 174
하라사부로 자에몽((原三郞左衛門) 114
하르칭(Pertus Hartingius) 174
하바까리(憚) 191
하수봉행(下水奉行) 72
하시까에(麻疹繪) 156
하시죠로(端女郞) 119
하야시 라잔(林羅山) 39 91
하야시 마따이찌로(林又一郞) 114
하야우마(早馬) 203
하이료낑(拜領金) 170
하이야 쇼에끼(灰屋紹益) 128
하찌로우 신사(八郞神社) 157
하찌망 신사(八幡神社) 31 123
하찌죠지마(八丈島) 56 157
항꼬(藩校) 38 39
항꼰단야꾸쇼(反魂丹役所) 184
햐꾸닝잇슈(百人一首) 46 49
햐꾸쇼오우라이(百姓往來) 44
햐꾸쇼잇끼 37
호류사(法隆寺) 84
호소카와 요리나오(細川賴直) 219
호열자(虎列刺) 161
호지원(護持院) 53 55

혼도(本道) 167
혼묘지(本妙寺) 87
혼아미 고엣스 128
홍모외과(紅毛外科) 173
화류병(花柳病) 164
회시형(廻示刑) 146
후리소데 화재(振袖火災) 87
후세다마(伏玉) 123
후지에다 게끼(藤枝外記) 131
후지와라 세이까(藤原惺窩) 91
희작자(戲作者) 127
히가시마와리(東廻) 204
히가시홍간지(東本願寺) 93
히꺄꾸(飛脚) 161
히께시야시끼(火消屋敷) 96
히끼떼짜야(引手茶屋) 121
히시가와 모로노부(菱川師宣) 133
히와요(枇杷葉)탕약 181

에도시대 서민 풍속사

찍은날   2016년 2월 15일
펴낸날   2016년 2월 20일
지은이   김영모
펴낸이   박몽구
펴낸곳   도서출판 시와문화
주 소   (13955) 경기 안양시 동안구 경수대로 883번길 33,
        103동 204호(비산동 꿈에그린아파트)
전 화   (031)452-4992
E-mail poetpak@naver.com
등록번호 제2007-000005호 (2007년 2월 13일)

ISBN   978-89-94833-09-5(03910)

정 가   15,000원